中国与 RCEP 成员国农产品贸易问题研究

武兰玉　著

中国财经出版传媒集团

经济科学出版社
Economic Science Press

·北 京·

图书在版编目（CIP）数据

中国与 RCEP 成员国农产品贸易问题研究／武兰玉著.
北京：经济科学出版社，2024. 12. -- ISBN 978 - 7
- 5218 - 6204 - 1

Ⅰ. F752. 652

中国国家版本馆 CIP 数据核字第 2024YN3388 号

责任编辑：吴　敏
责任校对：李　建
责任印制：张佳裕

中国与 RCEP 成员国农产品贸易问题研究
ZHONGGUO YU RCEP CHENGYUANGUO NONGCHANPIN MAOYI WENTI YANJIU

武兰玉　著

经济科学出版社出版、发行　新华书店经销
社址：北京市海淀区阜成路甲 28 号　邮编：100142
总编部电话：010 - 88191217　发行部电话：010 - 88191522
网址：www. esp. com. cn
电子邮箱：esp@ esp. com. cn
天猫网店：经济科学出版社旗舰店
网址：http: //jjkxcbs. tmall. com
北京季蜂印刷有限公司印装
710 × 1000　16 开　15. 75 印张　250000 字
2024 年 12 月第 1 版　2024 年 12 月第 1 次印刷
ISBN 978 - 7 - 5218 - 6204 - 1　定价：66. 00 元
（图书出现印装问题，本社负责调换。电话：010 - 88191545）
（版权所有　侵权必究　打击盗版　举报热线：010 - 88191661
QQ：2242791300　营销中心电话：010 - 88191537
电子邮箱：dbts@ esp. com. cn）

序　言

在全球化不断深化的背景下，区域经济一体化成为推动全球经济发展的关键力量之一。农产品贸易是我国"三农"工作，特别是农业对外合作工作的重要组成部分。习近平总书记指出，"要打好农产品贸易这张牌，但关键要控风险、可替代、有备手，实施农产品贸易多元化战略。"2023年中央一号文件指出，发挥农产品国际贸易作用，深入实施农产品贸易多元化战略。《中国与RCEP成员国农产品贸易问题研究》一书是对中国与RCEP成员国之间农产品贸易关系进行全面、深入研究的学术成果。本书旨在通过对RCEP框架下中国与RCEP成员国农产品贸易现状、竞争性与互补性、贸易潜力以及出口质量影响因素的系统分析，为促进中国农产品贸易的健康发展提供理论依据和实践指导。

作为当前涵盖人口最多、成员结构最多元、发展潜力最大的自由贸易区，RCEP的签署与实施不仅标志着区域经济合作迈上了新台阶，也为其成员国之间的农产品贸易带来了前所未有的机遇与挑战。本书以RCEP成员国为研究对象，采用经济学理论与实证分析相结合的方法，探讨了中国与RCEP成员国农产品贸易的现状与特点，分析了贸易竞争性与互补性的表现形式及其背后的原因，评估了贸易潜力，并提出了提升中国农产品出口质量的具体路径。

书中不仅回顾了RCEP的谈判历程及其内容，还详细介绍了农产品及农产品贸易的相关概念，为后续章节的展开奠定了坚实的理论基础。本书采用 2005～2022 年的数据，通过构建扩展贸易引力模型，对中国与 RCEP 成员国之间的农产品贸易进行了深入分析，揭示了影响双方农产品贸易的主要因素，如经济规模、地理距离、农业用地面积等，并指出自由贸易协定对贸易有显著正向影响。此外，本书还特别关注农产品出口质量的提升问题，从技术进步、品牌建设、监管合作等多维度探讨了提升农产品质量的有效途径。

本书的研究成果对于理解中国与 RCEP 成员国农产品贸易的内在规律，把握 RCEP 框架下农产品贸易的新趋势具有重要的参考价值。同时，本书提出的政策建议，如加强政府监管、优化产业结构、提升品牌价值等，对于推动中国农产品贸易的高质量发展，促进区域经济一体化具有积极的指导意义。

本书基于本人攻读国际贸易与商法博士学位的毕业论文，研究内容既是对现有研究成果的总结与升华，也为未来相关领域的研究提供了新的视角和思路。希望本书能够为从事农产品贸易研究的学者、政策制定者以及广大从业者提供有价值的参考，共同推动中国与 RCEP 成员国农产品贸易的繁荣发展。

临沂大学　武兰玉

2024 年 11 月

目　录

第1章 绪　　论

1.1　研究背景

农业是一国国民经济的基石，不仅为各国人民提供生存必需的食物和农产品，还在很多方面发挥着不可替代的作用。农业是确保粮食安全的关键环节，有助于减少贫困和饥饿，促进农村经济发展和社会稳定。农业还是食品工业发展的基础，影响着食品市场的稳定和人们生活的质量。现代农业通过科学管理和农业科技创新，致力于实现环境保护和生态平衡，有助于完成可持续发展的目标。因此，农业不仅对于经济发展很重要，而且对社会、环境以及文化等方面也很重要。农产品贸易为缓解某些国家农产品短缺问题提供了有效的解决方案。2021年，习近平主席在全国脱贫攻坚总结表彰大会上庄严宣告，中国脱贫攻坚战取得了全面胜利。[①] 这意味着中国历史性地应对了绝对贫困的挑战，成功实现了全面建成小康社会的目标，这一目标的实现也为世界解决贫困问题作出了巨大贡献。

农产品贸易是我国"三农"工作特别是农业对外合作工作的重要组成部分。习近平总书记指出，"要打好农产品贸易这张牌，但关键是要控风险、可替代、有备手，实施农产品贸易多元化战略。"[②] 2023年中央一号文件指出，发挥农产品国际贸易作用，深入实施农产品贸易多元化战略。在学术界，许

[①] 资料来源：参见中国政府网，https：//www.gov.cn/xinwen/2021－02/25/content_5588768.htm。
[②] 资料来源：坚持把解决好"三农"问题作为全党工作重中之重 举全党全社会之力推动乡村振兴 [J]. 求是, 2022（07）.

多学者开始从事中国农产品贸易问题的研究（Menon and Roth，2022）。然而，全球贸易格局的变化导致了中国农产品贸易的相应变化。一方面，中国农产品贸易持续存在贸易逆差，并且逆差持续上升，中国经历了从主要贸易出口国向最大贸易进口国的转变。与此同时，中国的农产品贸易伙伴国家和贸易的农产品种类都呈现出集中化趋势。目前，中国农业发展面临许多困难，包括土地资源短缺和土地质量下降、农产品生产成本提高、农业技术水平相对较低、农业竞争激烈、自然灾害、气候变化等，因此中国迫切需要进一步发展农业贸易，以弥补国内农业发展的不足。然而，由于受到国际贸易冲突升级和新冠疫情等影响，农产品贸易遇到了各种挑战。世界各国正在积极参与自由贸易协定，以促进经济一体化并加强各自的贸易活动，中国也在积极推进贸易经济一体化。商务部公布的数据显示，目前中国已签署 20 余个自由贸易协定，与中国建立自由贸易伙伴关系的国家和地区遍布世界各地。

亚太区域一直是全球经济发展中的热点区域。然而，世界各国之间的关税壁垒（Thornsbury et al.，2018）、技术壁垒（Hillman，2019）等阻碍了农产品的贸易。为了促进区域内的贸易发展，东南亚国家联盟（以下简称"东盟"）于 2012 年首次启动了《区域全面经济伙伴关系协定》（RCEP）。历时八年，经过多次会议讨论，中国、东盟十国和其他四个国家最终在 2020 年 11 月 15 日正式签署了 RCEP 协议。该协议是在世界经济发展放缓、各国的贸易壁垒导致世界贸易额下降的背景下诞生的。2022 年 1 月 1 日，RCEP 正式生效。RCEP 的签署标志着世界上经济贸易规模最大、发展潜力最大的自由贸易区正式成立（杜航程，2022）。该自由贸易区约占全球人口和贸易的 30%，包含发达国家和发展中国家。

联合国商品贸易统计数据库（UN Comtrade）的数据显示，2011 年中国农产品贸易逆差为 260.21 亿美元，2022 年增至 4491.1 亿美元。中国农产品贸易逆差年均增长 5.09%。RCEP 的签署将推动 RCEP 区域内农产品贸易的增长。RCEP 生效后，如何提高中国农产品贸易的效率？哪些因素会影响中国的农产品贸易？中国与 RCEP 成员国农产品贸易的竞争性和互补性如何？影响农产品贸易波动的因素有哪些？在 RCEP 签署的背景下，基于 RCEP 成员国农业互动的大趋势，对这些问题的研究对于促进中国与 RCEP 成员国之间农产品贸易、推进中国农产品出口市场的多元化、提升中国农产品出口质量、缓解中国农产品贸易逆差具有重要意义。

1.2 研究目标和研究价值

1.2.1 研究目标

本书以中国与 RCEP 成员国的农产品贸易为研究对象,在考察当前中国与 RCEP 成员国农产品贸易形势,双方农产品贸易的竞争力和互补性、贸易潜力及其影响因素的基础上,探讨了改善中国与 RCEP 成员国之间农业贸易的方法。

第一,本书考察中国目前对 RCEP 成员国的农产品进出口,重点关注进出口额、中国对 RCEP 成员国农产品进出口产品结构以及市场结构。

第二,本书利用贸易指数,研究中国与 RCEP 成员国农产品贸易的竞争力和互补性。

第三,本书研究中国和 RCEP 成员国的国内生产总值(GDP)、地理距离(DIST)、农业用地面积(Land)和自由贸易区(FTA)如何影响中国与 RCEP 成员国之间的农业贸易,并评估其影响程度及农产品贸易潜力。

第四,本书测算中国对 RCEP 成员国农产品出口质量。

第五,本书提出促进中国与 RCEP 成员国农产品贸易发展的对策建议。

1.2.2 研究价值

目前,学者对 RCEP 的研究处于起步阶段,且 RCEP 相关研究主要以发展中国家为主,对农产品等相关问题研究较少。研究对加强中国农产品贸易的途径具有重要意义。

(1)学术价值

本书从区域贸易自由化的视角,通过相关竞争性和互补性指数以及扩展引力模型，分析中国农产品贸易的潜力，丰富了贸易潜力研究的视角与领域；通过单位价值法对农产品质量进行测算，丰富了农产品贸易质量相关理论的应用范围。

（2）应用价值

中国与 RCEP 成员国农产品路径提升研究为中国政府如何提升中国与 RCEP 成员国农产品贸易提出可供参考的政策建议。在 RCEP 框架下分析中国与 RCEP 成员国农产品的竞争性和互补性，可为农产品贸易企业的发展方向提供参考。测算中国对 RCEP 成员国农产品出口质量可为政府、农产品贸易企业、农户提高农产品质量提供参考。

1.3　研究方法及内容

1.3.1　研究方法

（1）贸易指数法

采用产品相似性指数来衡量中国与 RCEP 成员国出口农产品的相似程度；采用市场相似性指数来衡量中国与 RCEP 成员国出口市场分布的相似性程度；采用贸易互补性指数、产业内贸易指数来衡量中国与 RCEP 成员国农产品出口的互补程度。

（2）扩展引力模型分析法

本书以引力模型为基础，进一步构建扩展引力模型，研究经济发展水平、农业用地面积、自由贸易区等对农产品贸易的影响。在此基础上，分析中国与 RCEP 成员国农产品贸易潜力和贸易效率，为进一步提升中国农产品贸易效率奠定基础。

（3）单位价值法

本书采用单位价值法对农产品出口质量进行测算，分别测算中国对 RCEP 成员国农产品出口的总体质量、不同类别农产品出口质量，以及中国出口到不同 RCEP 成员国的农产品出口质量，并按照农产品出口的单位价值，将 RCEP

成员国分为高价位层次国家、中等价位层次国家和低价位层次国家。这可为政府制定促进农产品出口政策，以及农产品出口企业制定农产品出口战略提供参考。

1.3.2 研究内容

本书以中国与 RCEP 成员国农产品贸易为研究对象，分析中国与 RCEP 成员国农产品贸易的竞争性、互补性和潜力，测算中国出口到 RCEP 成员国的农产品质量，并在此基础上提出促进中国与 RCEP 成员国农产品贸易的对策建议。

（1）农产品贸易理论研究

本书采用比较优势理论、要素禀赋理论研究农业劳动生产率和要素禀赋等对农产品贸易的影响；采用规模经济理论、需求相似理论研究农产品产业内贸易和农产品贸易提升的路径；辅以国家竞争优势理论、区域经济一体化理论来构建 RCEP 区域内中国农产品贸易的理论框架。此外，本书通过全面质量管理理论、农产品质量安全管理理论、感知质量理论等构建农产品质量相关理论。

（2）中国与 RCEP 成员国农产品贸易的竞争性和互补性研究

本书采用显示性比较优势指数（RCA 指数）、农产品贸易竞争力指数（TC 指数）和农产品出口相似度指数（ESI 指数）等分析中国与 RCEP 成员国之间农产品贸易的竞争性；采用贸易结合度指数（TII 指数）、产业内贸易指数（IIT 指数）和贸易互补性指数（TCI 指数）等分析中国与 RCEP 成员国之间农产品贸易的互补性；根据研究结论，发现与中国具有互补性的农产品贸易市场，促进中国与 RCEP 区域内国家农业产业链、价值链的深度融合。

（3）中国与 RCEP 成员国农产品贸易潜力研究

本书利用扩展引力模型研究影响农产品贸易潜力的因素，如人均 GDP、地理距离、农业用地面积、自由贸易区等对农产品贸易潜力的影响。初步研究显示，人均 GDP、农业用地面积、自由贸易区等对农产品贸易有显著的正向影响。农产品贸易潜力初步测算结果显示，农产品出口市场潜力较大的国家有日本、韩国、澳大利亚、新西兰等。

（4）测算中国对 RCEP 成员国农产品出口质量

本书利用海关总署公布的 2015～2023 年中国对 RCEP 成员国农产品出口的相关数据，基于单位价值法研究中国对 RCEP 成员国农产品出口的质量。分别测算中国对 RCEP 成员国农产品出口总体质量、不同类别农产品出口质量，并研究不同类别农产品质量变化趋势。同时，本书还按照国别分类，测算了中国对不同 RCEP 成员国农产品出口质量以及平均农产品质量。按农产品出口单位价值，可将 RCEP 成员国分为三个层次：高层次价位国家、中等层次价位国家和低层次价位国家。

（5）促进中国与 RCEP 成员国农产品贸易发展的对策建议

促进中国与 RCEP 成员国农产品贸易发展的对策建议主要从政府、农业行业、农产品企业和农户四个层面进行。第一，在政府层面，加强多部门协作，推动落实 RCEP 优惠政策；制定和完善农产品质量标准体系；强化贸易便利化措施；加大农业科研投入与国际合作；构建多元化融资体系；政府支持农产品企业打造中国特色农产品品牌；政府与企业合作建立跨境农产品电商平台，拓宽农产品出口渠道。第二，在农业行业层面，优化产业结构，提升产品附加值；强化农业产业链整合与协同；推动农业技术革新与应用。第三，在农产品企业层面，利用 RCEP，发挥区位优势，拓宽农产品出口市场；提升企业自身竞争力和合规性；加强市场调研，明确产品定位；实施农产品品牌战略；提升供应链管理与物流效率；进行数字化转型，并积极利用跨境电商平台；参与国际合作项目与技术交流。第四，在农户层面，提升种植技术与管理；提升农产品标准化种植与管理；参与合作社或农业联合体；发展特色农产品，进行品牌化经营；加强环保意识与可持续农业实践。

1.3.3　技术路线

本书的逻辑框架与技术路线如图 1-1 所示。

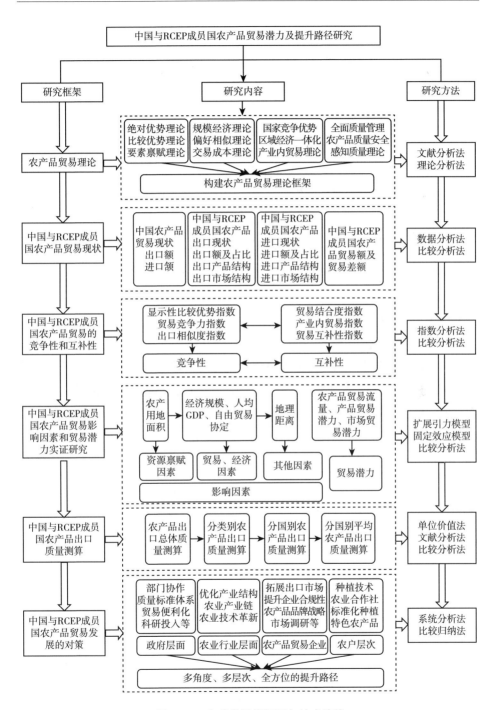

图 1-1　本书的逻辑框架与技术路线

1.4　研究重点难点、研究创新及研究局限

1.4.1　研究重点

本书有三个研究重点，即中国与 RCEP 成员国农产品贸易潜力评估、中国与 RCEP 成员国农产品贸易的影响因素、中国与 RCEP 成员国农产品贸易发展的对策建议。识别贸易潜力较大的国家市场是农产品贸易提升研究的前提，影响因素是研究的基础，农产品贸易发展是研究的目的。在进行研究时，可以采用文献研究、理论分析、计量模型、统计模型、系统分析等方法。

1.4.2　研究难点

本书通过研究中国与 RCEP 成员国农产品贸易的影响因素，为中国农产品外贸企业贸易提升提供现实依据，为中国政府各有关部门制定农产品出口战略、更好地实现可持续增长的贸易模式提供参考。由于影响农产品贸易的因素有很多，所以全面、准确地选取农产品贸易影响因素是一个难点。本书借助调研、文献分析、计量模型和专家的经验判断，全面、系统地选取评估指标体系。

1.4.3　研究创新

（1）拓展了衡量农产品贸易竞争性和互补性指数体系

传统评价农产品竞争性和互补性的指数分析法通常采用产品相似性指数、市场相似性指数（MS 指数）、贸易互补性指数（TCI 指数）。本书还将显示性比较优势指数（RCA 指数）、产业内贸易指数引入农产品贸易竞争性和互补性分析，以更加全面、系统地衡量农产品贸易的竞争性和互补性。

（2）构建了评价农产品贸易潜力的扩展引力模型

传统的引力模型只引入部分客观的贸易阻力因素，对影响农产品贸易潜力

的因素考虑不够全面。本书在评估农产品贸易潜力时采用扩展引力模型，引入了农产品用地面积、自由贸易协定等变量，不仅考虑地理距离、农产品用地面积等自然因素对贸易潜力的影响，也考虑经济规模、贸易政策等贸易环境中的人为因素的影响，测算结果更加准确。

（3）构建了全方位、多层次的农产品贸易发展对策建议

本书从政府、农业行业、农产品企业、农户四个层面，全方位、多角度探讨中国与 RCEP 成员国农产品贸易发展的对策建议。

1.5　农产品及农产品贸易相关概念

1.5.1　农产品

农产品一般是指农业各生产部门生产的所有动植物产品，如玉米、花生、小麦、肉类、水产以及不同地区的土特产等。大多数农产品易腐烂且难以储存和运输。联合国粮食及农业组织（FAO）对农产品有狭义和广义两种定义。狭义定义的农产品就是种植业生产的产品。农作物、动物产品、加工食品、水产品及加工品、林产品及加工品等都被视为广义农产品。世界贸易组织（WTO）将农产品分为两类：基本农产品和统计农产品。前者包括加入世界贸易组织时国际贸易谈判范围内的农产品，后者则延伸到水产品和加工品。本书采用联合国粮食及农业组织提供的农产品综合定义，该定义已被全球大多数国家广泛认可。

1.5.2　农产品分类

本书贸易数据来自联合国商品贸易统计数据库（Un Comtrade），采用的农产品分类标准是国际贸易标准分类（SITC Rev. 3）商品编码，该分类下的农产品包括 0、1、2、4 四个大类，22 个小类。各类农产品统计标准如表 1 - 1 所示。

表 1 - 1　　　　　　　　　　　　SITC Rev. 3 分类的农产品

大类	小类
0 食物和活体动物	00 03 类动物以外的活体动物
	01 肉类和肉类制品
	02 乳制品和禽蛋
	03 鱼类、甲壳类、软体类及其制品
	04 谷物和谷物制品
	05 蔬菜和水果
	06 糖、糖制品和蜂蜜
	07 咖啡、茶、可可、香料及其制品
	08 动物饲料（不包括未磨碎的谷物）
	09 各类食用产品和半成品
1 饮料和烟草	11 饮料
	12 烟草和烟草制品
2 不可食用的原材料，燃料除外	21 兽皮、表皮和毛皮、原料
	22 油籽和含油果实
	23 天然橡胶（包括合成橡胶和再生橡胶）
	24 软木和木材
	25 纸浆和废纸
	26 纺织纤维及其废料
	29 未加工的动植物原料
4 动植物油、脂肪和蜡	41 动物油和脂肪
	42 固态植物油和脂肪，天然、精制或分馏
	43 加工动植物油和脂肪

1.5.3　农产品贸易

农产品贸易主要是指双方在自愿、平等、互利的条件下，以农产品为基础的跨境贸易活动。农产品贸易对于促进农业发展、保障人们的衣食住行、出口创汇具有重要作用（强宁娟，2021）。与其他产品贸易相比，农产品贸易具有独有的特点。第一，农产品生长具有季节性。农作物生长具有季节性、周期性，而且农作物生长受气候影响较大。第二，农产品种植具有分散性。农产品种类多种多样，不同地域种植的农产品也各不相同，因此农产品种植地域分散，农产品贸易也需要适应农产品种植分散的特点。第三，农产品交货及运输具有独特性。

1.6 RCEP 谈判进程及协议内容

《区域全面经济伙伴关系协定》（Regional Comprehensive Economic Partnership，RCEP）是一项由东盟十国发起，邀请中国、日本、韩国、澳大利亚、新西兰共同参加（"10 + 5"）的自由贸易协定。RCEP 涵盖了货物贸易、服务贸易、投资等多个领域，并包括知识产权、电子商务等议题。这是世界上人口数量最多、成员结构最多元、发展潜力最大的自贸区之一。RCEP 的签署对于加强区域内的经济一体化、促进经济增长具有重要意义。

1.6.1 RCEP 的目标

RCEP 的目标是建立现代、全面、高质量和互惠的经济伙伴关系框架，促进区域贸易与投资的扩张，推动全球经济增长与发展，兼顾缔约方（发达国家和发展中国家）发展阶段和经济需求；逐步取消缔约方之间所有货物贸易的关税和非关税壁垒，实现区域内贸易自由化并取消在服务贸易上的限制与歧视性政策，创造自由、便利、具有竞争力的投资环境。

1.6.2 RCEP 谈判进程

RCEP 谈判从 2013 年 5 月开始，到 2020 年 11 月缔约国达成一致，正式签署协议，历经了长达八年的艰苦谈判。本书按时间将谈判过程分为三个阶段：初期的缓慢推进阶段、中期的加速推进阶段、最后的集中决胜阶段（徐洁，2022）。

（1）第一阶段

2013～2015 年为初期的缓慢推进阶段。2013 年 5 月 9 日，RCEP 第一轮谈判在文莱举行。本轮谈判成立了商品贸易、服务贸易和投资三个工作组，就多项议题进行了讨论。本轮谈判还就未来可能面临的挑战等问题深入交换了意见。RCEP 谈判原计划于 2015 年底结束，但由于谈判主题、各国经济发展水平差异较大等问题，初步谈判进展缓慢。（徐洁，2022）。

（2）第二阶段

2016～2018 年为中期的加速推进阶段。在此期间，2006 年《跨太平洋伙伴关系协定》（TPP）的正式签署促使 RCEP 相关方加速谈判，希望尽快达成共识并正式签署协议，以抵御 TPP 的影响。TPP 的最大经济体美国于 2017 年宣布退出该组织。此后，美国政府开始利用双边谈判来推进美国利益，并通过一系列政治和经济策略向谈判伙伴施加压力。此后，RCEP 相关方纷纷加快了 RCEP 协议的起草进程。这一阶段谈判的主要成果是，在投资、贸易便利化和贸易规则方面取得进展。2018 年，谈判任务完成率迅速提升至 80%。

（3）第三阶段

2019～2020 年是最后的集中决胜阶段。在此期间召开了两次领导人会议，进行了七轮讨论。2019 年 8 月，RCEP 首届部长级会议在北京举行。会议在规则和市场准入等方面取得重大进展，金融服务、电信服务、专业服务三个新项目顺利完成，双边市场准入谈判顺利完成 2/3 以上。2020 年以来，RCEP 各成员国有效应对了新冠疫情的冲击，并完成了市场准入谈判。2020 年 11 月 15 日，15 个缔约国领导人举行视频会议，共同见证了 RCEP 的签字仪式。

1.6.3　RCEP 内容

RCEP 是一个由 15 个亚太国家共同签署的自由贸易协定，旨在促进成员国之间的经济一体化。该协定由 20 个章节组成，涵盖了广泛的经贸议题。

第一，在货物贸易方面，主要规定了关于关税削减及非关税壁垒的相关措施，旨在促进区域内货物的自由流动。

第二，在服务贸易方面，主要涉及服务领域开放，包括金融服务、电信服务等，以提升区域内服务市场的互通性和透明度（韩剑等，2021）。

第三，在投资方面，确立了成员国之间相互保护和促进投资的原则，为投资者提供一个更加稳定和可预见的投资环境。

第四，在海关程序和贸易便利化方面，致力于简化海关手续，提高通关效率，降低贸易成本（乔翠霞等，2021）。

第五，在自然人的流动方面，主要为 RCEP 成员国间的自然人流动提供便利措施，允许区域内的自然人在跨境流动时享有签证简化及居留方面的便利。

第六，在知识产权方面，协议覆盖了包括版权、商标、植物新品种以及地理标志在内的多种权利类型，并依据国际通行的高水平标准来强化这些权利的保护力度。

第七，在电子商务方面，通过无纸化贸易、电子认证、电子签名等方式提高通关效率。此外，还促进区域内跨境电子商务、电子支付系统以及数据信息管理等领域发展，建立了东亚地区较为先进的电子商务规则体系。

第八，在政府采购方面，增强了各成员国相关法律法规的透明度与公开性，确保政府采购流程更加公正透明。

第九，在贸易救济方面，包含"保障措施"与"反倾销和反补贴税"两方面的内容。在保障措施上，协议建立了一套过渡性保障机制，为因执行协议降低关税而受到不利影响的情形提供救济途径。而在反倾销和反补贴税方面，则通过制定统一的操作流程来规范信息提交、协商机会、裁决公布及其解释等实践环节，从而提升贸易救济调查过程中的透明度和程序公正性。

第 2 章　理论基础与国内外相关研究

在全球经济一体化不断深化的今天，农产品贸易作为连接农业生产与全球消费的桥梁，其研究热度与日俱增，成为经济学、农业科学及国际贸易领域关注的焦点。近年来，随着国际贸易环境复杂多变，包括全球供应链调整、贸易政策频繁变动、新兴经济体崛起，以及诸如 RCEP 等大型区域贸易协议的签订，农产品贸易的格局和模式正经历着深刻变革，这给各国带来了农业发展战略、食品安全保障，以及国际贸易规则制定方面前所未有的挑战与机遇。

2.1　理论基础

农产品贸易作为全球经济活动中的基石，从古至今都在人类社会生活中占据重要地位。从亚当·斯密提出的绝对优势理论到大卫·李嘉图的比较优势理论，再到赫克歇尔－俄林的要素禀赋理论，这些经典的国际贸易理论为我们理解农产品贸易提供了坚实的理论基础。绝对优势理论强调不同国家在生产同一种商品时由于技术水平或自然条件的不同，会存在生产成本的差异，从而决定了各自在国际市场上的竞争优势；比较优势则进一步指出，即使一国在所有产品生产上都处于劣势，但仍有可能通过专注于生产相对成本较低的产品并在全球市场上交换其他产品，实现"双赢"的贸易合作。

同时，农产品贸易还受到供需关系、市场规模、消费者偏好、运输成本、政策干预等多种因素的影响。例如，农业资源的稀缺性和分布不均导致了各国农产品供需状况的差异，进而影响其参与国际贸易的能力和意愿。另外，随着全球化和技术进步，农产品生产的规模经济效应日益显著，跨国公司在全球范围内优化资源配置，推动农产品贸易的深度和广度不断拓展。

　　然而，农产品贸易并非总是自由无阻的，各种贸易保护措施（如关税、配额、补贴等）也会对其产生重大影响，这就涉及贸易保护主义理论。此外，新经济地理学等新兴理论也为我们揭示了地理位置、市场规模、集聚效应等因素如何塑造农产品产业链的空间分布和国际贸易格局。

　　总的来说，农产品贸易的理论基础多元且深厚，它们共同构建了一幅复杂而又生动的全球经济画卷，为我们理解和应对农产品国际贸易问题提供了理论工具和分析框架。随着时代变迁和全球经济形势的发展，这些理论也在不断演化和丰富，以适应新的现实挑战。

　　农产品贸易的相关理论主要分为四类：古典贸易理论、供求与交易理论、新贸易理论和农产品质量理论。具体理论框架如图 2－1 所示。

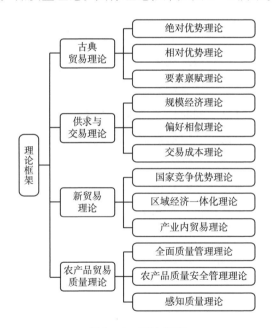

图 2－1　理论框架

2.1.1　古典贸易理论

（1）绝对优势理论

绝对优势理论（Theory of Absolute Advantage）也称为绝对成本假说，是国际贸易理论早期的核心观点之一，由英国古典经济学家亚当·斯密在其里程碑式著作《国民财富的性质和原因的研究》（通常简称为《国富论》）中首次系统阐述。该书在 1776 年出版，标志着现代经济学的诞生，并奠定了亚当·斯密"经济学之父"的地位。

亚当·斯密的绝对优势理论主张，各国在不同的产品生产上可能存在固有的、决定性的成本差异，这种差异可能是由于自然资源的分布、技术水平、劳动效率、气候条件、基础设施以及其他多种因素所造成的。当一个国家生产某种商品所需的投入（包括劳动力、资本、土地和其他生产要素）相对于其他国家来说更低时，我们就说这个国家在该商品上拥有绝对优势。这意味着，在同样的时间内或者相同的资源消耗下，这个国家能够以更低的成本生产出更多的产品。

例如，假设英国在纺织品生产方面拥有绝对优势，因为它拥有高效的纺织机械和熟练的工人，所以其每件纺织品的生产成本远低于其他国家。在这种情况下，英国应当集中力量生产纺织品，并将其出口至其他国家，以换取自己在生产上不具备优势的商品。同时，其他国家则会专注于生产自己具有绝对优势的产品，并通过国际贸易来获取所需的各种商品，而不是在自己不擅长的领域内浪费资源，与他国竞争。

该理论强调了专业化分工和自由贸易的重要性，认为通过国际间的分工和交换，各国都能获得更高的生产力和生活水准。然而，绝对优势理论也存在局限性，它并不能完全解释现实中的所有贸易现象，尤其是当两国在所有商品生产上都有不同程度的优势时，如何通过绝对优势来进行有效贸易的问题。这一不足后来被大卫·李嘉图的比较优势理论所补充和完善。尽管如此，绝对优势理论对于理解国际贸易的基本逻辑和动力机制仍具有重要意义，并且在实践中依然为很多国家制定贸易策略提供了指导原则。

（2）比较优势理论

比较优势理论（Theory of Comparative Advantage）又称相对优势理论。1817 年，英国经济学家大卫·李嘉图在其经典著作《政治经济学及赋税原理》中首次对此进行了系统阐述。李嘉图的比较优势理论是对亚当·斯密绝对优势理论的重大突破和扩展，它强调即便一个国家在所有产品的生产上都没有优于另一个国家，甚至在某些产品上效率更低，两国之间也可以通过贸易互利互惠。

在李嘉图看来，每个国家无须在所有产品的生产上都具备绝对优势（即产出单位产品所需的资源最少），而只需要在不同产品的生产中存在相对效率差异即可。具体来说，如果一个国家生产某种商品的机会成本（即生产更多该商品必须放弃的另一种商品的数量）相对较低，那么该国在该商品上就具有比较优势。换言之，即便是相对更有效率的一方，也应该专注于生产机会成本最低的商品，而不是仅仅关注绝对产量。

基于这一理论，各国应遵循"两利相权取其重，两弊相衡取其轻"的原则，专注于生产并出口其具有比较优势的产品，同时进口其具有比较劣势的产品。这样一来，通过专业化的生产和贸易，两国都可以节省资源，提高整体生产效率，并且通过国际分工获取更大的经济效益。

相比之下，绝对优势贸易理论强调的是一个国家在某一商品生产上必须拥有绝对的、无可争议的优势才能进行有效的贸易。而李嘉图的比较优势理论则更为灵活和普适，它揭示了国际贸易不仅存在于具有绝对优势的国家之间，而且普遍存在于任何拥有不同生产效率和资源结构的国家之间。这一理论极大地拓宽了对国际贸易可能性的理解，也为自由贸易提供了强有力的理论支持，成为现代国际贸易理论的一个基石。

（3）要素禀赋理论

赫克歇尔 – 俄林理论（Heckscher-Ohlin Theory，H-O Theory）也称要素禀赋理论，是在瑞典经济学家埃利·赫克歇尔（Eli Heckscher）关于国际贸易理论初步研究的基础上，由他的学生贝蒂尔·俄林（Bertil Ohlin）在 20 世纪初进一步发展完善的。这一理论成为新古典国际贸易理论的核心支柱，也是现代国际贸易理论的基石之一。

要素禀赋理论假说的主要观点是，各国的资源禀赋结构（即劳动力、资本、土地等生产要素的相对丰裕程度）差异是驱动国际贸易的关键因素。各国依据自身的要素禀赋特点，会在不同的产品生产中体现出不同的比较优势。例如，如果一个国家拥有相对较多的资本（如先进的设备和充足的资金），而另一个国家则拥有丰富的劳动力，那么前者将更擅长生产资本密集型产品（如高科技制造业），后者则更适合生产劳动密集型产品（如服装和鞋类）（Heckscher and Ohlin，2020）。

俄林认为，商品的生产并非仅依赖单一的生产要素，而是多种生产要素相互作用的结果。每种商品都有其特定的要素密集度，即在生产过程中对不同生产要素的需求比例。国际贸易的发生正是源于各国在不同要素密集型商品的生产上存在着比较优势差异。在自由贸易的条件下，各国将趋向于出口那些能最大限度发挥本国相对丰富要素的产品，同时进口那些需要大量使用本国相对稀缺要素的产品。这一过程最终会导致各国的生产要素价格趋于均等化，也就是所谓的要素价格均等化定理。

总之，赫克歇尔 – 俄林理论提供了一个基于生产要素分配差异解释国际贸易模式的有力框架，解释了为何国家会选择专业化生产并参与到国际交换之中，以及为什么不同类型的国家会形成特定的进出口结构。这一理论有助于我们理解国际经济格局的形成和发展，以及全球价值链和产业链的分布规律。

2.1.2　市场供给、需求和交换理论

（1）规模经济理论

20 世纪 60 年代，随着全球经济和技术的快速发展，国际贸易格局发生了深刻的变化。传统的基于赫克歇尔 – 俄林的要素禀赋理论主要是通过比较不同国家生产要素（如劳动力、资本和技术）的相对丰裕程度来解释国际贸易模式。然而，随着工业化的深入和科技进步，尤其是大型跨国公司的崛起，同质产品（即在质量、设计等方面基本一致的产品）之间的贸易量显著增加；同时，国际贸易重心逐渐从初级产品和简单的工业品转向更为复杂的加工品和高科技产品。

在这种背景下，单纯依靠要素禀赋差异已经不足以解释新的贸易现象。例如，发达国家和发展中国家即使在某些要素禀赋上相似或接近，但发达国家在某些加工品或高技术产品的贸易中却显示出明显的比较优势。于是，经济学家开始寻求新的理论框架来解析这一现象。其中，规模经济理论（Economies of Scale and Trade Theory）发挥了关键作用。

规模经济理论主要包含以下几个核心观点：

①规模经济的存在源于双重效应。一是内部规模经济：随着生产规模的扩大，企业可以更好地设计和优化生产流程，细化专业分工，提高生产设备和资金的使用效率，减少单位产品分摊的固定成本，使各项生产要素效都能得到充

分利用，从而降低成本，提高生产率。二是外部规模经济：大型企业的生产往往能够更有效地利用周边资源条件，如共享研发成果、金融支持、通信网络、交通枢纽等基础设施，这些外部环境条件带来的好处也会随着企业规模的增长而递增。

②成本优势的形成。当企业规模达到一定程度时，平均成本曲线开始下降，即进入规模报酬递增阶段。这意味着随着产量的增加，每单位产品的成本反而会下降，从而为企业带来更强的竞争力和更高的利润。

③国际分工与贸易的新视角。在规模经济的条件下，不同国家可以通过国际分工，专注于生产那些能发挥规模经济效益的产品，并通过国际贸易将这些产品分享给全世界。这样一来，各国不必追求所有产品的自给自足，而是可以通过出口自己的规模经济产品，进口他国的规模经济产品，实现生产成本的降低和总体生产率的提升，最终在全球范围内实现产量的最大化和资源的有效配置。

总之，规模经济理论弥补了要素禀赋理论在解释特定类型国际贸易现象时的不足，尤其是在现代工业化进程中，它为理解同质产品贸易的增长、高新技术产业的国际竞争以及全球产业链的形成提供了重要的理论支撑。通过规模经济理论，我们可以看到，国际贸易不再仅仅取决于资源禀赋的天然差异，更重要的是技术进步、企业规模扩张和产业链整合所带来的经济效率提升和成本优势。

（2）偏好相似理论

偏好相似理论（Theory of Preference Similarity）强调了在国际经济关系中，国家间的需求结构相似性对于促进和加深贸易往来的重要性。这一理论由瑞典经济学家林德提出，并被用来解释发达国家之间产业内贸易的现象，即在要素禀赋不尽相同的条件下，为何类似国家之间会有大量的相互贸易。

当两国的人均收入水平接近时，民众的消费能力趋于一致，生活水平和消费模式也会相应趋同，这就意味着两国市场上对各种消费品和服务的需求特征会更加相似。例如，随着收入提升，两国消费者可能都开始追求更高品质的生活用品、先进的技术产品、优质教育和医疗服务，以及其他与生活质量相关的多元化商品。这种需求结构的相似性促使两国市场上的商品和服务更容易形成互补或竞争关系，从而产生更多的贸易机会。

随着两国国民收入的同步增长，原本存在的需求重叠区域会进一步拓宽，同时还会涌现出新的需求领域。例如，随着环保意识增强和技术进步，绿色能源产品、电动汽车、智能设备等新兴行业的产品可能成为两国共同的需求热点，进而发展为新的贸易品类。这不仅巩固了现有贸易关系，还通过引入更多创新产品和服务促进了贸易额的增长。

相反，如果两国间的收入差距显著，低收入国家的消费者可能仍聚焦于基本生活必需品和低价位商品，而高收入国家则可能更多地关注高科技、高附加值的商品和服务。两者需求结构的差异会导致双方市场上可互相满足的商品需求较少，贸易合作的潜力和深度受限，贸易关系相对不够紧密。

总之，偏好相似理论说明了在全球化背景下，收入水平相近国家间贸易活动的活跃性和持久性往往源于彼此需求结构的高度相似性，而这种相似性又随收入增长和消费升级得以持续加强和拓展。反之，收入差距较大的国家间由于需求不对称，贸易合作空间相对较小，需要通过寻求其他途径来增进经济联系（Linder，1961）。

（3）交易成本理论

交易成本理论（Transaction Costs Theory）是重要的经济学理论之一。它最初由罗纳德·科斯在 20 世纪 30 年代提出，并在之后由奥利弗·威廉姆森等学者进一步发展和完善。该理论的核心观点是，在经济活动中，除了生产成本外，还存在大量与市场交易过程本身相关的成本，这些成本构成了交易成本。

交易成本主要包括以下几个方面：

①信息搜寻成本，是指为了获取足够的、可靠的信息以便作出有效决策所需付出的努力和费用，包括市场调研、咨询专家意见、广告宣传、了解供应商信誉等方面的支出。

②谈判成本，是指各方在进行交易前，为了确定交易条件、价格、合同条款等内容而展开协商过程中产生的费用，包括时间消耗、律师费、中介费等直接成本和间接成本。

③缔约成本，即签订合同的成本，包括起草、审核、公证、注册等环节所需的费用，同时也包括在复杂合同中明确权利义务边界带来的认知成本和法律成本。

④监督履约成本。一旦合同签署完成，交易方还需要投入资源以监控对方

是否按照约定履行了合同义务，如定期检查产品质量、追踪交货进度、核对账目等，这些都是监督履约的成本。

⑤违约处理成本。当发生违约事件时，采取行动纠正违约、解决争议、执行合同条款或将资产从违约者手中收回所涉及的所有费用，包括法律诉讼、仲裁、损失赔偿等。

交易成本理论强调，资源配置的有效性不仅取决于生产效率，更取决于如何降低交易中的摩擦成本。当市场交易成本过高时，企业和个人可能选择内部化一些交易，即将它们转移到企业内部或其他非市场形式的合作组织中进行，以节省成本并提高效率。例如，企业通过垂直整合或建立长期合作关系来替代频繁的市场交易，或者通过构建正式和非正式的组织结构来管理内部事务，以降低外部市场的不确定性与交易成本（Niehans，1989）。

因此，交易成本理论有助于我们理解为什么市场并非总是资源配置的最佳方式，而是要根据交易特点选择适当的治理结构，如市场、企业或其他混合型组织形式。这一理论对于国际贸易、企业边界界定、产权安排、合约设计以及经济组织形态的选择等方面的研究都有着深远的影响。

2.1.3　新贸易理论

（1）国家竞争优势理论

国家竞争优势理论（National Competitive Advantage Theory）也称为产业竞争力理论，由迈克尔·波特教授在1990年提出，旨在揭示一个国家在特定产业内获得全球竞争优势的关键驱动因素及其相互作用机制。该理论认为，一个国家能否在其选定的产业领域内实现高效的生产、满足全球市场的需求、获取持续利润并在全球竞争中脱颖而出，主要取决于该国的综合竞争优势。

①国家竞争优势理论的主要内容。钻石模型是这一理论的核心工具，包含四大基本要素。

第一，生产要素，涵盖了所有支撑产业发展所需的初级资源，包括自然资源（如矿产、土地）、人力资源（如技能、专业知识）、资本资源（如金融资本、生产设备）、技术资源以及基础设施（如交通网络、通信设施）。其中，一部分资源是先天赋予的，如自然资源；另一部分资源则是可以通过政策引导和投资开发得到改善和提升。

第二，需求条件。本国市场对产品和服务的质量要求、消费偏好、市场规模和成熟度等因素决定了本地企业面临的竞争压力和创新动力。高度挑剔的消费者和大规模的国内市场能够刺激企业改进产品、技术和管理，以适应更高的市场需求标准。

第三，相关和支持性行业，指那些与目标产业密切关联的上游行业、下游行业以及周边服务行业，如供应商、服务商和互补性产业。这些行业的发展水平直接影响着目标产业的创新能力、生产效率和价值链完整性。

第四，企业战略、结构与竞争态势，包括企业在市场竞争中的策略制定、组织架构、管理模式、研发能力和品牌建设等方面的表现。另外，行业内企业间的竞争激烈程度和合作程度也是塑造竞争力的重要因素。

除此之外，还有战略要素和竞争性条件要素，通常涉及政府的角色，如政策法规环境、知识产权保护、教育体系、技术研发支持等制度安排，以及文化价值观、商业传统等软实力因素，它们共同构成了一个有利于企业成长和产业发展的生态系统（杨晴，2023）。

综上所述，国家竞争优势理论通过钻石模型全面剖析了一个国家产业竞争力的生成机理，强调了内外部各要素的相互依赖和动态互动，认为只有当这四个核心要素都得到充分培育和发展，并且形成良性循环时，才能真正构筑起可持续的国家产业竞争优势。

②国家竞争优势理论的局限。波特的竞争理论，尤其是其国家竞争优势理论（即钻石模型）的确在构建国家和产业竞争优势的过程中聚焦于高级生产要素，诸如先进的技术、专业人才、高效的管理体系、发达的基础设施、创新的文化和强有力的制度框架等。这些要素对于工业化程度高、市场经济成熟和技术先进的国家而言至关重要，有助于推动产业升级和技术创新，从而在全球市场取得竞争优势。

然而，对于生产力较低的发展中国家而言，初级生产要素（如丰富的自然资源、相对低廉的劳动力成本等）往往构成其早期阶段的比较优势。在这些国家，由于技术和资本积累不足，依靠初级要素参与到全球产业链分工中往往是其进入国际市场并逐步积累财富的有效途径。如果过分强调先进生产要素的重要性而忽视对初级生产要素的利用和升级，确实可能导致发展中国家的优势被低估或者未能充分利用（樊晶慧，2022）。

与此同时，发展中国家由于市场发育不完善、制度建设滞后等问题，在企业自主创新能力、市场资源配置效率等方面可能无法与发达国家相提并论。在这种情况下，政府的角色显得尤为重要。政府应当积极介入，通过一系列政策措施促进初级生产要素向高级生产要素转化，比如投资于教育和技能培训领域以提高劳动力素质，制定适合国情的技术引进和自主研发政策，优化营商环境以吸引外资和技术转移，以及加强基础设施建设和制度创新等。

因此，虽然波特的竞争理论为企业战略决策和市场力量提供了强大的分析框架，但在指导发展中国家建立和提升自身的国际竞争力时，需要对其理论进行适当调整和完善，充分考虑各国不同的发展阶段和资源禀赋特点，确保理论应用更加贴近现实情况，从而更好地服务于各类经济体，特别是发展中国家的长期经济增长和产业升级。

（2）区域经济一体化理论

区域经济一体化（Regional Economic Integration）是一个动态的过程，描述的是地理邻近或者具有某种经济关联的两个或多个国家，在一定的历史条件下，通过缔结协议、条约或建立组织的方式，逐步放弃各自的部分经济主权，并在区域内实行统一或协调的经济政策，以增进成员国间的经济合作与融合，最终形成一个更紧密的经济共同体。

①区域经济一体化的主要形式。区域经济一体化的不同阶段通常可以按照一体化程度，从低到高分为以下几个主要形式：

一是优惠贸易安排（Preferential Trade Arrangement，PTA）。这是最基本的一体化形式，成员国间仅提供特定商品和服务的贸易优惠待遇，如互惠关税减让、特惠关税等，但不对非成员国实行歧视性待遇。

二是自由贸易区（Free Trade Area，FTA）。成员国之间取消所有货物贸易的关税和非关税壁垒，允许商品自由流动，但每个成员国仍保留自己的对外贸易政策，即对非成员国维持独立的关税体系。

三是关税同盟（Customs Union）。在自由贸易区的基础上，成员国不仅相互间实现零关税，还采用统一对外关税，即对非成员国实施一致的关税政策，并可能共同管理对外贸易。

四是共同市场（Common Market）。在关税同盟基础上进一步深化，除了商品和服务的自由流动外，还包括生产要素（劳动力、资本和技术）的自由流动，从而实现更大程度的资源优化配置。

五是经济联盟（Economic Union）。在共同市场的基础上增加了宏观经济政策的协调与统一，如财政政策、货币政策、汇率政策等，甚至可能设立超国家机构来执行这些政策。

六是完全经济一体化（Complete Economic Integration/Full Economic Integration）。这是最高级别的区域经济一体化形式。在该模式下，成员国不仅实现经济政策的高度统一，而且建立起共同的社会政策、法律框架以及决策机制，经济主权几乎完全让渡给超国家机构，形成类似于单一经济体的状态。

②区域经济一体化的目的。区域经济一体化旨在通过强化区域内合作，提升整体竞争力，减少交易成本，创造更大的市场规模，提高经济效益，同时也可以通过集体行动应对全球经济中的不确定性与风险。然而，它也可能带来负面效应，如加剧区域内外经济不平衡、使保护主义抬头、国家主权让渡等，因此成员国在推进一体化过程中需要审慎权衡利弊并寻求最优策略。

③区域经济一体化的作用。区域一体化进程中的长期贸易协定扮演着催化剂的角色，对于构建跨国长期互信与深度合作关系至关重要。这类协定不仅限于降低关税壁垒、消除非关税等措施，还涵盖了诸如投资保护、知识产权共享、服务贸易自由化、标准和法规协调、技术转移等诸多领域，旨在创建一个透明度更高、规则更为明确和公正的区域贸易环境（吴英力，2022）。有学者（Wang，2021）研究指出，贸易政策与企业风险承担具有显著负相关关系，推动区域经济一体化还有利于降低企业风险。

随着全球化趋势的加剧和区域一体化范围的不断扩大，各国在协定中承诺的产品和服务种类日益丰富多样，涵盖初级产品、工业制成品、高科技产品以及各类专业服务，反映了各国产业结构和比较优势的变化。这种多元化的产品和服务交流促进了产业链的整合和价值链升级，使参与国能够根据各自的资源禀赋和技术专长，在区域合作框架下实现资源的有效配置和生产力的最大化。

此外，长期贸易协定推动了多元化的合作主体参与，包括但不限于政府、企业、科研机构和民间团体，形成了多层次、宽领域的立体合作格局。在这样的背景下，各国能够通过互相开放市场、共建基础设施、推动技术创新和人才培养，共同解决供应链安全、环境保护、社会公平等一系列挑战，从而在实质上增强经济发展的韧性和可持续性。

总之，区域一体化背景下的长期贸易协定作为国际合作的重要载体，有力地促进了各方的经济增长和繁荣，通过不断拓展合作领域和深化伙伴关系，为参与国带来了实实在在的利益共享和战略互信，为全球经济治理体系的完善和全球经济秩序的和谐稳定作出了积极贡献。

（3）产业内贸易理论

产业内贸易理论（Intra-Industry Trade Theory）是对当代国际贸易中普遍存在的一种现象的深入探讨，即发达国家之间在同一行业内，对于相同或相似类别商品同时进行进口和出口的现象。其与传统国际贸易理论中的比较优势理论有所区别，后者强调基于不同国家相对劳动生产率或资源禀赋差异而产生的专业化分工和互补性贸易。

产业内贸易理论的核心观点在于，随着经济发展和技术进步，消费者的需求结构日趋复杂和多样化，表现为对产品质量、功能、设计、品牌等方面的差异化需求。即便是在同一个产业内部，商品也会因为细微差异而细分出多个市场层级，以满足不同消费者群体的独特喜好。即使两个国家的总体经济水平相当，消费者的收入分配、文化习俗、技术接受度等因素也会导致市场需求的具体特征存在差异，这便为产业内贸易提供了空间。

例如，某款汽车在两个发达国家之间可能存在双向贸易，即其中一个国家可能既进口对方国家生产的豪华型车型，也出口自己生产的经济型或中档车型，这就是基于产品差异化而导致的产业内贸易。另外，由于产品研发周期和市场推广策略不同，某一时间段内某个国家的新产品可能领先于其他国家，因此会吸引其他国家进口；与此同时，该国也可能进口其他品牌的同类新产品以丰富本国市场选择。

此外，产业内贸易还受到产品生命周期的影响，比如电子产品更新换代迅速，不同国家和地区对最新技术产品的接纳速度不一，从而导致在产品生命周期的不同阶段，即使是同一类产品，也会在不同的市场间流转。

季节性因素也是产业内贸易的一个重要驱动力。一些商品在不同地理位置上的季节性需求变化，会导致同一产品在不同时期、不同国家间进行交换，比如冬季服装在南半球和北半球之间的贸易。

综上所述，产业内贸易理论揭示了在全球化进程中，贸易不再是基于资源稀缺性和成本差异，而是更多地受到产品差异化、消费者偏好、技术和创新的影响，这促使发达国家之间在保持竞争的同时，也能在产业内部形成密切的贸易联系，降低了因绝对优势对比引发的贸易冲突，有利于全球经济的和谐共生和共同发展（强宁娟，2021）。

2.1.4　农产品贸易质量相关理论

（1）全面质量管理理论

全面质量管理理论（Total Quality Management，TQM）强调全员参与、全程控制、预防为主、持续改进的质量管理理念，适用于农产品从种植、收获、加工、包装、储存到运输等全链条的质量提升。在农产品领域，这包括从种植或养殖源头的控制质量到最终产品的销售和消费的全过程。

①全员参与。在农产品质量管理中，全员参与意味着从农场主、种植者、养殖者到加工人员、包装工人、物流团队乃至管理层，每个环节的工作人员都需对产品质量负责，并参与到质量提升的过程中。通过培训提高员工的质量意识，鼓励员工提出改进建议，形成一种质量文化，使质量问题能在各个层面被及时发现和解决。

②全程控制。从土壤选择、种子培育、种植养殖、收获、初级加工、深加工、包装、仓储到物流运输，再到市场销售，全面质量管理理论要求对每一个环节实施严格的质量控制。这包括但不限于土壤和水质检测、合理使用农药和化肥、监控生长环境、采用科学的收割和处理方法、建立无菌或低温存储条件，以及在运输过程中保持适宜的温湿度条件，以减少损耗和污染风险。

③预防为主。全面质量管理理论强调预防胜于纠正。这意味着，在农产品质量管理中，应通过预先设定质量标准、监控关键控制点、实施危害分析和关键控制点（HACCP）体系等措施，以预测和防止质量问题的发生，而非仅在问题出现后采取补救措施。例如，通过定期的田间管理和病虫害预测系统，提前干预以减少作物疾病和虫害发生的概率，以及避免使用过量化学物质。

④持续改进。持续改进是全面质量管理理论的核心原则之一，其鼓励企业不断地寻找提高效率、降低成本和提升产品质量的方法。在农产品领域，这可能涉及引入新技术，如智能农业、精准施肥灌溉系统、自动化加工生产线等，

以及通过数据分析优化供应链管理，减少浪费，提高资源利用效率。同时，通过顾客反馈和市场数据分析，企业能更好地理解消费者需求，进一步调整产品和服务以满足市场需求。

⑤溯源体系。结合现代信息技术，如二维码、区块链等，构建农产品质量追溯体系，也是全面质量管理理论在农产品领域的一个重要应用。这不仅能够增强消费者信心，还能在发生质量问题时迅速追踪来源，及时采取应对措施，有效降低负面影响。

综上所述，全面质量管理理论在农产品领域的应用是一个系统工程，需要综合运用多种管理工具和技术手段，以确保农产品从农田到餐桌的每一个环节都能达到高标准的质量要求。

（2）农产品质量安全管理理论

农产品质量安全管理理论（Quality Safety Management System for Agricultural Products，QSMS）涉及确保农产品从生产到消费全过程的安全性与品质的一系列原则、策略和措施，包括政策制定、标准建立、监测与检验、认证与追溯等多个环节，旨在确保农产品的质量和安全符合国家标准及国际标准。具体包括：

①全程控制理论，强调农产品安全是一个从农田到餐桌的全过程管理理念，包括种植、养殖、收获、加工、包装、储存、运输和销售等各个环节，其要求在每个阶段都实施有效的监控和管理措施。

②风险分析框架，包括风险评估、风险管理及风险交流三个部分。风险评估旨在识别和分析潜在危害及其可能的影响；风险管理旨在根据评估结果制定并执行控制措施；风险交流旨在确保信息在政府、生产者和消费者之间的有效传递。

③危害分析与关键控制点（HACCP）体系，是一种预防性的食品安全控制体系，要求事先识别食品生产过程中的关键控制点，并设立监控程序，以防止、消除或降低食品安全危害。其中，食品防护（food defense）是指防范蓄意污染或破坏农产品的行为，确保农产品在生产、运输、存储过程中的安全性。

④标准化与认证，通过建立国家标准、行业标准和企业标准，规范农产品的生产、加工流程，同时引入第三方认证机制，如有机产品认证、GAP（良好农业规范）认证等，以提高农产品质量和安全性。其中，ISO 9000 系列标准是

国际通用的质量管理体系标准，通过系统化的管理流程，确保农产品生产各环节的质量一致性，包括质量策划、质量控制、质量保证和质量改进等。

⑤可追溯性系统，实现农产品从生产源头到消费终端的全程追踪，一旦发生质量问题，能够迅速定位问题来源，及时召回问题产品，保护消费者权益。

（3）感知质量理论

感知质量理论（Perceived Quality Theory）认为，农产品企业应理解消费者对农产品质量的认知、期望与感知差异，以消费者需求为导向，调整产品特性和服务，提升消费者满意度。

健康饮食与食品安全认知模型研究消费者对农产品安全、营养、无公害等方面的认知及其对购买决策的影响，引导农产品生产者满足消费者对高质量农产品的需求，提高产品质量需要顾客导向而非企业导向。

（4）RCEP 框架规则对中国农产品出口质量带来的影响

①质量标准的提升。为了适应 RCEP 成员国间更加自由的贸易环境和相互开放的市场，中国农产品行业必须提升自身的质量标准。RCEP 成员国间关于农产品质量、安全及检验检疫的协调统一，促使中国农产品生产商采用更高的国际标准，从而提高产品品质，满足进口国消费者对高质量农产品的需求。

②技术进步的动力。在 RCEP 框架的推动下，中国农产品企业为了增强国际竞争力，加速采用现代农业技术，包括智能农业、生物技术等，以提高生产效率和产品质量。技术进步有助于减少农药和化肥的使用，促进绿色、有机农产品的发展，这符合全球注重健康食品的趋势。

③品牌建设和认证。为了在 RCEP 市场中脱颖而出，中国农产品企业更加注重品牌建设和产品认证，如有机认证、地理标志产品等。这些措施有助于提升产品的市场认知度和信任度，从而提高出口产品的整体质量形象。

④监管合作与信息共享。RCEP 加强了成员国间在农产品检验检疫、食品安全等方面的监管合作和信息交流，有助于中国学习借鉴国际先进的管理经验和技术，进一步完善国内农产品质量监管体系，确保出口农产品的质量与安全。

2.1.5 小结

本小节探讨了农产品贸易及相关领域的多个经济学理论，从古典贸易理论到供求与交易理论，再到新贸易理论，构建了全面的理论框架，并详细阐述了各个理论在农产品国际贸易实践中的应用及其局限性。

首先，在古典贸易理论部分介绍了三个关键分支。第一，绝对优势理论。亚当·斯密提出，各国固有的成本差异在特定商品生产上具有的优势，体现在生产效率、自然资源分配、技术条件等方面。英国纺织业的例子展示了拥有绝对优势的国家如何通过专业化生产出口优势产品，与其他国家进行互惠贸易。第二，比较优势理论。大卫·李嘉图进一步发展了贸易理论，指出即使一个国家在所有产品上都不具备绝对优势，只要在生产某类产品的机会成本上相对较低，也具备比较优势。这意味着国家应专注于生产并出口机会成本最低的产品，并通过贸易实现资源的有效配置和总体福利的提高。第三，要素禀赋理论（本节未详述）。赫克歇尔－俄林理论强调各国拥有的相对丰裕的生产要素（如劳动力、土地、资本）影响其在国际贸易中的比较优势，资源禀赋的差异促成了国际分工和贸易。

其次，介绍了市场供给、需求和交换理论。第一，规模经济理论。全球化和技术进步使得农产品生产受益于规模经济效应，跨国公司通过全球范围内的资源配置优化生产，加深和拓宽农产品贸易。第二，偏好相似理论。收入水平相近的国家因消费需求结构相似而有更多贸易机会，而收入差距大的国家则面临需求不对称，贸易合作有限。第三，交易成本理论。科斯和威廉姆森等人提出，交易成本不仅包括生产成本，还包括信息搜寻、谈判、缔约、监督履约和违约处理等成本。当市场交易成本较高时，企业倾向于内部化交易以降低成本和提高效率。

再次，提及了新贸易理论。第一，国家竞争优势理论（波特的钻石模型）。其强调一个国家在特定产业取得全球竞争优势不仅需要综合考虑生产要素、需求条件、相关和支持性行业以及企业战略结构等因素，还需要在政策法规、教育、技术研发等方面提供软实力支持。但该理论在应用于发展中国家时，应注意初级生产要素的作用，并鼓励其向高级生产要素转化。第二，区域经济一体化理论。其定义了区域经济一体化的几种不同形式，从优惠贸易安排到完全经济一体化，通过一体化进程增强了成员国之间的经济合作和资源共享，从而提升整体竞争力。第三，产业内贸易理论。其主要研究的是发达国家之间在同一行业内，基于商品的差异化、市场需求多样性以及产品生命周期、季节性等因素，进行相同或相似类别商品的进出口的现象。这一理论突破了传统比较优势理论框架下基于生产效率和资源禀赋差异形成的互补性贸易模式，反映了全球化进程中市场需求多元化和技术进步带来的新型贸易形态。

最后，介绍了农产品贸易质量相关理论。第一，全面质量管理（TQM）理论。该理论强调全员参与、全程控制、预防为主、持续改进以及溯源体系建设。第二，农产品质量安全管理（QSMS）理论。该理论涵盖政策制定、标准建立、风险分析、HACCP 体系、食品防护、标准化与认证以及可追溯性系统建设，以确保农产品符合国家及国际标准，保障从生产到消费各环节的食品安全与品质。第三，感知质量理论。该理论强调理解并满足消费者在安全、营养等方面的认知与期望，生产者根据消费者感知调整产品和服务，提升消费者满意度。

上述理论共同描绘了农产品贸易及其背后的复杂经济规律和驱动力，有助于我们理解国际贸易的多样性和动态性，并为制定合理的贸易政策和战略提供了理论依据；同时，也反映了理论在不同经济发展阶段和不同国家类型的应用中需要灵活调整和适用。

2.2　国内外相关研究

2.2.1　农产品贸易潜力研究

目前，学术界主要采用指数法和引力模型法两种方法来研究贸易潜力。前一种方法通过计算相关贸易指数来衡量国家之间的贸易潜力，包括显示性比较优势指数和互补性指数等。后一种方法是构建引力模型，包括传统引力模型和扩展引力模型。后来，有学者将随机前沿分析方法融入引力模型，从而形成了随机前沿引力模型。该模型更适合研究当代有关贸易潜力的实际问题。

廷伯根和皮耶霍宁是在全球贸易框架内采用传统引力模型的先驱学者（Tinbergen，1962；Pöyhönen，1963）。随后，众多学者对引力模型进行了扩展，在最初的简单引力模型中加入人口、语言、资源禀赋等因素，不断增强了引力模型的解释力。具体来说，可以将研究贸易潜力的文献分成两大类，即研究双边贸易潜力和研究某些因素对贸易潜力的影响。

（1）研究双边贸易潜力

①国外相关研究。国外学者在这方面的研究有很多。

古尔德（Gould，1994）发现，移民在美国贸易流动中发挥着重要作用，而且出口受移民的影响比进口更大。弗兰克尔等（Frankel et al.，1995）的研究表明，自由贸易区可以显著影响区域内贸易，并且在区域优惠贸易安排范围内，部分自由化优于全面自由化。

巴洛格和雷塔奥（Balogh and Leitão，2019）利用 1996~2017 年的数据，并应用引力模型研究了自由贸易协定、文化亲和力和地理接近度对欧盟成员国之间农业双边贸易和产业内贸易（欧盟内部和外部）的影响。该研究的结果证实，运输成本随着地理距离的增加而增加，农产品对欧盟单一市场的出口有所增加。此外，该研究还发现，共同的文化关系和自由贸易协定有可能降低农业贸易的成本，当欧盟及其外部贸易伙伴具有相似的文化、宗教信仰或区域贸易协定时，农产品出口变得更加经济。

安德森和范文克普（Anderson and Van Wincoop，2004）研究了贸易成本的衡量。他们将研究从两国贸易模式扩展到多国贸易模式，并衡量了经济与合作组织成员之间的边境效应。结果表明，直接成本衡量标准与贸易流量和价格中隐性成本的推论是一致的。富裕国家的总贸易成本很高，但贫穷国家则面临更高的贸易成本。国家之间以及国家内部的商品之间存在很大差异。

伊尔沙德等（Irshad et al.，2017）利用引力模型评估了 1990~2016 年中国与 OPEC 成员国之间的贸易趋势。研究结果表明，GDP、收入和贸易开放度对双边贸易提升产生正向影响，而距离则产生负向影响。此外，双边汇率贬值也对中国与 OPEC 成员国的双边贸易产生负面影响。

皮拉丁等（Piratin et al.，2018）采用面板数据和引力模型评估了 2000~2016 年吉尔吉斯斯坦与 35 个主要贸易伙伴国的贸易流量和贸易潜力。研究结果表明，吉尔吉斯斯坦及其贸易伙伴的 GDP、其与贸易伙伴国之间的距离都会对贸易流量产生积极影响；而每个国家的人口则会产生负面影响。

乌马尔等（Umair et al.，2022）通过赫克歇尔－俄林模型和引力模型研究了巴基斯坦与其他选定国家的双边贸易表现。该研究使用了 2002~2019 年贸易面板数据以及其他核心变量，即土地禀赋、资本禀赋、劳动力禀赋、人口规模、GDP、距离和偏远度。研究结果表明，由于这些国家之间拥有庞大的营销网络，所以贸易的偏远性会产生显著影响。同样，GDP、距离、土地禀赋以及资本禀赋、劳动力禀赋等变量对贸易量都表现出积极显著的影响；而人口规模则会对贸易量产生不利影响。

阿苏瓦等（Assoua et al.，2022）利用引力模型，使用 2001～2017 年喀麦隆与 10 个主要进口国的可可贸易面板数据进行研究。研究结果表明，喀麦隆的可可出口并未受到主要进口市场卫生和植物检疫措施的显著影响。GDP、共同语言和人口等其他因素对贸易流量也有重要影响。

②国内相关研究。国内学术界也对这一课题进行了深入研究。

赵雨霖和林光华（2008）利用传统贸易引力模型对中国与东盟十国的农产品贸易地位进行了定量分析。研究发现，GDP 总量、人口、地理距离和制度结构是影响中国与东盟十国双边农产品贸易流量的主要因素。研究还预测了中国与东盟国家之间的贸易潜力。研究结果指出，中国与大多数东盟国家之间存在贸易逆差，凸显了双边农业贸易发展的巨大潜力。

谢涛（2017）利用扩展贸易引力模型实证研究了 1995～2014 年中国与"一带一路"国家农产品出口贸易潜力的影响因素。研究结果显示，农产品贸易流向主要受"一带一路"国家 GDP 的影响。同时，农产品的独特性导致地理位置接近、交通便利因素对农产品贸易流动产生了实质性的积极影响。根据其对贸易潜力的评估，中国与大多数"一带一路"国家的农产品贸易合作前景广阔。

李旻晶和周桂林（2021）根据联合国商品贸易统计数据库的数据，衡量了贸易潜力，同时研究了影响中国与其他金砖国家之间分类农产品和农产品贸易总量的变量。实证结果表明，经济规模和农产品的市场份额对贸易产生正向影响，而经济距离则产生负向影响；进口国人口的增长促进了中国对其他金砖国家的出口，但阻碍了金砖国家对中国的出口；耕地面积扩大阻碍了中国对其他金砖国家的出口，但刺激了其他金砖国家对中国的出口。

王绍媛和郑阳芷（2022）利用随机前沿引力模型评估了 2007～2019 年中国和印度之间的贸易潜力。研究结果表明，中印之间有巨大的贸易潜力。中国对印度出口的贸易效率较低，而印度对中国出口的贸易效率较高。降低关税、提高贸易便利化水平可以增加中印之间的出口贸易量，外资可以增加印度对中国的出口贸易。中印双方加入多边合作组织、建立自由贸易都将促进双边贸易额的增加。

杨晴（2023）通过 2001~2021 年的相关数据构建了扩展的贸易引力模型，并对中国和美国之间的农产品贸易进行了实证分析。该分析涵盖了综合视角和分类视角，旨在量化两国农产品贸易的未来潜力。实证结果表明，中美农产品贸易动态与中国农作物播种面积、中美经济贸易自由度、中美汇率变化、中国农林牧渔固定投资比重等因素存在非常显著的关系。尽管目前中美两国贸易规模因贸易摩擦而有所下降，但两国农产品贸易的未来增长潜力仍然非常巨大。

（2）对影响贸易潜力的因素的研究

阿菲索格波尔（Afesorgbor，2019）采用引力模型评估了 1980~2005 年 45 个非洲国家的区域一体化和商业外交（经济外交的两个主要工具）之间的平衡或互补相互作用。研究结果表明，与区域一体化相比，双边交往在决定非洲国家双边出口方面发挥着更关键的作用。然而，在非洲国家同一区域集团内，外交对贸易的刺激作用并不太明显。

萨可伊和阿菲索格波尔（Sakyi and Afesorgbor，2019）使用引力模型评估了 2006~2015 年贸易便利化政策如何影响 52 个非洲国家的贸易绩效。研究结果表明，贸易便利化改善了非洲的贸易绩效，贸易流量与贸易便利化水平成正比。从政策角度来看，提高非洲贸易绩效的关键是降低跨境贸易成本。

奥博霍夫尔等（Oberhofer et al.，2021）利用包含国内贸易流量在内的综合面板数据集并采用最先进的计量经济估算器制定了结构引力模型，以研究跨境贸易程序所花费的时间对国际贸易的影响。研究结果表明，在边境手续上投入的时间会产生显著的负面影响。为这些程序分配额外一天相当于征收 0.4 个百分点的从价关税。此外，研究结果还表明，在双边和多边贸易自由化停滞期间，单边采取贸易便利化有可能激发贸易的替代激励措施和福利，特别是有利于低收入和中等收入国家。

宋伟良和王焱梅（2016）扩展了传统的引力模型，利用 64 个国家 2000~2014 年的面板数据，研究了中国高科技产品出口与进口国知识产权保护程度之间的关系。实证结果表明，进口国知识产权保护程度对中国高科技产品出口有负面影响；不同类别的高科技产品对进口国知识产权保护表现出不同程度的敏感度；中国高新技术产品出口在知识产权保护程度方面的差异与进口国的经济发展水平有关。

刘昭洁等（2018）构建了贸易引力模型，使用 2007～2016 年中国与经济合作与发展组织国家和印度的出口流量面板数据，研究了贸易便利化程度如何影响这些国家之间的工业、农业和其他商品的交换，并考察了出口贸易对中间商品和最终商品的影响。横向比较分析结果表明，贸易便利化水平对中国中间产品和工业品出口有重大影响，对农产品出口的影响小于农业政策；中间产品对贸易便利化水平的敏感度最高，而农产品则反应较慢。

肖挺（2018）利用二十国集团（G20）国家数据，引入国民经济规模等变量，构建了贸易引力模型，并基于此分析了各国制造业服务化对实体产业国际贸易的影响。研究发现，制造业服务化对一国出口产生积极影响，对一国进口产生抑制作用，但其实际影响却有所差异。从双边贸易总额测算结果来看，服务化程度的提升将促进制造业整体及三个分行业的贸易进出口额，但对重工业贸易的影响比轻工业更显著。此外，双边贸易运输成本、地理距离与贸易额负相关，而双边国家的经济总量、语言文化共性则与贸易额正相关。

崔日明等（2019）以 11 个新兴经济体为实证样本，考察了知识产权保护对贸易的影响。研究结果表明，对于新兴经济体来说，无论是其自身还是其贸易伙伴加强知识产权保护，都可能阻碍其进出口贸易。此外，贸易伙伴的收入水平也会抑制知识产权保护对新兴经济体的贸易的影响。多数情况下，新兴经济体强化知识产权保护会阻碍与其他国家的贸易往来，但会促进与低收入国家的贸易。同时，贸易伙伴的知识产权保护水平通常会阻碍双方贸易往来，但有时影响并不显著。

朱廷珺和刘子鹏（2019）将距离因素细分为出境距离、运输距离和入境距离三部分，并在此基础上构建了涵盖国内和国际运输距离的贸易引力模型。其选取 2005～2016 年中国八个省份与东盟的进出口贸易额、工业产值、地区生产总值、工业就业人数、就业总量劳动报酬以及不同路段的距离数据，分析其对进出口的影响。实证研究发现，国内的运输距离比国外转运距离对中国出口贸易的负面影响更大；在与邻近国家进行贸易时，国内的运输距离的负面影响更为显著；国内运输成本与国际海运成本的差距逐渐缩小。

吴丹和吴野（2020）利用 2013～2017 年中国与"一带一路"国家的面板数据，使用贸易引力模型评估了贸易便利化对中国从"一带一路"国家进口的影响。研究结果表明，中国与贸易伙伴之间的贸易便利化、GDP、人均 GDP 和汇率对中国进口有积极影响；相比之下，距离和外国直接投资对中国的进口表现出负面影响；从贸易便利化指数来看，港口效率和海关环境对中国进口有积极作用，而监管环境和金融电商则没有表现出明显的促进作用。

崔鑫生和李芳（2020）使用面板数据模型并控制了第三方效应，研究了贸易便利化对中国工业制品、中间投入品和农产品进口的影响。研究结果表明，贸易便利化程度对中国这几类商品的进口具有重要影响。有趣的是，农产品进口对贸易便利化水平的反应明显低于中间产品进口，这表明中间产品进口对贸易便利化水平的敏感性更高。

陆梦秋等（2021）基于经典贸易引力模型的一般形式，以中国与世界各国的贸易为例，重构并检验了贸易引力模型的距离成本。研究表明，成本距离综合了海运、陆运等多种运输方式以及运费和时间成本，比直线距离更准确地反映了国际贸易的真实情况。基于成本距离构建的贸易引力模型在回归结果的可信度和预测未来趋势演变的准确性方面都超过了直线距离模型。

王黎萤等（2022）研究了"一带一路"国家在 2000～2020 年签署和实施的 62 个包含技术贸易措施的自由贸易协定（FTA）。他们采用横向测度法评估了技术性贸易措施，并通过构建引力模型研究了自贸区内技术性贸易措施对高新技术产业的影响。研究结果表明，包含技术贸易措施的自由贸易协定的签署和实施可以刺激高新技术产业的出口；此外，与发展中国家相比，技术贸易措施的深度异质性对发达国家高新技术产业出口的影响更为显著。

2.2.2　农产品贸易竞争性和互补性研究

农产品贸易竞争力和互补性的研究主要采用贸易指数法。显示性比较优势指数（RCA 指数）、出口产品相似性指数（ESI 指数）、市场相似性指数（MS 指数）、贸易竞争力指数（TC 指数）等指标是衡量农产品贸易竞争力的常用指标。相反，产业内贸易指数（IIT 指数）和贸易互补性指数（TCI 指数）等指标多用于农产品贸易互补性的研究。

何敏等（2016）利用贸易互补性指数和显示性比较优势指数评价了中国与"一带一路"国家农产品贸易的互补性和竞争力。计算结果表明，中国与

"一带一路"国家农产品贸易存在竞争性和互补性，且互补性更加突出。

余妙志等（2016）利用联合国商品贸易数据库 2004～2014 年的数据，从中国与南亚区域合作联盟（以下简称"南盟"）成员国农产品贸易的比较优势、一体化、竞争力和互补性等多个方面进行了研究。研究结果显示，中国在农产品贸易中常常处于较为不利的地位，中国与南亚之间的出口贸易联系相对稳定但水平较低，进口贸易联系程度逐年上升，贸易关系不断增强。此外，中国与南盟成员国之间在各大市场销售农产品方面竞争激烈。尽管部分农产品的互补性不断增强，但中国与南亚国家的总体贸易互补性仍然较低。

杨逢珉和田洋洋（2018）利用联合国商品贸易统计数据库 2007～2016 年的数据，采用比较优势指数、贸易强度指数和贸易互补性指数，从贸易竞争力、互补性和贸易潜力方面分析了中国及其竞争对手。其结论表明，中国与"一带一路"国家在多种产品市场上竞争激烈，各国农产品出口优势差异明显。此外，中国与"一带一路"国家的贸易互补性很强。值得注意的是，以中国为出口国计算时，贸易互补性明显强于以中国为进口国计算的结果。此外，中国与"一带一路"国家之间，特别是与马来西亚、泰国、印度尼西亚等东盟国家之间的各种商品贸易存在着巨大的机会。

黄越（Hoang，2018）使用了多种方法，如贸易互补性指数、出口产品相似性指数和 Spearman 等级相关性系数等，评估 1997～2015 年全球农产品市场中东盟成员国之间的农产品贸易互补性。研究结果表明，东盟国家的农产品出口趋势与该地区进口需求之间缺乏互补性，但在农产品出口国际市场方面，这些国家表现出较强的互补性。与区域一体化相比，全球一体化对这些国家农业竞争力格局的影响更大，产生的效益更大。随着时间的推移，这些国家往往变得更具可替代性。

刘春鹏和肖海峰（2019）利用联合国商品贸易统计数据库的数据，研究了 1995～2015 年中国与北欧国家之间的农产品贸易的互补性、竞争性和农产品贸易潜力。研究结果表明，中国与北欧国家生产的农产品种类差异较大，具有比较优势。虽然中国农产品进口与北欧国家农产品出口的互补性较强，但与中国农产品进口的总体互补性相比仍然较低；中国和北欧国家的农产品出口在全球市场上不存在明显竞争。而且，中国与北欧国家的农产品贸易关系还不够密切，具有相当大的发展潜力。

李娜（2019）运用显示性比较优势指数、贸易互补性指数和产业内贸易指数，对 2008 ~ 2017 年中国和罗马尼亚两国农产品贸易的互补性和竞争力进行了研究。研究结果显示，罗马尼亚农产品在国际市场上表现出比较优势，而中国农产品则面临一定的劣势。从细分品类来看，中国和罗马尼亚具有显示性比较优势的农产品的产品品类不同，两国农产品竞争力不强。罗马尼亚出口与中国进口互补性更强。中国和罗马尼亚的农产品产业间贸易逐渐减少，未来有向产业内贸易转移的趋势和可能。两国有 12 大类农产品互补性强，占农产品总量的近 50%。因此，未来两国之间农产品贸易发展潜力巨大。

有学者（Liu et al.，2020）通过构建基于 2005 ~ 2006 年贸易指数的动态网络，对中国与"一带一路"国家农产品贸易进行了研究。研究结果显示，"一带一路"国家农产品贸易竞争性和互补性趋于共存，互补性超过了竞争性。研究期间，该地区互补性强的国家的数量有所增加，表明国家间合作的机会将会更多。在"一带一路"沿线地区出现了三个主要竞争领域：一个以中国为主导，其中包括农业基础相对发达的国家，如埃及等；另外两个竞争领域分别由中东欧、西亚和中东国家以及几个东南亚国家组成。2005 年，重要互补区域中的国家主要来自中东欧和澳大利亚，到 2016 年，一些东南亚和南亚国家也加入其中。

纽卡辛纳等（Nurgazina et al.，2020）利用贸易指数分析了中国和哈萨克斯坦的 28 种农产品贸易的互补性和竞争力。研究结果揭示了哈萨克斯坦和中国在国际市场上的比较优势差异。随着时间的推移，两国双边贸易对农产品的依赖不断增加，贸易结构以基于比较优势的产业间贸易为主，有很大的合作空间。

康坤（2020）通过 2003 ~ 2017 年的农产品贸易数据，对老挝与中国之间的农产品贸易进行了研究。研究结果指出，两国之间农产品贸易的具体差异，即老挝对中国的互补性更强，而中国对老挝的互补性则大幅减弱。虽然中国出口的农产品在老挝的需求量不大，但老挝销售的农产品更能满足中国市场的需求。样本期间，两国所有农产品贸易互补指数一直处于下降趋势。

吕纪正（2020）采用 2015 ~ 2018 年的数据考察了中国与东北亚主要国家农产品贸易的互补性和竞争力。研究结果显示，双方农产品贸易合作处于较高水平，中国农产品出口的国际化程度较高，与其他东北亚国家相比，比较具有竞争力；中国与东北亚主要国家农产品贸易的互补性逐步增强。由于各国自然地理因素和经济发展水平不同，因此农产品贸易合作潜力巨大。

加尔肯（2021）利用贸易指数关系，对 2010～2019 年中国与哈萨克斯坦农产品贸易情况进行了分析。中国对哈萨克斯坦农产品出口比较优势指数测算结果表明，4 类农产品出口优势显著高于其他类别，具有较强的出口竞争力。出口竞争力较弱的是 1 类农产品（烟草和饮料）。0 类、2 类农产品在出口贸易中基本不具有竞争力。中国对哈萨克斯坦农产品出口竞争力指数结果表明，中国对哈萨克斯坦农产品贸易竞争优势较弱。中国与哈萨克斯坦农产品贸易互补性指数的结果表明，两国农产品贸易具有很强的互补性。

埃迪加等（Edjah et al.，2022）对 2016～2020 年中国和加纳农产品贸易进行了分析。研究结果显示，中国处于顺差局面，两国农产品贸易数量仍在增加。尽管如此，农产品在两国贸易额中的比重却不断下降。两国农产品贸易比较优势和互补性共存，但比较优势更明显，表明竞争性更强。加纳的比较优势强于中国，中国农产品出口与加纳农产品进口的互补性没有得到充分发挥，进一步合作发展的潜力很大。

葛明等（2022）基于 CEPII-BACI 数据库 2002～2019 年 H6 分位数据，利用贸易指数评价了中国与《全面与进步跨太平洋伙伴关系协定》（CPTPP）成员国的农产品贸易合作水平和竞争性。研究结果表明，中国农产品与 CPTPP 成员国出口互补性强，特别是农副水产品。此外，研究还表明，这种互补性将在未来 10 年持续保持较高水平，如果建立双边自贸区，则中国对 CPTPP 成员国的农产品出口的互补性将会提高，但是研究结果具有产业异质性。

为了考察"一带一路"国家间贸易的竞争力和互补性，有学者（Wang et al.，2023）使用贸易指数，特别是比较优势指数、出口产品相似性指数和贸易互补性指数进行了分析。研究结果表明，"一带一路"国家农产品出口存在相似性和互补性，其取决于距离、经济发展水平、自由贸易协定、国家开放程度、汇率、文化差异、农业增加值比重和基础设施水平。"一带一路"倡议带动相关国家出口农产品的质量大幅提升。

2.2.3　农产品贸易影响因素研究

农产品贸易受多方面因素影响，中国农产品贸易额波动较大。研究影响农产品贸易的主要因素对于促进我国农产品出口具有重要意义。

邵红岭（2018）利用恒定市场份额模型（CMS）考察了 2006～2015 年影响中国河北省农产品出口的变量。调查结果表明，世界农产品进口规模、进口结构以及河北省农产品出口竞争力已成为促进河北省农产品出口增长的主要因素。河北省农业总产值、GDP、人均 GDP、进口国 APEC 成员资格等均与该省农产品出口呈正相关；而河北省与进口国的距离同农产品出口负相关。

有学者（Quan，2020）利用 2000～2017 年的数据研究了影响越南对东盟国家出口的因素。研究结果表明，人均 GDP、总人口、经济开放度以及地理位置的邻近性都对农产品的出口有促进作用。而农业用地面积与农产品的出口量负相关。此外，技术发展水平对咖啡和大米的出口具有积极影响；签署自由贸易协定对提升大米出口量有积极作用。

马遥（2020）研究了 1996～2018 年中国和蒙古国农产品的出口情况。实证研究表明，中国人均农业增加值和蒙古国 GDP 均对中国农产品出口产生正向影响，而汇率则产生负向影响。

葛明和高远东（2021）研究了 2010～2018 年中国对 RCEP 成员国农产品出口波动的影响因素。研究结果显示，中国对 RCEP 成员国的农产品出口呈波动增长趋势，进口需求的增长是主要推动力。总体进口规模的扩大和国家需求结构的调整发挥了显著的拉动作用，但产品需求结构效应的贡献为负。出口竞争力效应在前期促进了出口增长，而整体竞争力以及国家和行业竞争力的结构性影响则会导致出口规模下降。供需互动效应缓解了竞争力不足造成的出口下滑。各类效应的影响在不同国家和经济部门之间存在明显差异。

潘子纯等（2022）基于联合国商品贸易统计数据库（UN Comtrade）的统计数据研究了 2013～2020 年中国与非洲农产品出口空间格局及影响因素。研究结果表明，中国对非洲农产品出口多元化指数和平衡指数持续增长，覆盖全部五个主要次区域；中国对非洲农产品出口在空间上呈现弱正相关性。贝宁、多哥、加纳等成为主要高集聚地区；GDP 越高、距离越远、人均耕地差距越大的非洲国家进口中国农产品的数量越大。

努娜木·吐尔逊买买提（2022）利用 2005～2019 年中国西北地区面板数据研究了该地区农产品出口贸易情况以及主要因素。研究结果表明，人均农业产出、外商直接投资、农产品国际贸易量、市场占有率，以及产品的技术复杂性对农产品出口产生了显著的正面影响，而农业劳动力成本升高对该地区农产品出口贸易产生了显著的负面影响。此外，农产品出口贸易从人民币汇率中受益，但这种影响在统计上并不显著。

李婷婷等（2023）研究了 2001～2020 年中国对主要国家和地区的农产品出口数据。研究结果表明，虽然人口规模和地理距离对农产品贸易均有显著的不利影响，但中国与主要进口国的经济规模以及地理边界均有显著的有利影响。班轮运输互联互通指数、关税水平、自由贸易协定的签署和加入世界贸易组织后的地位均有利于贸易效率的提高，而贸易效率的提高则受到贸易自由度和货币自由度的阻碍。此外，中国对日本的农产品出口潜力最大，但对越南、泰国等东南亚国家的出口潜力较小。

房悦和李先德（2023）利用联合国 Comtrade HS－6 分位数贸易数据计算了 1992～2020 年中国从中亚进口农产品的贸易边际及其影响因素。研究结果表明，不同贸易边际对中国在中亚农产品进口中所占份额的贡献存在国别差异。总体而言，数量边际是中国进口中亚农产品比例上升的主要原因。数量边际和扩展边际驱动了中国从哈萨克斯坦和吉尔吉斯斯坦进口农产品，而中国从塔吉克斯坦和土库曼斯坦的农产品进口主要受数量边际驱动，从乌兹别克斯坦进口农产品是扩展边际和价格边际共同驱动的。此外，贸易差额的扩大受到加入上海合作组织和地理距离的积极影响。此外，中亚五国农业生产效率与中国对外投资存量的交互项对市场份额和价格边际有积极影响，而市场份额和定价边际主要由数量边际决定。

2.2.4　中国农产品出口质量相关研究

农产品出口质量是指农产品在出口时满足消费者期望的一系列特性，如绿色安全、营养卫生等。农产品出口质量的相关研究很多，本章主要从农产品出口质量测算方法和农产品出口质量影响因素两个方面进行阐述。

（1）农产品出口质量测算方法

目前，出口产品质量的测算方法比较成熟，主要有单位价值法、需求残差法、嵌套 Logit 方法、产品层面回归反推法、综合评价法等。李坤望等（2014）利用单位价值法，从市场进入的视角分析了中国出口产品质量演化的微观机制，并将产品质量划分为高、中、低三个层次。坎德尔瓦勒等（Khandelwal et al.，2013）提出需求残差法。曾华盛和徐金海（2022）采用需求残差法测算了中国出口农产品质量。施炳展等（2013）采用嵌套 Logit 方法测算了中国对美国出口农产品质量。董银果和黄俊闻（2016）也用嵌套 Logit 方法测算了中国出口日本的农产品质量。陈容和许和连（2018）运用产品层面回归反推法测量了中国出口农产品质量，其研究结果显示中国出口农产品质量波动较大。

（2）农产品出口质量影响因素研究

近年来，很多学者对中国农产品出口质量的影响因素进行了大量研究。董银果和刘雪梅（2019）的研究显示，SPS 措施、产品多样化对农产品企业出口质量有显著影响。李丽玲和王曦（2015）研究了中国出口日本的农产品质量，其研究表明进口国的 SPS 措施对出口国农产品的质量存在明显作用。陈容和徐连和（2018）研究了日本的肯定列表制度对中国农产品出口质量的影响，其研究结果显示肯定列表制度对中国出口日本的农产品质量有极大的促进作用。耿献辉和江妮（2017）研究发现，中国农产品出口质量受到农产品的研发投入、国家市场规模的扩张程度、地理距离、劳动者素质等因素的影响。曾华盛和徐金海（2022）研究发现，自由贸易区对中国出口产品质量有正向影响。张建清等（2022）研究发现，进口关税减让提高了进口农产品的质量。李骥宇和司伟（2023）认为，出口政策的扶持有助于提升农产品质量。杨建辉和杨伦（2022）研究发现，化学品投入、产业投入、农业支持补贴和地理标志等对农产品质量有正向作用。

2.2.5　RCEP 的实施对中国与其他 RCEP 成员国农产品贸易影响的研究

（1）中国实施 RCEP 的优势和困难

赵春江和付兆刚（2021）研究发现，RCEP 生效后，中国、日本和韩国三国相互签署了关税承诺，三个国家的贸易合作有着广阔的平台和基础，这为贸易合作开辟了新的可能性，比如扩大贸易范围、加快贸易进程以及加强与其他贸易伙伴的联系。但受日本和韩国两国的政府态度、历史问题、地缘政治、技术出口限制等因素影响，尤其是两国在美国的施压下不断寻找政治经济平衡点，在 RCEP 框架下，中国、日本和韩国之间的商业合作面临着一些新的挑战。

乔翠霞等（2021）的研究认为，RCEP 农业规则具有对多样化主体诉求的兼容性以及对接高标准规则的创新性特点。RCEP 农业规则主要有三类：农产品市场开放规则、农业市场准入便利化规则和农业深度保障规则。这三类规则虽然有利于促进中国农产品贸易增长，提高中国农产品供应链效率并扩大农业对外投资，但是它们冲击了中国的产业竞争力、粮食安全和农民利益。

崔鑫妍（2022）认为，RCEP 的签署将对中国农产品贸易发展产生重大影响。在 RCEP 成员国中，中国贸易量最大，在部分农产品项目上具有比较优势。在 RCEP 的支持下，中国农产品有望扩大贸易规模、提高贸易便利化水平、促进农业升级。但 RECP 也对中国农产品贸易结构、核心竞争力、质量安全体系提出了新的挑战。

（2）RCEP 条款对经贸关系的影响

中国、日本、韩国之间存在着密切的经济和商业关系，但由于种种原因，这三个国家在 RCEP 签署之前尚未达成自由贸易协定。RCEP 的签署使三国经贸合作处于新的位置。施锦芳和赵雪婷（2022）利用这些国家贸易和经济交流的数据，研究了关税减让对这三个国家贸易和经济关系的影响。研究结果显示，自 RCEP 生效以来，关税削减幅度和范围不断扩大，这一突破不仅对这些国家之间的经济贸易合作产生了重大影响，也对亚太地区的经济合作产生了重大影响。

马文秀和李瑞媛（2023）利用联合国商品贸易数据库中 2010～2020 年中国农产品贸易数据构建全球贸易分析项目（GTAP）模型，预测和估计了中国和日本农产品贸易对两国经济的影响。研究发现，RCEP 协议中农产品关税减让对两国都有利，日本的贸易条件有所改善，中国的谷物、果蔬、糖类和动物产品产出增加，日本除饮料和烟草产量增加外，其他农产品产出均下降。中国对日本农产品贸易受益于 RCEP，其中，自日本进口糖制品、油脂、乳制品大幅增加，而谷物产品和乳制品对日本出口增长的推动作用最为明显。

（3）RCEP 成员国贸易结构、贸易潜力、贸易效率及影响因素

王晓旭（2023）收集了 2005～2021 年中国与 RCEP 成员国 17 年的双边贸易数据，实证研究了中国与 RCEP 成员国农产品贸易的主要影响因素，并测算了成员国之间的农产品贸易效率。研究结果表明，GDP、人口规模、地理距离、关税等多种因素都对中国农产品贸易产生积极影响。值得注意的是，中国与泰国、新西兰、越南等重要农业伙伴的贸易效率相对较高，而与日本、新加坡、澳大利亚的贸易效率较低，但是贸易潜力巨大。

程云洁和刘娴（2022）利用 2010～2019 年面板数据研究了中国与 RCEP 成员国之间农产品贸易效率和潜力。研究结果显示，中国从 RCEP 成员国进口农产品的平均效率为 0.54。货币自由度、班轮运输互联互通指数、中国与 RCEP 成员国经济规模等因素提升了中国从 RCEP 成员国农产品进口贸易的效率，而人口规模、贸易自动度等因素阻碍了中国从 RCEP 成员国农产品进口贸易的效率提升。例如，商业自由度和人口密度会使提高进口贸易效率变得更加困难。从国别差异看，中国从澳大利亚、新西兰进口农产品的潜力和可拓展空间较大。从农产品分类来看，中国从 RCEP 成员国进口 4 类农产品的贸易效率较高。

丁一兵和冯子璇（2022）利用 2010～2019 年中国与 RCEP 成员国农产品贸易数据分析了影响中国与 RCEP 成员国农产品贸易的因素。研究发现，国家经济规模、国家间贸易距离、国家人口规模、是否加入世界贸易组织、国家民主政治等因素都会在一定程度上影响中国与其他 RCEP 成员国的农产品贸易。

2.2.6 研究述评

衡量贸易潜力的主要模型是引力模型，该模型为本书的研究提供了很大的帮助。最常用的引力模型是扩展引力模型（赵亮，2023）和随机前沿引力模型（程鸿慧，2023）。影响两国农产品贸易潜力的主要因素包括双方的 GDP 和距离（地理距离和文化距离）、总人口、农业用地面积、人均农业增加值、共同语言、共同边界、文化相似性、自由贸易区、贸易便利化水平、贸易壁垒、农产品竞争与互补程度等。

来自国内外不同机构的学者已经积累了大量关于农产品贸易的互补性和竞争力的研究。农产品贸易竞争力评价常用的指标有显示性比较优势指数（RCA）、出口产品相似性指数（ESI）、市场相似性指数（MS）、贸易竞争力指数（TC）等。同时，产业内贸易指数（IIT）和贸易互补性指数（TCI）多用于评估农产品贸易的互补性。

研究贸易波动影响因素的主要模型是恒定市场份额模型（李月娥、张吉国，2018；徐佳慧，2017）。文献中记载的影响农产品贸易的因素主要包括全球农产品进口规模、农产品出口竞争力、出口国农业产量、进口国 GDP 和人均 GDP、进口国进口需求以及供需互动、产品需求结构效应、出口竞争力效应、人均农业增加值、农业劳动力成本、农产品国际市场份额、农产品出口技术复杂性、关税水平、自由贸易协定签署、贸易自由度、货币自由度、技术性贸易壁垒等。

单位价值法的最大优势是贸易数据的可获得性，但该方法受价格影响，测算出来的质量准确性较低。嵌套 Logit 方法考虑了农产品类别之间的相关性和偏好层次，但模型构建和解释比较复杂。需求残差法将农产品质量引入效用函数，测量结果比单位价值法更加可靠，但需要高质量的时间序列数据来保证结果的可靠性。产品层面回归反推法利用实际的市场反馈数据，易于实施，但事后数据具有一定的滞后性和信息不完全性。综合评价法从多角度测量产品质量，但需要大量数据支撑，成本较高。总体来说，影响农产品出口质量的因素分为三类：需求因素，如进口国经济发展水平、农业发展水平、消费者偏好、价格等；供给因素，如出口国农业科技水平、出口国要素投入、质量标准体系等；贸易便利化因素，如海关检验、自由贸易区、技术壁垒等。

然而，目前的研究仍存在三个问题：一是很少有研究考察中国与 RCEP 成员国之间的农产品贸易；二是中国与 RCEP 成员国农产品贸易潜力以及竞争性和互补性如何，仍需要进一步研究；三是中国对 RCEP 成员国农产品出口质量，以及如何进一步促进中国与 RCEP 成员国农产品贸易，仍需要进一步研究。基于此，本书提出以下需要研究的问题：RCEP 生效后，中国如何更好地利用 RCEP 促进与 RCEP 成员国之间的农产品贸易？本书将主要研究中国与 RCEP 成员国农产品贸易现状、农产品贸易潜力、农产品贸易竞争性与互补性，以及农产品出口质量，并从政府、行业、企业、农户四个层次提出促进中国与 RCEP 成员国农产品贸易的对策建议。

第3章 中国与RCEP成员国
农产品贸易现状

中国自改革开放以来，农业对外开放程度不断提升，农产品贸易规模也不断扩大。自加入世界贸易组织后，农产品贸易额进一步扩大，从2005年的739亿美元上升到2022年的3844亿美元，增长了近5.2倍。中国与RCEP成员国的农产品贸易额也不断扩大，从2005年的272.8亿美元上升到2022年的1270.11亿美元[①]。随着农产品贸易规模的不断扩大，中国与RCEP成员国的农产品贸易额、产品结构等发生了新的变化。

3.1 中国农产品贸易现状

3.1.1 中国农产品出口额不断增加

2005~2022年中国农产品出口可分为四个不同阶段，如图3-1所示。

第一阶段是2005~2008年。在这一阶段，中国农产品出口额从2005年的287.11亿美元增长到2008年的422.37亿美元，年均增长率为4.26%。2009年，受全球金融危机影响，中国农产品出口有所下降。

---

① 中国向RCEP成员国出口农产品的数据来源于联合国商品贸易统计数据库（Un Comtrade）中中国报告的贸易数据，农产品分类标准采用国际贸易标准分类SITC Rev.3分类方法；由于中国与文莱之间的贸易总量较小，且缺失大量农产品贸易数据，因此本书分析中不包括文莱数据，RCEP成员国仅包括除文莱之外的其余13个RCEP成员；将SITC分类中的四个大类（因为2类农产品中27小类、28小类不属于农产品，因此本书2类农产品中的贸易数据不包括这两个小类的贸易数据）农产品贸易额相加就确定了中国与RCEP成员国之间的农产品贸易额。

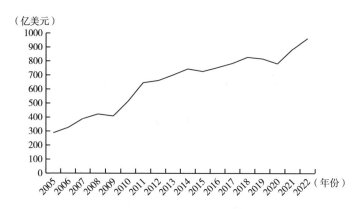

图 3 – 1　2005～2022 年中国农产品出口总额

资料来源：联合国商品贸易统计数据库（UN Comtrade）。

　　第二阶段为 2009～2011 年。该阶段出口额从 2009 年的 408.60 亿美元快速增长至 2011 年的 645.68 亿美元，年均增长率达到 25.71%。出口快速增长的主要原因可能是金融危机结束，世界经济开始复苏。

　　第三阶段为 2012～2019 年。该阶段出口额从 2012 年的 661.36 亿美元稳步增长到 2019 年的 827.53 亿美元，年增长率平均为 3.25%。这一时期贸易增长缓慢的原因可能是世界经济增速放缓、全球贸易保护主义盛行、国家间贸易争端频发。

　　第四阶段是 2020～2022 年。该阶段中国农产品出口快速增长，从 2020 年的 781.55 亿美元增长到 2022 年的 962.68 亿美元，年均增速为 10.98%。2019～2020 年农产品出口额下降可能是受 2020 年新冠疫情的影响，各国政府加强管控，因此农产品贸易额有所下降。2021 年和 2022 年全球疫情形势开始放缓，各国管控放松，从而使农产品贸易量大幅度上升。

3.1.2　中国农产品进口额不断增加

　　2005～2022 年中国农产品进口也可以分为四个阶段，如图 3–2 所示。

　　第一阶段是 2005～2008 年。在这一阶段，中国农产品进口额从 2005 年的 451.89 亿美元迅速上升到 2008 年的 866.21 亿美元，年均增长率为 24.22%。进口快速增长的原因是中国加入世界贸易组织以来农产品进口关税大幅下降，大宗农产品进口许可数量大幅增加。但受全球金融危机影响，2009 年中国农产品进口有所下降。

第二阶段为 2009~2011 年。该阶段进口额从 2009 年的 764.69 亿美元快速增长至 2011 年的 1442.08 亿美元，年均增长率达到 37.32%。进口快速增长的原因可能与全球金融危机结束后的经济复苏有关。

第三阶段是 2012~2019 年。该阶段农产品进口额从 1561.07 亿美元稳步增长到 1988.41 亿美元，年均增长率为 3.52%。这一阶段进口增速放缓的原因与全球经济增长速度放缓、各国政府为保护本国市场而采取各种贸易保护措施、各国之间贸易争端频发有关。

第四阶段是 2020~2022 年。该阶段中国农产品进口额快速增长，从 2020 年的 2153.94 亿美元增长到 2022 年的 2881.54 亿美元，年均增速为 12.86%。这一阶段进口增加的原因是疫情缓解后中国居民消费意愿上升，从而使农产品市场需求增加，因此中国农产品进口额迅速增长。

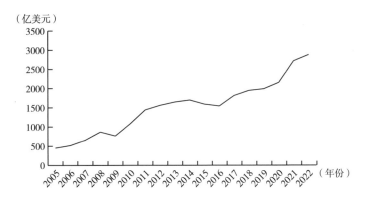

图 3-2　2005~2022 年中国农产品进口总额

资料来源：联合国商品贸易统计数据库（UN Comtrade）。

3.2　中国与 RCEP 成员国农产品出口现状

考虑到联合国商品贸易统计数据库中缺少 2005~2012 年中国向柬埔寨出口的 4 类农产品数据，而 2013~2022 年中国向柬埔寨出口农产品的年均增长率为 3.29%，因此缺失的数据利用 2013～2022 年中国向柬埔寨出口农产品的年均增长率和 2013 年的农产品出口额计算填充。中国对老挝 4 类农产品出口数据仅有 2012 年、2020 年、2021 年、2022 年的数据，为了填补缺失数据，计算了 2012～2020 年的平均增长率，然后用 2012 年的出口量乘以平均增长率依次得到缺失年份的出口量。中国对缅甸出口数据缺少 2011 年 4 类农产品数据，缺失的数据用 2010 年和 2012 年出口量的平均值填充。

3.2.1　中国对 RCEP 成员国出口农产品的出口额及其占比

中国对 RCEP 成员国农产品出口不断增加，但是占中国农产品出口总额的比例波动不大。

（1）中国对 RCEP 成员国农产品出口额不断增加

近年来，中国与 RCEP 成员国农产品出口额不断增加，如图 3 - 3 所示。

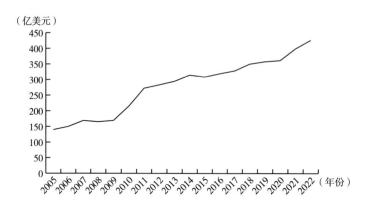

图 3 - 3　2005～2022 年中国对 RECP 成员国农产品出口额

资料来源：根据联合国商品贸易统计数据库（UN Comtrade）的数据计算得到。

2005～2022 年，中国对 RCEP 成员国农产品出口额从 2005 年的 139.98 亿美元飙升至 2022 年的 426.67 亿美元，农产品出口额增长了 3 倍多，平均年增长率为 6.78%。与中国农产品出口总额变化趋势类似，中国对 RCEP 成员国农产品出口可以分为四个阶段。

第一阶段是 2005～2008 年。中国对 RCEP 成员国的农产品出口稳步增长，从 2005 年的 139.98 亿美元增加到 2008 年的 165.28 亿美元，年均增长率为

5.69%。在此期间，农产品出口增长的主要原因是中国加入世界贸易组织后，RCEP 成员国对中国贸易壁垒降低，贸易便利化程度提高。而中国农产品加工水平较低成为导致出口农产品增长相对缓慢的原因。2009 年，受全球金融危机影响，中国对 RCEP 成员国农产品出口没有明显增长。

第二阶段是 2009～2011 年。在这一阶段，中国对 RCEP 成员国农产品出口从 2009 年的 169.34 亿美元迅速上升至 2011 年的 272.56 亿美元，年均增速达到 26.87%。农产品出口增长迅速，其原因可能是全球金融危机结束，RECP 成员国经济迎来蓬勃发展，需求上升导致中国对 RCEP 成员国农产品出口额迅速增加。此外，2009 年全球金融危机后，中国政府的 4 万亿刺激经济计划和极其宽松的货币政策加快了中国经济复苏速度，中国农产品出口能力也得到加强，这也是中国对 RCEP 成员国的农产品出口快速增长的重要原因（陈果，2021）。

第三阶段是 2012～2019 年。在这一阶段，中国对 RCEP 成员国农产品出口稳定增长，从 2012 年的 283.28 亿美元增长到 2019 年的 358.04 亿美元，年均增长率为 3.40%。2011 年以来，中国实体经济增速放缓，金融资源错配、金融价格扭曲等情况加剧。此外，资本对实体经济的支持明显减弱，虚拟经济严重侵蚀实体经济利润，上游垄断基础产业极大侵蚀了下游生产性产业的利润，不同类型企业的融资环境和财务绩效存在差异。需求结构、供给结构、金融与实体经济的互动、增长与就业的关联性、市场与政府的动力等还不够清晰。这种不确定性阻碍了农产品企业从事出口的积极性，从而导致了中国对 RCEP 成员国农产品出口增长缓慢。

第四阶段是 2020～2022 年。该阶段中国对 RCEP 成员国农产品出口快速增长，从 2020 年的 361.75 亿美元增长到 2022 年的 426.67 亿美元，年均增长率为 8.60%。2020 年初，由于中国政府的严格管控，新冠疫情在中国的传播规模相对较小，中国企业恢复生产，但全球其他国家因疫情蔓延导致大量企业暂停运营，因此中国农产品出口快速增长。之后，虽然 RCEP 成员国放松流通限制，但中国农产品出口仍不断增加。

（2）中国对 RCEP 成员国农产品出口占农产品出口总额的比重分析

中国对 RCEP 成员国农产品出口发展模式与中国农产品整体出口发展模式类似，两者均呈上升趋势。表 3-1 显示了 2005～2022 年中国农产品出口总额以及中国对 RCEP 成员国农产品出口额占农产品出口总额的比重。

表 3 - 1　　　　　　　　2005～2022 年中国对 RCEP 成员国农产品
出口额占中国农产品出口总额比重

年份	中国农产品出口总额 （亿美元）	中国对 RCEP 成员国农产品 出口额（亿美元）	中国对 RCEP 成员国农产品 出口占比（％）
2005	287.11	139.98	48.76
2006	325.43	150.24	46.17
2007	388.54	169.06	43.51
2008	422.37	165.28	39.13
2009	408.60	169.34	41.44
2010	515.71	215.68	41.82
2011	645.68	272.56	42.21
2012	661.36	283.28	42.83
2013	701.13	294.74	42.04
2014	744.21	314.79	42.30
2015	726.31	308.70	42.50
2016	754.21	319.42	42.35
2017	783.87	328.74	41.94
2018	827.53	350.47	42.35
2019	816.56	358.04	43.85
2020	781.55	361.75	46.29
2021	884.66	399.38	45.15
2022	962.68	426.67	44.32

资料来源：根据联合国商品贸易统计数据库（UN Comtrade）的数据计算得到。

由表 3 - 1 的数据可知，2005～2022 年中国对 RCEP 成员国农产品出口额占中国农产品出口总额的比重平均为 43.28%。这一时期，中国对 RCEP 成员国农产品出口额占中国农产品出口总额的比重基本保持在 40% 以上，其中，2005 年占比最高，达到 48.76%，2008 年占比最低，为 39.13%。2005～2008年，中国对 RCEP 成员国农产品出口比重逐年下降，农产品出口比重下降了9.63%。其原因可能在于中国加入世界贸易组织，全面放开市场后，虽然对RCEP 成员国的农产品出口额有所上升，但是对其他国家的农产品出口额增加更多，所以其比重有所下降。2009～2018 年，中国对 RCEP 成员国农产品出口比重保持在 41%～43%，波动幅度不大。2020～2022 年，中国对 RCEP 成员国农产品出口比重有所增加，这一阶段比重变化的原因可能在于疫情导致各国政府加强管控，其他市场因为距离较远，贸易效率降低，而多数 RCEP 成员国距离中国较近，因此贸易比重有所上升。

3.2.2　中国对 RCEP 成员国农产品出口产品结构

一定时期内不同种类农产品出口额占农产品出口总额的百分比称为农产品出口产品结构。研究中国与 RCEP 成员国农产品出口产品结构对进一步促进中国对 RCEP 成员国农产品出口有重要意义。

本书基于联合国商品贸易统计数据库（UN Comtrade）和 SITC Rev. 3 农产品一位数代码的出口数据，计算了 2005～2022 年中国对 RCEP 成员国农产品出口产品结构，如表 3－2 所示。

表 3－2　　　　2005～2022 年中国对 RCEP 成员国农产品出口产品结构

年份	0 类农产品		1 类农产品		2 类农产品		4 类农产品	
	出口额（亿美元）	占比（%）	出口额（亿美元）	占比（%）	出口额（亿美元）	占比（%）	出口额（亿美元）	占比（%）
2005	119.22	85.17	3.03	2.17	16.73	11.95	0.99	0.71
2006	127.88	85.12	3.19	2.13	18.30	12.18	0.87	0.58
2007	144.16	85.27	4.01	2.37	19.97	11.81	0.91	0.54
2008	135.65	82.07	4.37	2.64	23.46	14.19	1.80	1.09
2009	141.55	83.59	4.40	2.60	22.45	13.26	0.94	0.55
2010	182.17	84.46	5.21	2.41	27.19	12.61	1.12	0.52
2011	227.67	83.53	6.56	2.41	37.01	13.58	1.33	0.49
2012	235.82	83.25	7.54	2.66	38.42	13.57	1.49	0.53
2013	248.22	84.22	7.47	2.53	37.51	12.73	1.54	0.52
2014	262.59	83.42	8.40	2.67	42.43	13.48	1.37	0.43
2015	264.19	85.58	7.79	2.52	35.40	11.47	1.33	0.43
2016	274.60	85.97	8.31	2.60	35.20	11.02	1.30	0.41
2017	284.26	86.47	7.87	2.39	35.14	10.69	1.47	0.45
2018	299.39	85.42	8.31	2.37	40.43	11.54	2.34	0.67
2019	307.47	85.87	9.22	2.57	38.96	10.88	2.40	0.67

续表

年份	0 类农产品		1 类农产品		2 类农产品		4 类农产品	
	出口额（亿美元）	占比（%）	出口额（亿美元）	占比（%）	出口额（亿美元）	占比（%）	出口额（亿美元）	占比（%）
2020	316.80	87.57	7.20	1.99	34.04	9.41	3.72	1.03
2021	341.42	85.49	8.31	2.08	43.76	10.96	5.88	1.47
2022	351.90	82.48	8.33	1.95	56.54	13.25	9.89	2.32

表 3-2 显示，2005~2022 年中国向 RCEP 成员国出口的四类农产品出口额均稳步增长。0 类农产品出口额从 119.2 亿美元增至 351.9 亿美元，年均增长 6.57%。1 类农产品从 3.03 亿美元增长到 8.33 亿美元，平均增长率为 6.13%。2 类农产品出口额从 16.73 亿美元增至 56.54 亿美元，平均增长率为 7.42%。而 4 类农产品增长最快，平均增速为 14.47%，从 0.99 亿美元增至 9.89 亿美元。

从出口份额来看，中国向 RCEP 成员国出口的农产品主要是 0 类和 2 类农产品。四类农产品出口中，0 类农产品出口占比最大，平均约为 84.72%；2 类农产品出口占比次之，平均约为 12.1%。1 类农产品出口约占 2%，而 4 类农产品出口占比在多数年份均低于 1%。随着时间的推移，0 类和 1 类的农产品出口占比都有所下降，而 2 类和 4 类的农产品出口占比都略有增加。

2022 年中国对 RCEP 成员国出口的四类农产品的占比如图 3-4 所示，其更清晰地描绘了中国对 RCEP 成员国农产品出口结构。

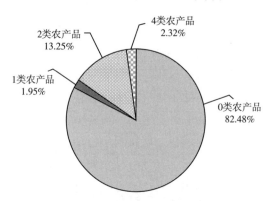

图 3-4　2022 年中国对 RCEP 成员国四类农产品出口产品结构

资料来源：根据联合国商品贸易统计数据库（UN Comtrade）和 SITC Rev. 3 农产品一位数代码的出口数据计算得到。

图 3 - 4 显示，2022 年中国对 RCEP 成员国出口的 0 类农产品占比最高，达 82.48%，其次是 2 类农产品，占 13.25%；1 类农产品和 4 类农产品占比较小，分别为 1.95% 和 2.32%。

3.2.3　中国对 RCEP 成员国农产品出口市场结构

研究中国与 RCEP 成员国的农产品出口市场结构有助于了解中国农产品在 RCEP 区域内的出口动态，以及与 RCEP 不同成员国之间的农产品贸易的区别。通过研究中国及其 RCEP 贸易伙伴国，可以更好地优化农产品出口市场结构。

（1）中国对 RCEP 成员国农产品出口占比

本书基于联合国商品贸易统计数据库（UN Comtrade）的数据确定了 2005～2022 年中国对 RCEP 成员国农产品出口的占比，具体如表 3 - 3 所示。

表 3 - 3　　　2005～2022 年中国对 RCEP 成员国农产品出口占比　　单位:%

年份	澳大利亚	印度尼西亚	日本	柬埔寨	韩国	老挝	缅甸	马来西亚	新西兰	菲律宾	新加坡	泰国	越南
2005	2.05	3.05	59.07	0.17	21.00	0.01	0.35	5.05	0.34	2.25	2.16	2.22	2.27
2006	2.52	4.00	57.04	0.12	19.63	0.01	0.53	5.77	0.43	3.01	1.93	2.46	2.54
2007	2.77	5.22	51.17	0.12	22.14	0.01	0.41	6.27	0.50	3.18	2.06	3.14	3.01
2008	3.58	4.93	48.18	0.15	19.89	0.02	0.39	7.25	0.60	3.21	2.62	4.57	4.62
2009	3.39	6.28	46.84	0.09	17.32	0.04	0.46	7.32	0.48	4.15	2.55	5.24	5.85
2010	3.24	8.17	43.64	0.11	17.06	0.07	0.48	8.02	0.50	3.46	2.51	5.90	6.84
2011	3.40	8.51	41.55	0.12	16.32	0.49	8.15	0.51	3.41	2.34	6.89	8.29
2012	3.28	7.34	43.29	0.13	15.42	0.07	0.54	7.85	0.52	4.21	2.32	7.68	7.34
2013	3.46	6.17	39.14	0.21	15.47	0.08	0.80	9.08	0.50	4.83	2.86	9.05	8.36
2014	3.32	6.49	36.22	0.20	16.16	0.06	1.33	8.83	0.53	4.61	3.27	9.14	9.85
2015	3.17	5.95	33.82	0.19	14.59	0.10	1.06	8.24	0.60	5.35	3.22	12.28	11.42
2016	3.12	6.86	32.14	0.16	15.08	0.08	1.21	8.22	0.59	6.03	2.83	11.14	12.55

续表

年份	澳大利亚	印度尼西亚	日本	柬埔寨	韩国	老挝	缅甸	马来西亚	新西兰	菲律宾	新加坡	泰国	越南
2017	3.09	7.53	31.82	0.17	14.88	0.08	1.50	7.41	0.60	6.19	2.49	9.61	14.62
2018	2.89	7.05	31.31	0.22	15.40	0.16	1.63	7.04	0.62	5.88	2.45	9.67	15.69
2019	2.86	7.29	29.56	0.31	14.23	0.13	1.92	8.38	0.61	5.79	2.51	10.48	15.93
2020	2.74	6.33	27.08	0.36	13.50	0.10	2.11	9.82	0.61	6.29	2.99	12.01	16.06
2021	2.68	6.56	26.20	0.56	13.74	0.13	1.29	11.31	0.60	6.86	3.04	12.16	14.87
2022	2.89	6.78	25.17	0.61	14.01	0.14	1.18	12.35	0.61	6.43	3.41	12.04	14.40
平均	3.03	6.36	39.07	0.22	16.43	0.07	0.98	8.13	0.54	4.73	2.64	8.09	9.70

从农产品平均占比来看，日本是 RCEP 成员国中中国出口农产品最多的国家，其次是韩国。中国对日本和韩国的农产品出口合计占中国对 RCEP 区域农产品出口的 50% 以上。其他占比超过 5% 的国家有印度尼西亚、马来西亚、泰国和越南。中国对这四个国家的农产品出口占中国对 RCEP 区域农产品出口的 30% 以上。2022 年中国对 RCEP 成员国农产品出口市场结构如图 3 - 5 所示。

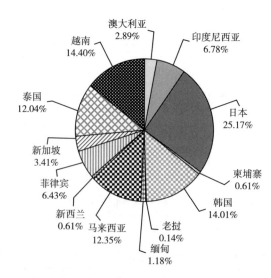

图 3 - 5　2022 年中国对 RCEP 成员国农产品出口市场结构

资料来源：根据联合国商品贸易统计数据库（UN Comtrade）的数据计算得到。

与 2005 年相比，2022 年中国对 RCEP 成员国农产品出口市场结构更加多元化和分散化；对日本的农产品出口占比有所下降；占中国对 RCEP 成员国农产品出口份额超过 10% 的国家有四个，分别是韩国、马来西亚、泰国和越南，其中，对马来西亚、泰国和越南的农产品出口份额均有所增加。

（2）中国对 RCEP 成员国农产品出口占比变化趋势

中国对各 RCEP 成员国农产品出口占中国对 RCEP 成员国总出口的比重变化趋势不尽相同。

①中国对澳大利亚农产品出口占比变化趋势。中国出口澳大利亚的农产品所占比重呈现先上升后波动下降的趋势。如图 3－6 所示，2005～2008 年，中国对澳大利亚农产品出口占比从 2.05% 上升到 3.58%，上升速度较快；2009～2013 年，农产品出口占比上下波动，波动幅度在 0.22% 以内；2014～2021 年，农产品出口占比从 3.32% 逐渐降低到 2.68%，但 2021 年以后略有上升。

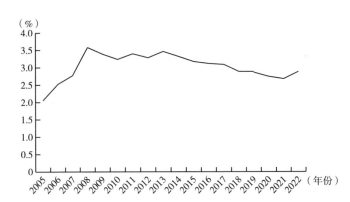

图 3－6　2005～2022 年中国对澳大利亚农产品出口所占比重的变化趋势

资料来源：根据联合国商品贸易统计数据库（UN Comtrade）的数据计算得到。

②中国对印度尼西亚农产品出口占比变化趋势。中国出口印度尼西亚的农产品所占比重呈现先上升后波动起伏的趋势。如图 3－7 所示，2005～2011 年，中国出口印度尼西亚的农产品出口占比从 3.05% 上升到 8.51%，增加了超过 5 个百分点；2011～2022 年，对印度尼西亚农产品出口占比在 6.17%～7.53% 范围内上下波动，波动幅度为 1.36%；2011～2013 年，农产品出口占比下降幅度较大，然后波动增加，到 2017 年达到顶点，之后占比处于波动下降趋势。

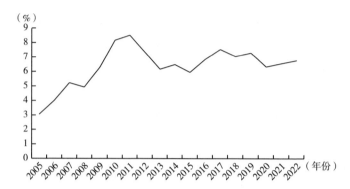

图 3 - 7　2005～2022 年中国对印度尼西亚农产品出口所占比重的变化趋势

资料来源：根据联合国商品贸易统计数据库（UN Comtrade）的数据计算得到。

　　③中国对日本农产品出口占比变化趋势。从中国对 RCEP 成员国农产品出口份额来看，日本是 RCEP 成员国中中国最大的出口市场。如图 3 - 8 所示，2005 年，中国对日本农产品出口份额高达 59.07%，占中国出口 RCEP 成员国农产品份额的一半以上。但是在 2005～2022 年，除了 2012 年略有上升之外，其他年份对日本的农产品出口份额逐年下降。到 2022 年，这一份额已萎缩至 25.17%，这意味着对日农产品出口份额总计下降了 33.9%。中国农产品出口到 RCEP 成员国经历了从日本主导到多元化市场的历程，出口市场更加多元化和分散化，这是一个出口市场结构逐渐优化的过程。

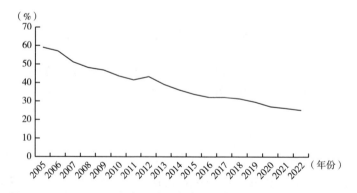

图 3 - 8　2005～2022 年中国对日本农产品出口所占比重的变化趋势

资料来源：根据联合国商品贸易统计数据库（UN Comtrade）的数据计算得到。

　　④中国对柬埔寨农产品出口占比变化趋势。总体来看，中国出口到柬埔寨的农产品所占份额较小，仅高于老挝。如图 3 - 9 所示，2005～2022 年，中国

对柬埔寨农产品出口占比呈现上下波动，然后上升的发展趋势；2005～2016年，农产品出口占比在 0.09%～0.21% 范围内上下波动，其中，2013 年占比上升幅度稍高一些，从 2012 年的 0.13% 上升到 2013 年的 0.21%；2016 年以后，中国对柬埔寨的农产品出口占比逐年上升，从 2016 年的 0.16% 上升到2022 年的 0.61%，上升速度较快，这表明中国与柬埔寨的经济往来逐渐增多。

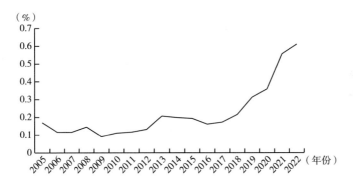

图 3 - 9　2005～2022 年中国对柬埔寨农产品出口所占比重的变化趋势

资料来源：根据联合国商品贸易统计数据库（UN Comtrade）的数据计算得到。

　　⑤中国对韩国农产品出口占比变化趋势。在所有 RCEP 成员国中，韩国是除日本之外，中国农产品出口占比最大的国家。如图 3 - 10 所示，总体来看，2005～2022 年中国对韩国农产品出口份额呈现下降趋势。其中，2007 年农产品出口份额有所上升，从 2006 年的 19.63% 上升到 2007 年的 22.14%。2007年以后，农产品出口份额呈现波动下降趋势，从 2007 年的 22.14% 下降到2022 年的 14.01%。

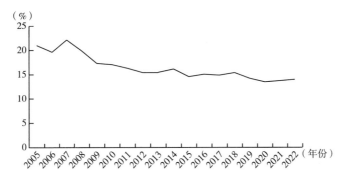

图 3 - 10　2005～2022 年中国对韩国农产品出口所占比重的变化趋势

资料来源：根据联合国商品贸易统计数据库（UN Comtrade）的数据计算得到。

⑥中国对老挝农产品出口占比变化趋势。在所有 RCEP 成员国中，老挝是中国农产品出口占比最小的国家。如图 3 - 11 所示，总体来看，2005 ~ 2022 年中国对老挝农产品出口份额呈现波动上升趋势。2005 ~ 2010 年，中国对老挝农产品出口份额逐年上升，出口份额从 2005 年的 0.01% 上升到 2010 年的 0.07% ；2011 ~ 2017 年，中国对老挝农产品出口份额在 0.04% ~ 0.10% 范围内上下波动；到 2018 年，农产品出口份额达到最高点（0.16%），之后略有下降。中国对老挝农产品出口份额较低，这与老挝经济发展水平较低且双方交流较少有一定关系，但是 2023 年 12 月中老昆万铁路正式通车，中国和老挝的运输便利化程度提高，农产品贸易份额也迅速上升。

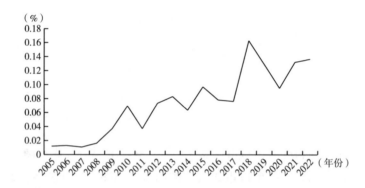

图 3 - 11 2005 ~ 2022 年中国对老挝农产品出口所占比重的变化趋势

资料来源：根据联合国商品贸易统计数据库（UN Comtrade）的数据计算得到。

⑦中国对缅甸农产品出口占比变化趋势。2005 ~ 2022 年，中国对缅甸农产品出口占比呈现上升趋势，如图 3 - 12 所示。2006 年，中国对缅甸农产品出口占比小幅上升，从 2005 年的 0.35% 上升到 2006 年的 0.53% ，之后两年有所下降，从 2006 年 0.53% 降低到 2008 年 0.39% ；2008 ~ 2012 年缓慢上升，从 2008 年的 0.39% 上升到 0.54% ；2012 ~ 2020 年上升幅度较大，从 2012 年的 0.54% 上升到 2020 年的 2.11% ，其中，2015 年农产品出口占比略有下降，其余年份农产品出口占比均呈上升趋势。由于 2021 年缅甸国内 GDP 下降 18.06% ，2022 年又下降了 9.49%①，因此自 2020 年以来，中国对缅甸农产品出口份额逐年降低，从 2020 年的 2.11% 下降到 2022 年的 1.18% 。

---

① 缅甸 GDP 下降比例根据世界银行公布的缅甸 2020 ~ 2022 年 GDP 总额计算得出。

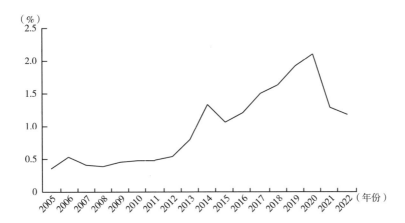

图 3 - 12　2005～2022 年中国对缅甸农产品出口所占比重的变化趋势

资料来源：根据联合国商品贸易统计数据库（UN Comtrade）的数据计算得到。

⑧中国对马来西亚农产品出口占比变化趋势。2005～2022 年，中国对马来西亚农产品出口占比呈现波动上升趋势，如图 3 - 13 所示。总体来看，2005～2013 年，中国对马来西亚农产品出口占比逐年上升，从 2005 年的 5.05% 上升到 2013 年的 9.08%，上升了 4.03 个百分点，其中，只有 2012 年的农产品出口占比略有下降。2013～2018 年，中国对马来西亚农产品出口占比逐年下降，从 9.08% 下降到 7.04%，下降了 2.04 个百分点。自 2018 年以来，中国对马来西亚农产品出口占比逐渐上升，从 2018 年的 7.04% 上升到 2022 年的 12.35%，上升了 5.31 个百分点。与 2005 年相比，2022 年中国对马来西亚农产品出口份额增加了 1.45 倍。

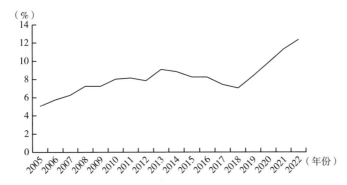

图 3 - 13　2005～2022 年中国对马来西亚农产品出口所占比重的变化趋势

资料来源：根据联合国商品贸易统计数据库（UN Comtrade）的数据计算得到。

⑨中国对新西兰农产品出口占比变化趋势。中国对新西兰农产品出口占比较低，但呈现波动上升趋势，如图 3-14 所示。2005～2008 年，中国对新西兰农产品出口占比上升较快，从 2005 年的 0.34% 上升到 2008 年的 0.60%；2009 年有所下降，下降到 0.48%；2009～2014 年保持在 0.48%～0.53%；2015 年上升到 0.60%；2015～2022 年变化不大，在 0.59%～0.61% 范围内波动。

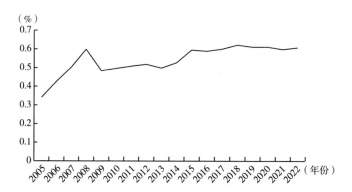

图 3-14　2005～2022 年中国对新西兰农产品出口所占比重的变化趋势

资料来源：根据联合国商品贸易统计数据库（UN Comtrade）的数据计算得到。

⑩中国对菲律宾农产品出口占比变化趋势。中国对菲律宾农产品出口占比呈现波动上升趋势，如图 3-15 所示。2005～2009 年，中国对菲律宾农产品出口占比上升较快，从 2005 年的 2.25% 上升到 2009 年的 4.15%；之后有所下降，到 2011 年，下降到 3.41%；2011～2017 年逐年上升，到 2017 年，上升到 6.19%；2018～2022 年变化不大，在 5.88%～6.86% 范围内波动。

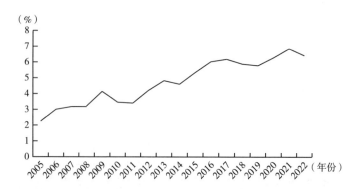

图 3-15　2005～2022 年中国对菲律宾农产品出口所占比重的变化趋势

资料来源：根据联合国商品贸易统计数据库（UN Comtrade）的数据计算得到。

⑪中国对新加坡农产品出口占比变化趋势。2005~2022 年，中国对新加坡农产品出口占比在 1.93%~3.41% 范围内波动，如图 3-16 所示。中国对新加坡农产品出口占比出现了三次先下降后上升的波动：第一次是从 2005 年到 2008 年，中国对新加坡农产品出口占比从 2005 年的 2.16% 下降到 2006 年的 1.93%，然后上升到 2008 年的 2.62%；第二次是从 2009 年到 2014 年，中国对新加坡农产品出口占比从 2008 年的 2.55% 下降到 2012 年的 2.32%，然后逐年上升，2014 年达到 3.27%；第三次是从 2015 年到 2022 年，中国对新加坡农产品出口占比先从 2015 年的 3.22% 下降到 2018 年的 2.45%，然后逐步上升，2022 年达到 3.41%。

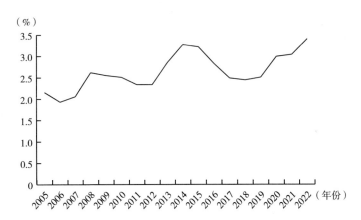

图 3-16　2005~2022 年中国对新加坡农产品出口所占比重的变化趋势

资料来源：根据联合国商品贸易统计数据库（UN Comtrade）的数据计算得到。

⑫中国对泰国农产品出口占比变化趋势。2005~2022 年，中国对泰国农产品出口占比变化趋势分为两个阶段，如图 3-17 所示。第一个阶段为 2005~2015 年，农产品出口占比逐年上升，从 2005 年的 2.22% 上升到 2015 年的 12.28%，上升了超过 10 个百分点，平均每年增加 1 个百分点，上升速度较快。第二个阶段为 2016~2022 年，农产品出口占比先降后升，在 12% 的水平上下波动。其中，2017 年中国对泰国农产品出口占比下降较快，从 2016 年的 11.14% 下降到 9.61%，下降了 1.53 个百分点。从 2017 年开始，中国对泰国农产品出口占比逐年上升，到 2021 年上升到 12.16%；2022 年又略有下降，占比为 12.04%。

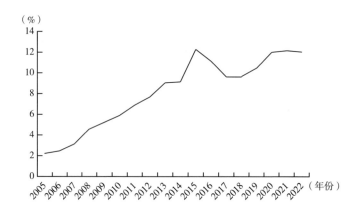

图 3 - 17　2005~2022 年中国对泰国农产品出口所占比重的变化趋势

资料来源：根据联合国商品贸易统计数据库（UN Comtrade）的数据计算得到。

⑬中国对越南农产品出口占比变化趋势。2005~2022 年，中国对越南农产品出口所占比例呈现逐年上升、略有波动的变化趋势，如图 3 - 18 所示。2005 年，中国对越南农产品出口占比仅为 2.27%，到 2022 年上升至 14.40%，所占比重是 2005 年的 6.34 倍。2020 年，中国对越南出口农产品占比最高，达到 16.06%，是 2005 年的 7.07 倍。这期间，中国对越南农产品出口占比下降的年份为 2012 年和 2020~2022 年。2012 年，中国对越南农产品出口占比从 2011 年的 8.29% 下降到 7.34%，之后又经历了连续两年下降，从 2020 年的 16.06% 下降到 2022 年的 14.40%。

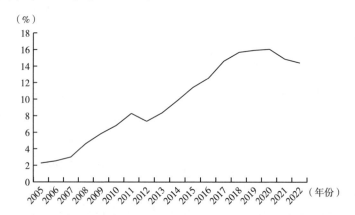

图 3 - 18　2005~2022 年中国对越南农产品出口所占比重的变化趋势

资料来源：根据联合国商品贸易统计数据库（UN Comtrade）的数据计算得到。

（3）中国对 RCEP 成员国农产品出口额和出口年均增长率

①中国对 RCEP 成员国农产品出口额呈上升趋势。中国对各 RCEP 成员国农产品出口额均处于上升趋势，但对不同成员国农产品出口额增长幅度差异较大（见表 3-4）。

表 3-4　　　　　2005～2022 年中国对 RCEP 成员国农产品出口额　　　单位：亿美元

年份	澳大利亚	印度尼西亚	日本	柬埔寨	韩国	老挝	缅甸	马来西亚	新西兰	菲律宾	新加坡	泰国	越南
2005	2.88	4.27	82.69	0.24	29.40	0.02	0.50	7.07	0.48	3.15	3.02	3.10	3.18
2006	3.79	6.02	85.69	0.17	29.50	0.02	0.80	8.66	0.64	4.52	2.91	3.70	3.82
2007	4.69	8.83	86.50	0.20	37.43	0.02	0.70	10.61	0.85	5.37	3.48	5.30	5.08
2008	5.92	8.14	79.64	0.24	32.87	0.03	0.64	11.98	0.99	5.31	4.33	7.55	7.64
2009	5.74	10.63	79.32	0.15	29.33	0.06	0.77	12.40	0.82	7.02	4.32	8.87	9.90
2010	6.98	17.62	94.13	0.24	36.80	0.15	1.03	17.31	1.07	7.47	5.41	12.72	14.76
2011	9.26	23.20	113.25	0.32	44.49	0.10	1.32	22.20	1.39	9.30	6.37	18.77	22.59
2012	9.30	20.79	122.64	0.37	43.67	0.21	1.53	22.23	1.47	11.94	6.58	21.75	20.80
2013	10.21	18.17	115.35	0.61	45.59	0.24	2.35	26.77	1.47	14.24	8.42	26.67	24.65
2014	10.45	20.42	114.00	0.62	50.86	0.20	4.20	27.79	1.66	14.51	10.31	28.77	31.00
2015	9.80	18.37	104.41	0.60	45.02	0.30	3.29	25.44	1.84	16.50	9.95	37.92	35.26
2016	9.96	21.90	102.68	0.52	48.17	0.25	3.86	26.25	1.88	19.26	9.04	35.58	40.08
2017	10.16	24.76	104.93	0.57	48.93	0.25	4.94	24.38	1.97	20.34	8.19	31.61	48.06
2018	10.11	24.69	109.73	0.76	53.98	0.57	5.72	24.67	2.18	20.62	8.58	33.88	54.99
2019	10.26	26.10	105.85	1.12	50.95	0.46	6.88	29.99	2.19	20.71	8.98	37.52	57.03
2020	9.93	22.91	97.96	1.30	48.82	0.34	7.62	35.54	2.22	22.74	10.83	43.45	58.09
2021	10.70	26.20	104.65	2.22	54.86	0.53	5.15	45.16	2.39	27.41	12.15	48.58	59.38
2022	12.31	28.91	107.39	2.61	59.77	5.03	5.03	52.70	2.59	27.41	14.54	51.37	61.45
平均值	8.47	18.44	100.58	0.71	43.91	0.24	3.13	23.95	1.56	14.32	7.63	25.39	30.99
增加额	9.44	24.64	24.70	2.37	30.37	0.57	4.54	45.64	2.12	24.27	11.52	48.26	58.27

资料来源：根据联合国商品贸易统计数据库（UN Comtrade）的数据计算得到。

由表 3-4 可知，2005～2022 年，中国对 RCEP 成员国平均农产品出口额最大的是日本，达 100.58 亿美元。中国对 RCEP 成员国平均农产品出口额高于 10 亿美元的国家有韩国、越南、泰国、马来西亚、印度尼西亚和菲律宾，分别为 43.91 亿美元、30.99 亿美元、25.39 亿美元、23.95 亿美元、18.44 亿美元和 14.32 亿美元。中国对 RCEP 成员国农产品平均出口额超过 1 亿美元的国家有澳大利亚、新加坡、缅甸、新西兰，分别为 8.47 亿美元、7.63 亿美元、3.12 亿美元、1.56 亿美元。中国对 RCEP 成员国农产品出口额最少的是老挝，仅有 0.24 亿美元，其次是柬埔寨，为 0.71 亿美元。

2005~2022 年，中国对 RCEP 成员国农产品出口额增长最多的是越南，从 2005 年的 3.18 亿美元增长到 2022 年的 61.45 亿美元，增长了 58.27 亿美元。中国对 RCEP 成员国农产品出口额增长超过 40 亿美元的国家有泰国和马来西亚，出口额在 2005~2022 年分别增长了 48.26 亿美元和 45.64 亿美元。中国对韩国农产品出口额增长了 30.37 亿美元；对日本、印度尼西亚、菲律宾农产品出口额都增长了 24 亿多美元；对新加坡农产品出口额增长了 11.52 亿美元。在其余 RCEP 成员国中，中国对澳大利亚、缅甸、柬埔寨、新西兰和老挝农产品出口额增长均低于 10 亿美元，其中老挝最低，只有 0.24 亿美元。

2022 年，中国对 RCEP 成员国农产品出口额最多的仍然是日本，为 107.39 亿美元，其次是越南，为 61.45 亿美元。中国对 RCEP 成员国农产品出口额超过 50 亿美元的有韩国、马来西亚和泰国，分别为 59.77 亿美元、52.70 亿美元和 51.37 亿美元。中国对 RCEP 成员国农产品出口额超过 20 亿美元的有印度尼西亚和菲律宾，分别为 28.91 亿美元和 27.41 亿美元。中国对 RCEP 成员国农产品出口额超过 10 亿美元的有新加坡和澳大利亚，分别为 14.54 亿美元和 12.31 亿美元。中国对 RCEP 成员国农产品出口额低于 10 亿美元的有缅甸、柬埔寨和新西兰，分别为 5.03 亿美元、2.61 亿美元和 2.59 亿美元。中国对 RCEP 成员国农产品出口额最少的是老挝，仅 0.58 亿美元。

②中国对 RCEP 成员国农产品出口年均增长率。图 3-19 全面地展示了 2005~2022 年中国对 RCEP 成员国农产品出口的变化情况。图 3-19 显示，中国对 RCEP 成员国农产品出口年均增速最高的是老挝，达到 23.19%；中国对日本农产品出口年均增速最低，为 1.55%。中国对 RCEP 成员国农产品出口年均增长率在 15%~20% 的有三个，分别是越南、泰国和柬埔寨；年均增长率在 10%~15% 的有五个，分别是缅甸、菲律宾、马来西亚、印度尼西亚和新西兰；年均增长率低于 10% 的有四个，分别是新加坡、澳大利亚、韩国和日本。

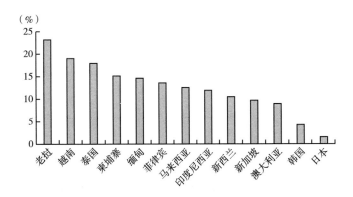

图 3 - 19　2005 ~ 2022 年中国对 RCEP 成员国农产品出口年均增长率

资料来源：根据联合国商品贸易统计数据库（UN Comtrade）的数据计算得到。

3.3　中国与 RCEP 成员国农产品进口现状

中国农产品市场需求数量庞大、种类多样。RCEP 的签订意味着中国能够以更优惠的价格进口来自澳大利亚、新西兰、泰国、老挝等 RCEP 成员国的优质农产品。深入探讨 RCEP 框架下中国与 RCEP 成员国之间农产品进口的具体情况，对更好满足国内消费者日益增长的需求具有重要意义。

由于 2005 年和 2007 年中国从印度尼西亚进口的 1 类农产品的数据缺失，因此本书中 2005 年缺失的数据以 2006 年进口额为基础，采用 2006 ~ 2008 年进口额年均增长率计算得出；2007 年缺失的数据采用 2006 年和 2008 年的平均值填补。同样，对于 2005 ~ 2008 年中国从老挝进口的 1 类农产品的数据缺失，基于 2009 年的进口额和 2009 ~ 2011 年的进口额年均增长率计算 2005 ~ 2008 年的缺失数据。由于 2005 ~ 2010 年从缅甸进口的 1 类农产品的数据缺失，基于 2011 年的进口额和 2011 ~ 2015 年的进口额年均增长率计算 2005 ~ 2010 年从缅甸进口农产品的缺失数据。

2006 ~ 2009 年中国从柬埔寨进口的 4 类农产品的数据缺失。这四年的农产品进口额是根据 2005 年和 2010 年的农产品进口额以及 2005 ~ 2010 年的农产品进口额平均增长率计算得出。2011 年和 2013 年的农产品进口额用相邻两年的平均值计算得出。2015 ~ 2022 年的农产品进口额使用 2014 年和 2019 年的进口额以及这期间的农产品进口额平均增长率计算得出。中国从老挝进口的 4 类农产品的数据缺失年份为 2005 ~ 2010 年、2013 ~ 2015 年、2017 年和 2019 ~ 2022 年。中国从老挝进口的农产品的数据缺失年份使用 2014 年和 2018 年的农产品进口额和 2014 ~ 2018 年农产品进口额的平均增长率计算得出。其中，2017 年的农产品进口额采用相邻两年的平均值计算得出。

中国从缅甸进口四类农产品的数据缺少 2005 年、2011 年和 2015 ~ 2017 年的部分。其中，2005 年缺失的数据根据 2006 年的进口额和 2006 ~ 2007 年的进口额的平均增长率计算得出。2011 年缺失的数据用相邻两年的平均值计算得出。2015 ~ 2017 年缺失的数据根据 2014 年和 2019 年的进口额以及这一时期进口额的平均增长率计算得出。

3.3.1　中国从 RCEP 成员国进口农产品的进口额及占比

2005 ~ 2022 年中国从 RCEP 成员国进口农产品的进口额不断增加，但是占中国农产品贸易的份额波动不大。

（1）中国从 RCEP 成员国进口农产品的进口额不断增加

近年来，中国从 RCEP 成员国进口农产品的进口额呈现不同程度的增长趋势。2005 ~ 2022 年，中国从 RCEP 成员国的农产品进口额从 132.82 亿美元增长至 843.44 亿美元，增长了 6 倍多，年均增长率达 11.49%，如图 3 - 20 所示。

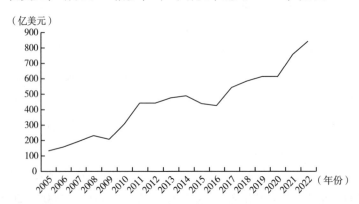

图 3 - 20　2005 ~ 2022 年中国从 RECP 国家进口农产品的进口额

资料来源：根据联合国商品贸易统计数据库（UN Comtrade）的数据计算得到。

由图 3 - 20 可知，中国从 RCEP 成员国进口农产品可分为四个阶段。

第一阶段是 2005 ~ 2008 年，这一时期中国从 RCEP 成员国的农产品进口额快速增长，从 2005 年的 132.82 亿美元增加到 2008 年的 230.73 亿美元，年均增长率达 20.21%。中国于 2001 年加入世界贸易组织，进一步开放市场，下调关税，取消所有非关税壁垒，农产品关税配额大幅提高，贸易权限完全放开。对于农产品进口企业来说，这意味着农产品进口成本下降，贸易便利化程度提高，关税和非关税壁垒大幅消除，从而使得这一阶段农产品进口快速增长。但受全球金融危机的影响，2009 年中国从 RCEP 成员国的农产品进口额出现下滑。

第二阶段是 2009 ~ 2011 年，这一时期中国从 RCEP 成员国的农产品进口额快速增长，从 2009 年的 207.03 亿美元猛增至 2011 年的 442.39 亿美元，年均增长率高达 46.18%。全球金融危机的结束和 RCEP 成员国经济的蓬勃发展是这两年经济增长加速的原因。同时，2009 年中国政府推出 4 万亿元经济刺激计划，实行异常宽松的货币政策。2009 年一季度新增人民币贷款 4.6 万亿元，同比增长 346.8%。2009 年全年新增人民币贷款 9.6 万亿元，增长 31.7%。在基础设施建设和十大产业振兴计划的推动下，2009 年固定资产增速达到 30%，其中基础设施、房地产、制造业投资分别增长 44.5%、16.1% 和 26.8%（陈果，2021）。随着经济的扩张，中国国内市场对农产品的需求增加。因此，中国从 RCEP 成员国的农产品进口额迅速增加。

第三阶段是 2012 ~ 2016 年，这一时期中国从 RCEP 成员国进口农产品的进口额呈先略有上升后下降的趋势。中国从 RCEP 成员国的农产品进口额从 2012 年的 446.69 亿美元上升到 2014 年的 489.32 亿美元，然后下降到 2016 年的 426.03 亿美元，年均增长率为 - 1.18%。自 2011 年以来，中国，经济发展既面临通胀压力，又面临经济下行威胁。虽然中国已成功从低收入国家迈入中等收入国家，且工业化、城镇化进程不断推进，但是这一发展历程却遇到了重重阻碍。因此，受经济发展形势影响，这一阶段中国从 RCEP 成员国进口农产品的进口额呈现波动下降趋势。

第四阶段为 2017 ~ 2022 年，这一时期中国从 RCEP 成员国进口农产品的进口额从 2017 年的 543.27 亿美元增长到 2022 年的 843.44 亿美元，年均增长率为 9.20%。其中，进口额仅在 2020 年略有下降，其余年份均迅速增加。

（2）中国从 RCEP 成员国进口农产品的进口额占中国农产品进口总额的比重

中国从 RCEP 成员国进口农产品的进口额变化趋势与中国农产品整体进口额变化趋势类似，均呈上升趋势。表 3 - 5 显示了 2005 ~ 2022 年中国农产品进口额以及中国从 RCEP 成员国进口的农产品占农产品进口总额的比重。

表 3 - 5　　中国从 RCEP 成员国进口的农产品占中国农产品进口总额的比重

年份	中国从 RCEP 成员国进口的农产品（亿美元）	中国农产品进口总额（亿美元）	中国从 RCEP 成员国进口的农产品占中国农产品进口总额的比重（%）
2005	132.82	451.89	29.39
2006	157.86	516.53	30.56
2007	193.36	652.37	29.64
2008	230.73	866.21	26.64
2009	207.03	764.69	27.07
2010	308.23	1079.83	28.54
2011	442.39	1442.08	30.68
2012	446.69	1561.07	28.61
2013	476.09	1648.01	28.89
2014	489.32	1698.85	28.80
2015	439.01	1590.72	27.60
2016	426.03	1542.39	27.62
2017	543.27	1814.07	29.95
2018	584.86	1945.55	30.06
2019	613.99	1988.41	30.88
2020	611.19	2153.94	28.38
2021	757.56	2717.66	27.88
2022	843.44	2881.54	29.27

资料来源：根据联合国商品贸易统计数据库（UN Comtrade）的数据计算得到。

从表 3 - 5 可知，2005 ~ 2022 年中国从 RCEP 成员国进口的农产品进口额占中国农产品进口总额的比重平均为 28.91%。这一时期中国从 RCEP 成员国进口的农产品占中国农产品进口总额的比重通常在 30% 以下，其中，2019 年占比最高（30.88%），2008 年占比最低（26.64%）。2005~2008 年，中国从 RCEP 成员国进口的农产品所占比重下降，下降了 2.75% 。与出口比重下降类似，原因可能在于，中国加入世界贸易组织后，虽然从 RCEP 成员国进口的农产品有所增加，但是从其他国家进口的农产品也随之增加，所以虽然中国从 RCEP 成员国进口的农产品增加，但所占比重有所下降。2009~2022 年中国从 RCEP 成员国进口的农产品所占比重为 27.07%~30.88%，波动幅度不大。

3.3.2　中国从 RCEP 成员国进口的农产品的产品结构

进口的农产品的产品结构是指，一定时期内各类农产品进口额占农产品进口总额的比重。通过观察中国从 RCEP 成员国进口的农产品的产品结构，可以了解中国进口农产品的总体产品构成，这对优化中国农产品进口产品结构具有重要意义。基于联合国商品贸易统计数据库（UN Comtrade）和 SITC Rev. 3 农产品一位数代码，计算得出中国从 RCEP 成员国进口的四类农产品的进口份额，如表 3-6 所示。

表 3-6　　2005~2022 年中国从 RCEP 成员国进口的农产品的产品结构

年份	0 类农产品		1 类农产品		2 类农产品		4 类农产品	
	进口额（亿美元）	占比（%）	进口额（亿美元）	占比（%）	进口额（亿美元）	占比（%）	进口额（亿美元）	占比（%）
2005	30.71	23.12	0.34	0.25	79.38	59.76	22.39	16.86
2006	35.53	22.50	0.71	0.45	92.45	58.56	29.18	18.48
2007	38.59	19.96	1.10	0.56	107.63	55.66	46.06	23.82
2008	44.31	19.21	1.50	0.65	119.94	51.98	64.99	28.17
2009	56.01	27.05	2.13	1.03	99.25	47.94	49.64	23.98
2010	81.46	26.43	2.83	0.92	164.65	53.42	59.28	19.23
2011	102.52	23.17	3.61	0.81	253.31	57.26	82.95	18.75
2012	137.77	30.84	4.15	0.93	227.05	50.83	77.71	17.40
2013	165.51	34.77	4.58	0.96	247.61	52.01	58.38	12.26
2014	200.00	40.87	5.96	1.22	228.63	46.72	54.72	11.18
2015	189.45	43.15	8.49	1.93	193.38	44.05	47.69	10.86

续表

年份	0 类农产品		1 类农产品		2 类农产品		4 类农产品	
	进口额 （亿美元）	占比 （%）	进口额 （亿美元）	占比 （%）	进口额 （亿美元）	占比 （%）	进口额 （亿美元）	占比 （%）
2016	177.67	41.70	10.12	2.38	198.13	46.50	40.12	9.42
2017	212.63	39.14	13.11	2.41	268.21	49.37	49.32	9.08
2018	254.61	43.53	15.38	2.63	267.89	45.80	46.99	8.03
2019	305.26	49.72	17.74	2.89	237.58	38.70	53.40	8.70
2020	324.21	53.05	15.83	2.59	217.73	35.62	53.41	8.74
2021	397.91	52.52	10.96	1.45	269.89	35.63	78.81	10.40
2022	464.12	55.03	9.56	1.13	287.39	34.07	82.38	9.77

资料来源：根据联合国商品贸易统计数据库（UN Comtrade）的数据计算得到。

从表 3-6 可知，2005～2022 年，中国从 RCEP 成员国进口的四类农产品出口额均稳步增长。0 类农产品进口额从 30.71 亿美元增至 464.12 亿美元，年均增长率为 17.32%。1 类农产品进口额从 0.34 亿美元增长到 9.56 亿美元，年均增长率为 21.73%，是四类农产品中进口额增长速度最快的。2 类农产品进口额从 79.38 亿美元增至 287.39 亿美元，年均增长率为 7.86%。4 类农产品进口额从 22.39 亿美元增至 82.38 亿美元，年均增长率为 7.97%。

从各类农产品进口份额来看，中国从 RCEP 成员国进口的农产品主要是 0 类和 2 类农产品。这四类农产品中，2 类农产品进口额平均占比最高，约为 47.99%；0 类农产品次之，平均占比为 35.88%；4 类农产品进口额平均占比为 14.73%；1 类农产品进口额平均占比最低，为 1.40%。

随着时间的推移，中国从 RCEP 成员国进口的农产品中，0 类和 1 类农产品进口份额趋于上升。其中，0 类农产品进口额占比从 23.12% 上升到 55.03%，上升了 31.90%，增幅较大。1 类农产品进口额占比从 0.25% 上升到 1.13%，上升了 0.88%。2 类和 4 类农产品进口额占比都趋于下降，其中 2 类农产品进口额占比从 59.76% 下降到 34.07%，下降了 25.69%，下降幅度较大；4 类农产品进口额占比从 16.86% 下降到 9.77%，下降了 7.09%。

2022 年中国从 RCEP 成员国进口的四类农产品占比如图 3-21 所示，该图展示了中国从 RCEP 成员国进口的农产品的产品结构。

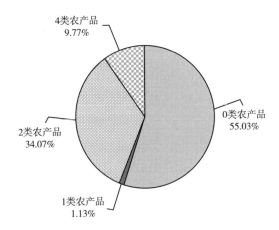

图 3 - 21　2022 年中国从 RCEP 成员国进口的四类农产品的产品结构

资料来源：根据联合国商品贸易统计数据库（UN Comtrade）的数据计算得到。

如图 3 - 21 所示，2022 年，中国从 RCEP 成员国进口的农产品中，0 类农产品的占比最大，占进口总量的 55.03%；其次是 2 类农产品和 4 类农产品，进口占比分别为 34.07% 和 9.77%；1 类农产品的进口份额最小，占 1.13%。

3.3.3　中国从 RCEP 成员国进口农产品市场结构

研究中国从 RCEP 成员国进口农产品市场结构，有助于了解中国农产品在 RCEP 区域内的进口动态以及中国从不同 RCEP 成员国进口的农产品的差异，可以更好地优化中国农产品进口市场结构。

（1）RCEP 成员国占中国从 RCEP 成员国的农产品进口的比重

本书基于联合国商品贸易统计数据库（UN Comtrade）的数据计算中国从 RCEP 成员国进口农产品市场结构，如表 3 - 7 所示。

表 3 - 7　　　　2005 ~ 2022 年中国从 RCEP 成员国进口的农产品的占比　　　　单位:%

年份	澳大利亚	印度尼西亚	日本	柬埔寨	韩国	老挝	缅甸	马来西亚	新西兰	菲律宾	新加坡	泰国	越南
2005	19.34	16.84	11.47	0.10	6.28	0.13	1.74	17.71	7.03	1.07	0.71	15.26	2.32
2006	15.82	18.28	10.45	0.15	5.41	0.26	1.34	18.92	6.16	1.17	0.99	17.53	3.53
2007	14.69	17.38	9.46	0.20	5.77	0.29	1.51	22.45	6.13	0.91	1.08	15.99	4.13

年份	澳大利亚	印度尼西亚	日本	柬埔寨	韩国	老挝	缅甸	马来西亚	新西兰	菲律宾	新加坡	泰国	越南
2008	14.16	19.75	8.31	0.12	4.94	0.31	2.25	23.19	6.22	1.13	1.18	15.22	3.24
2009	13.35	17.50	8.85	0.12	5.45	0.36	1.85	18.17	9.35	1.31	2.12	16.94	4.63
2010	14.17	17.40	8.53	0.21	4.90	0.48	1.72	16.12	10.39	1.60	1.68	18.07	4.73
2011	16.02	17.67	6.26	0.26	4.62	0.65	1.24	16.32	9.88	1.62	1.09	18.80	5.56
2012	17.78	17.01	6.21	0.18	4.21	0.73	1.38	12.71	11.42	1.31	0.90	18.61	7.57
2013	19.53	13.19	5.98	0.37	3.77	1.19	1.93	10.68	15.65	1.37	1.02	18.21	7.09
2014	18.55	12.96	5.38	0.50	3.56	2.45	1.92	8.87	17.67	1.83	1.28	17.82	7.20
2015	20.61	14.40	5.64	0.31	3.80	1.49	1.07	7.86	13.22	1.78	1.57	19.58	8.66
2016	18.67	13.52	5.55	0.32	4.01	1.08	1.24	7.66	14.32	1.60	1.52	19.94	10.58
2017	19.29	15.42	4.89	0.28	3.33	0.98	0.85	7.49	14.98	1.56	1.23	20.25	9.45
2018	20.63	14.08	5.37	0.38	3.37	1.00	0.88	6.17	16.71	1.82	1.08	18.85	9.49
2019	20.45	14.20	4.39	0.48	3.21	1.45	1.37	6.09	18.42	1.79	0.96	18.03	9.17
2020	17.20	14.25	4.04	0.64	2.92	1.52	1.75	7.23	17.81	1.43	0.83	19.35	10.77
2021	13.17	17.07	3.80	0.69	3.28	1.06	1.57	6.51	19.28	1.49	0.71	21.57	9.81
2022	14.46	16.69	3.48	0.68	2.53	1.48	2.70	6.32	17.08	1.47	0.70	20.90	11.52
平均	17.10	15.98	6.56	0.33	4.20	0.95	1.57	12.25	12.87	1.46	1.15	18.38	7.19

资料来源：根据联合国商品贸易统计数据库（UN Comtrade）的数据计算得到。

　　从农产品进口平均占比来看，中国从 RCEP 成员国进口农产品市场具有多元化和分散化的特点。中国从 RCEP 成员国进口的农产品平均占比 10% 以上的国家有五个，按照从高到低排序分别是泰国（18.38%）、澳大利亚（17.10%）、印度尼西亚（15.98%）、新西兰（12.87%）和马来西亚（12.25%）；平均占比为 5% ~ 10% 的国家有两个，分别是越南（7.19%）和日本（6.56%）；平均占比为 1% ~ 5% 的国家有四个，从高到低依次是韩国（4.20%）、缅甸（1.57%）、菲律宾（1.46%）和新加坡（1.15%）；平均占比低于 1% 的国家有两个，分别是柬埔寨（0.33%）和老挝（0.95%）。与 2005 年相比，农产品进口占比上升的国家有七个，分别是柬埔寨、老挝、缅甸、新西兰、菲律宾、泰国和越南，其余 RCEP 成员国农产品进口占比均有所下降。

　　2022 年中国从 RCEP 成员国进口农产品市场结构如图 3 – 22 所示。与 2005 年相比，2022 年中国从 RCEP 成员国进口农产品市场结构更加多元化和

分散化。2022 年，中国从 RCEP 成员国进口的农产品占比最高的是泰国
（20.90%）；占比超过 10% 的国家有四个，分别是新西兰（17.08%）、印度尼
西亚（16.69%）、澳大利亚（14.46%）和越南（11.52%）；占比为 5% ~
10% 的只有马来西亚（6.32%）；占比为 1% ~5% 的国家有四个，从高到低依
次是日本（3.48%）、缅甸（2.70%）、韩国（2.53%）和老挝（1.48%）；
占比低于 1% 的国家有两个，分别是新加坡（0.70%）和柬埔寨（0.68%）。

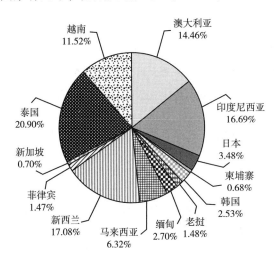

图 3 –22　2022 年中国从 RCEP 成员国进口农产品市场结构

资料来源：根据联合国商品贸易统计数据库（UN Comtrade）的数据计算得到。

（2）RCEP 成员国占中国从 RCEP 成员国进口的农产品的比重变化趋势

中国从各 RCEP 成员国进口的农产品占中国从 RCEP 成员国进口的农产品
总额的比重变化趋势不同。

①中国从澳大利亚进口的农产品的占比变化趋势。中国从澳大利亚进口的
农产品所占比重先下降后上升，然后波动起伏再下降，如图 3 –23 所示。2005 ~
2009 年，中国从澳大利亚进口的农产品占比从 2005 年的 19.34% 下降到 2009
年的 13.35%，所占份额下降了 5.99%。2010 ~2013 年，中国从澳大利亚进口
的农产品占比从 2010 年的 14.17% 上升到 2013 年的 19.53%，所占份额上升
了 5.36%。2014 ~2018 年，占比在 18.55% ~20.63% 范围内上下波动，波动
幅度在 2.08% 以内。2019 年以后，占比又不断下降，从 2019 年的 20.45% 下
降到 2021 年的 13.17%，但 2022 年略有上升，达到 14.46%。

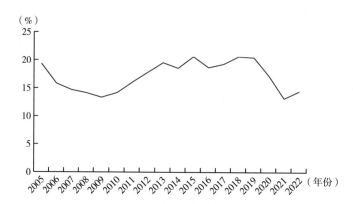

图 3 - 23　2005～2022 年中国从澳大利亚进口的农产品所占比重的变化趋势
资料来源：根据联合国商品贸易统计数据库（UN Comtrade）的数据计算得到。

②中国从印度尼西亚进口的农产品的占比变化趋势。中国从印度尼西亚进口的农产品所占比重呈现先波动上升后波动下降，然后再波动上升的趋势，如图 3 - 24 所示。2005～2008 年，中国从印度尼西亚进口的农产品占比从 2005 年的 16.84% 波动上升到 2008 年的 19.75%，所占份额上升了 2.91%。2009～2013 年，占比波动下降，从 2009 年的 17.50% 下降到 2013 年的 13.19%，所占份额下降了 4.31%，波动幅度在 4.38% 以内。2014～2022 年，占比从 2014 年的 12.96% 上升到 2022 年的 16.69%。这一时期，占比在 12.96%～17.07% 范围内波动，波动幅度在 4.11% 以内。

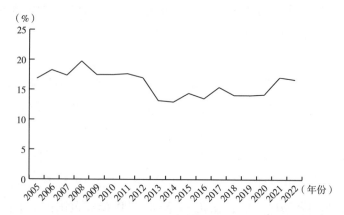

图 3 - 24　2005～2022 年中国从印度尼西亚进口的农产品所占比重的变化趋势
资料来源：根据联合国商品贸易统计数据库（UN Comtrade）的数据计算得到。

③中国从日本进口的农产品的占比变化趋势。中国从日本进口的农产品所占比重呈现不断下降的趋势，如图 3 - 25 所示。2005 ~ 2022 年，中国从日本进口的农产品占比出现了两次较为明显的上升，一次是 2008 ~ 2009 年，占比从 2008 年的 8.31% 上升到 2009 年的 8.85%；另一次是 2017 ~ 2018 年，占比从 2017 年的 4.89% 上升到 2018 年的 5.37%。在其余年份，占比多呈现下降趋势。这一时期间，中国从日本进口的农产品占比从 2005 年的 11.47% 下降到 2022 年的 3.48%，所占份额下降了 7.99%，下降幅度较大。

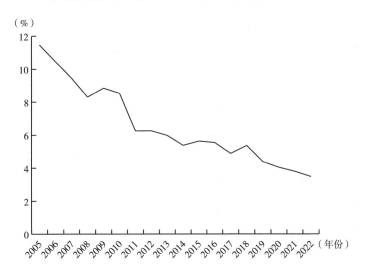

图 3 - 25　2005 ~ 2022 年中国从日本进口的农产品所占比重的变化趋势
资料来源：根据联合国商品贸易统计数据库（UN Comtrade）的数据计算得到。

④中国从柬埔寨进口的农产品的占比变化趋势。总体来看，中国从柬埔寨进口的农产品所占比重是 RCEP 成员国中最低的。中国从柬埔寨进口的农产品占比总体处于上升趋势，具体可分为三个阶段：波动上升阶段、波动下降阶段、波动上升阶段，如图 3 - 26 所示。2005 ~ 2014 年，中国从柬埔寨进口的农产品占比从 2005 年的 0.10% 波动上升到 2014 年的 0.50%，所占份额上升了 0.4%；之后，占比波动下降，从 2014 年的 0.50% 下降到 2017 年的 0.28%，所占份额下降了 0.22%；2018 ~ 2022 年，占比从 2018 年的 0.38% 上升到 2022 年的 0.68%。

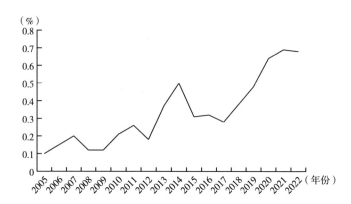

图 3 - 26　2005 ~ 2022 年中国从柬埔寨进口的农产品所占比重的变化趋势

资料来源：根据联合国商品贸易统计数据库（UN Comtrade）的数据计算得到。

　　⑤中国从韩国进口的农产品的占比变化趋势。中国从韩国进口的农产品所占比重呈现不断下降的趋势，如图 3 - 27 所示。2005 ~ 2022 年，中国从韩国进口的农产品占比出现了三次较为明显的上升：第一次是 2006 ~ 2007 年，占比从 2006 年的 5.41% 上升到 2007 年的 5.77%；第二次是 2008 ~ 2009 年，占比从 2008 年的 4.94% 上升到 2009 年的 5.45%；第三次是 2014 ~ 2016 年，占比从 2014 年的 3.56% 上升到 2016 年的 4.01%。在其余年份，占比多呈现下降趋势。这一时期，中国从韩国进口的农产品占比从 2005 年的 6.28% 下降到 2022 年的 2.53%，所占份额下降了 3.75%，下降幅度较大。

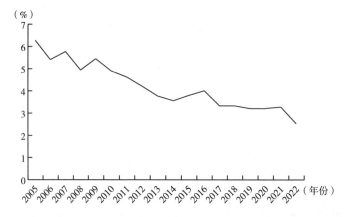

图 3 - 27　2005 ~ 2022 年中国从韩国进口的农产品所占比重的变化趋势

资料来源：根据联合国商品贸易统计数据库（UN Comtrade）的数据计算得到。

⑥中国从老挝进口的农产品的占比变化趋势。总体来看，中国从老挝进口的农产品占中国从 RCEP 成员国进口的农产品的比重较低。中国从老挝进口的农产品占比总体呈现先上升后下降，然后缓慢上升的趋势，如图 3 - 28 所示。具体可分为三个阶段：第一个阶段是 2005 ~ 2014 年，占比从 2005 年的 0.13% 上升到 2014 年的 2.45%，所占份额上升了 2.33%；第二个阶段是 2015 ~ 2017 年，占比波动下降，从 2015 年的 1.49% 下降到 2017 年的 0.98%，所占份额下降了 0.51%；第三个阶段是 2018 ~ 2022 年，占比从 2018 年的 1.18% 上升到 2022 年的 1.48%，其中 2021 年进口份额有所下降，为 1.06%，之后所占份额又出现上升。

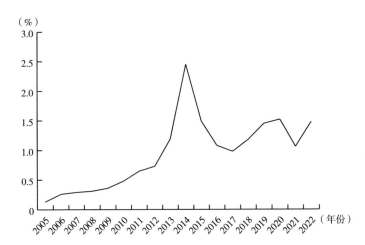

图 3 - 28　2005 ~ 2022 年中国从老挝进口的农产品所占比重的变化趋势

资料来源：根据联合国商品贸易统计数据库（UN Comtrade）的数据计算得到。

⑦中国从缅甸进口的农产品的占比变化趋势。中国从缅甸进口的农产品占比整体不高，从 2005 年到 2022 年仅增加了 0.96%，如图 3 - 29 所示。中国从缅甸进口的农产品占比可分为三个阶段：第一个阶段是 2005 ~ 2008 年，占比从 2005 年的 1.74% 下降到 2006 年的 1.34%，之后又上升到 2008 年的 2.25%；第二个阶段是 2009 ~ 2013 年，占比从 2009 年的 1.85% 下降到 2011 年的 1.24%，之后又上升到 2013 年的 1.93%；第三个阶段是 2014 ~ 2022 年，占比从 2014 年的 1.92% 下降到 2017 年的 0.85%，之后又上升到 2022 年的 2.7%。

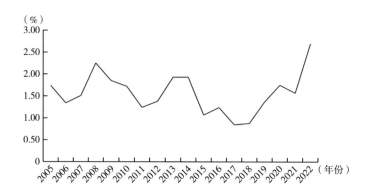

图 3 - 29　2005~2022 年中国从缅甸进口的农产品所占比重的变化趋势

资料来源：根据联合国商品贸易统计数据库（UN Comtrade）的数据计算得到。

⑧中国从马来西亚进口的农产品的占比变化趋势。中国从马来西亚进口的农产品占比总体呈现先上升后下降的趋势，2005~2022 年共下降了 11.39%，如图 3 - 30 所示。中国从马来西亚进口的农产品占比主要分为两个阶段：第一个阶段是 2005~2008 年，占比从 2005 年的 17.71% 上升到 2008 年的 23.19%，上升了 5.48%；第二个阶段是 2009~2022 年，占比从 2009 年的 18.17% 下降到 2022 年的 6.32%，下降了 11.85%。在第二个阶段，只出现了两次占比略有上升的情况：一次是从 2010 年的 16.12% 上升至 2011 年的 16.32%，仅上升了 0.2%；另一次是从 2019 年的 6.09% 上升至 2020 年的 7.23%，上升了 1.14%。其余年份均呈下降趋势。

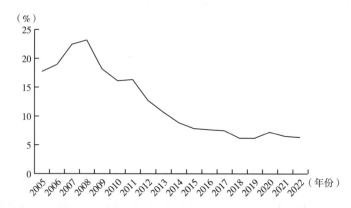

图 3 - 30　2005~2022 年中国从马来西亚进口的农产品所占比重的变化趋势

资料来源：根据联合国商品贸易统计数据库（UN Comtrade）的数据计算得到。

⑨中国从新西兰进口的农产品的占比变化趋势。中国从新西兰进口的农产品所占比重呈现波动上升趋势，如图 3 – 31 所示。中国从新西兰进口的农产品占比从 2005 年的 7.03% 波动上升到 2022 年的 17.08%，上升了 10.05%。2005 ~ 2014 年，占比上升速度较快，从 2005 年的 7.03% 上升到 2014 年的 17.67%，这一时期，只出现了两次小幅下降，一次是从 2005 年的 7.03% 下降到 2006 年的 6.13%，另一次是从 2010 年的 10.39% 下降到 2011 年的 9.88%。2015 ~ 2022 年，占比上升速度较为缓慢，从 2015 年的 13.22% 上升到 2021 年的 19.28%，上升了 6.06%。其中，只有 2019 ~ 2020 年占比有所下降，从 2019 年的 18.42% 下降到 2020 年的 17.81%，下降了 0.61%，其余年份均呈上升趋势。但是，2021 ~ 2022 年占比有所下降，下降了 2.2%。

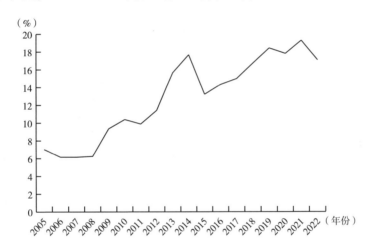

图 3 – 31　2005 ~ 2022 年中国从新西兰进口的农产品所占比重的变化趋势

资料来源：根据联合国商品贸易统计数据库（UN Comtrade）的数据计算得到。

⑩中国从菲律宾进口的农产品的占比变化趋势。2005 ~ 2022 年，中国从菲律宾进口的农产品所占比重呈现波动起伏、略有上升的趋势，如图 3 – 32 所示。中国从菲律宾进口的农产品占比从 2005 年的 1.07% 波动上升到 2022 年的 1.47%，仅上升了 0.4%。中国从菲律宾进口的农产品占比最高的年份是 2014 年，为 1.83%；占比最低的年份是 2007 年，为 0.91%；占比波动幅度在 0.92% 以内。中国从菲律宾进口的农产品所占比重不高，总体波动幅度不大。

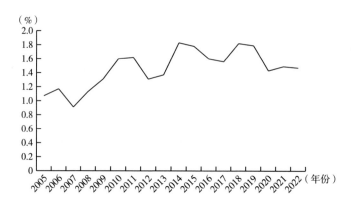

图 3－32　2005～2022 年中国从菲律宾进口的农产品所占比重的变化趋势
资料来源：根据联合国商品贸易统计数据库（UN Comtrade）的数据计算得到。

⑪中国从新加坡进口的农产品的占比变化趋势。总体来看，中国从新加坡进口的农产品占比是 RCEP 成员国中较低的。中国从新加坡进口的农产品占比总体分为两个阶段，如图 3－33 所示。第一个阶段是 2005～2012 年，占比从 2005 年的 0.71% 逐年上升到 2009 年的 2.12%（上升了 1.41%），然后逐年下降，从 2009 年的 2.12% 下降到 2012 年的 0.90%（下降了 1.22%）。第二个阶段是 2013～2022 年，占比从 2013 年的 1.02% 逐年上升到 2015 年的 1.57%（上升了 0.55%），然后逐年下降，从 2015 年的 1.57% 下降到 2022 年的 0.70%（下降了 0.87%）。2005～2022 年，中国从新加坡进口的农产品份额有所增加，但变化不大，2022 年比 2005 年仅降低了 0.01%。

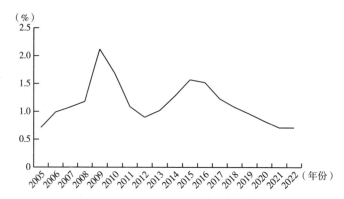

图 3－33　2005～2022 年中国从新加坡进口的农产品所占比重的变化趋势
资料来源：根据联合国商品贸易统计数据库（UN Comtrade）的数据计算得到。

⑫中国从泰国进口的农产品的占比变化趋势。中国从泰国进口的农产品占比整体较高，从 2005 年到 2022 年增加了 5.64%，如图 3 - 34 所示。中国从泰国进口农产品分为四个阶段。第一个阶段是 2005 ~ 2008 年，占比从 2005 年的 15.26% 上升到 2006 年的 17.53%，之后又下降到 2008 年的 15.22%。第二个阶段是 2009 ~ 2014 年，占比从 2009 年的 16.94% 上升到 2011 年的 18.80%，之后下降到 2014 年的 17.82%。第三个阶段是 2015 ~ 2019 年，占比从 2015 年的 19.58% 上升到 2017 年的 20.25%，之后下降到 2019 年的 18.03%。第四个阶段是 2020 ~ 2022 年，占比从 2020 年的 19.35% 上升到 2021 年的 21.57%，之后下降到 2022 年的 20.90%。

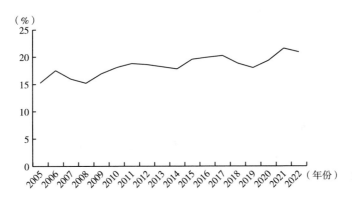

图 3 - 34　2005 ~ 2022 年中国从泰国进口的农产品所占比重的变化趋势

资料来源：根据联合国商品贸易统计数据库（UN Comtrade）的数据计算得到。

⑬中国从越南进口的农产品占比变化趋势。中国从越南进口的农产品所占比重整体呈现波动上升趋势，如图 3 - 35 所示。中国从越南进口的农产品占比在多数年份趋于上升，但出现了四次明显下降。第一次是 2007 ~ 2008 年，占比从 2007 年的 4.13% 下降到 2008 年的 3.24%，下降了 0.89%。第二次是 2012 ~ 2013 年，占比从 2012 年的 7.57% 下降到 2013 年的 7.09%，下降了 0.48%。第三次是 2016 ~ 2017 年，占比从 2016 年的 10.58% 下降到 2017 年的 9.45%，下降了 1.13%。第四次是 2020 ~ 2021 年，占比从 2020 年的 10.77% 下降到 2021 年的 9.81%，下降了 0.96%。除了这四年之外，其余年份的占比均呈上升趋势。中国从越南进口的农产品占比从 2005 年的 2.32% 波动上升到 2022 年的 11.52%，共上升了 9.2%。

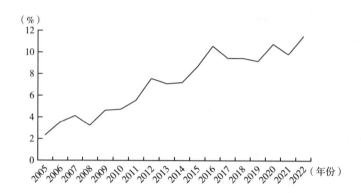

图 3 – 35　2005 ～ 2022 年中国从越南进口的农产品所占比重的变化趋势

资料来源：根据联合国商品贸易统计数据库（UN Comtrade）的数据计算得到。

（3）中国从 RCEP 成员国进口的农产品进口额和年均增长率

①中国从 RCEP 成员国进口的农产品进口额均呈上升趋势，但从不同的 RCEP 成员国进口的农产品进口额增幅差异较大（见表 3 – 8）。

2005 ～ 2022 年，中国从 RCEP 成员国进口的农产品的平均进口额最大的是泰国，达 83.60 亿美元。在 RCEP 成员国中，除泰国外，平均农产品进口额高于 50 亿美元的国家有三个，分别是澳大利亚（75.83 亿美元）、印度尼西亚（68.44 亿美元）、新西兰（64.99 亿美元）；平均农产品进口额低于 50 亿美元但超过 10 亿美元的国家有四个，分别是马来西亚（43.83 亿美元）、越南（36.63 亿美元）、日本（24.46 亿美元）和韩国（16.52 亿美元）；从其他 PCEP 成员国家进口的平均农产品进口额均低于 10 亿美元，但高于 1 亿美元，这些国家分别是缅甸（6.96 亿美元）、菲律宾（6.72 亿美元）、老挝（5.00 亿美元）、新加坡（4.75 亿美元）和柬埔寨（1.80 亿美元）。

表 3 – 8　　　　　　**2005 ～ 2022 年中国从 RCEP 成员国进口的农产品进口额**　　　单位：亿美元

年份	澳大利亚	印度尼西亚	日本	柬埔寨	韩国	老挝	缅甸	马来西亚	新西兰	菲律宾	新加坡	泰国	越南
2005	25.69	22.37	15.24	0.13	8.34	0.18	2.31	23.52	9.34	1.42	0.94	20.27	3.08
2006	24.97	28.86	16.49	0.24	8.53	0.41	2.11	29.87	9.72	1.85	1.57	27.66	5.58
2007	28.41	33.61	18.29	0.39	11.16	0.56	2.93	43.41	11.86	1.76	2.09	30.91	7.99
2008	32.67	45.58	19.23	0.27	11.40	0.71	5.18	53.50	14.34	2.61	2.71	35.11	7.47

续表

年份	澳大利亚	印度尼西亚	日本	柬埔寨	韩国	老挝	缅甸	马来西亚	新西兰	菲律宾	新加坡	泰国	越南
2009	27.64	36.23	18.32	0.24	11.29	0.75	3.83	37.63	19.35	2.72	4.39	35.07	9.58
2010	43.68	53.63	26.28	0.64	15.10	1.49	5.29	49.68	32.03	4.94	5.18	55.71	14.58
2011	70.87	78.16	27.69	1.15	20.46	2.88	5.47	72.20	43.73	7.16	4.84	83.18	24.60
2012	79.40	75.96	27.75	0.80	18.80	3.24	6.15	56.76	51.01	5.87	4.01	83.11	33.82
2013	92.97	62.81	28.47	1.76	17.96	5.68	9.21	50.85	74.53	6.52	4.87	86.70	33.76
2014	90.78	63.43	26.31	2.46	17.42	12.01	9.38	43.42	86.46	8.93	6.28	87.18	35.25
2015	90.50	63.21	24.75	1.37	16.68	6.56	4.69	34.53	58.05	7.81	6.90	85.96	38.01
2016	79.53	57.60	23.65	1.36	17.08	4.59	5.30	32.63	60.99	6.82	6.47	84.95	45.06
2017	104.82	83.77	26.56	1.53	18.10	5.33	4.61	40.67	81.38	8.49	6.66	110.01	51.33
2018	120.67	82.34	31.43	2.21	19.70	6.89	5.15	36.06	97.73	10.63	6.29	110.25	55.51
2019	125.57	87.21	26.94	2.96	19.68	8.88	8.42	37.37	113.12	10.97	5.87	110.69	56.30
2020	105.11	87.09	24.70	3.91	19.45	9.28	10.67	44.21	108.86	8.74	5.06	118.26	65.85
2021	99.75	129.31	28.80	5.26	24.42	9.81	11.92	49.30	146.03	11.28	5.39	163.39	74.32
2022	121.95	140.76	29.35	5.70	21.30	12.45	22.81	53.27	144.10	12.42	5.88	176.31	97.15
平均	75.83	68.44	24.46	1.80	16.52	5.00	6.96	43.83	64.59	6.72	4.75	83.60	36.63
增加额	96.26	118.38	14.11	5.57	12.96	12.27	20.50	29.75	134.76	11.01	4.93	156.04	94.06

资料来源：根据联合国商品贸易统计数据库（UN Comtrade）的数据计算得到。

2005～2022 年，中国从 RCEP 成员国进口的农产品进口额增长最多的是泰国，从 2005 年的 20.27 亿美元增加到 2022 年的 176.31 亿美元，增长了 156.04 亿美元。除泰国之外，中国从 RCEP 成员国进口的农产品进口额增长超过 100 亿美元的国家还有四个，分别是新西兰和印度尼西亚，其农产品进口额从 2005 年到 2022 年分别增长了 134.76 亿美元和 118.38 亿美元。中国从澳大利亚和越南进口的农产品进口额增长接近 100 亿美元，分别是 96.26 亿美元和 94.06 亿美元。中国从其余 RCEP 成员国的进口额增长均低于 30 亿美元，其中从马来西亚和缅甸的农产品进口额超过 20 亿美元，分别是 29.75 亿美元和 20.50 亿美元。农产品进口额增长超过 10 亿美元但低于 15 亿美元的国家有四个，分别是日本（14.11 亿美元）、韩国（12.96 亿美元）、老挝（12.27 亿美元）、菲律宾（11.01 亿美元）。农产品进口额增长低于 10 亿美元的国家有两个，分别是柬埔寨（5.57 亿美元）和新加坡（4.93 亿美元）。

2022 年，中国从 RCEP 成员国进口的农产品进口额超过 100 亿美元的国家有四个，其中最多的是泰国，为 176.31 亿美元，其余三个国家分别是新西兰（144.10 亿美元）、印度尼西亚（140.76 亿美元）、澳大利亚（121.95 亿美元）。中国从 RCEP 成员国进口的农产品进口额超过 50 亿美元的国家有两个，分别是越南（97.15 亿美元）和马来西亚（53.27 亿美元）。中国从其余 RCEP 成员国进口的农产品进口额均低于 30 亿美元，其中，超过 20 亿美元的国家有三个，分别是日本（29.35 亿美元）、缅甸（22.81 亿美元）、韩国（21.30 亿美元）；超过 10 亿美元的国家有两个，分别是老挝（12.45 亿美元）和菲律宾（12.42 亿美元）；低于 10 亿美元的国家有两个，分别是新加坡（5.88 亿美元）和柬埔寨（5.70 亿美元）。

②中国从 RCEP 成员国进口的农产品年均增长率。图 3 - 36 全面地展示了中国从 RCEP 成员国进口的农产品的变化情况。

中国从 RCEP 成员国进口的农产品年均增速最快的是老挝，达到 28.49%；中国从日本进口的农产品增速最低，为 3.93%。中国从 RCEP 成员国进口的农产品年均增长率超过 20% 的国家有三个，分别是老挝、柬埔寨、越南；年均增长率为 10% ~ 20% 的国家有六个，按照年均增长率从高到低，依次是新西兰、缅甸、菲律宾、泰国、印度尼西亚、新加坡；年均增长率低于 10% 的国家有四个，分别是澳大利亚、韩国、马来西亚和日本。

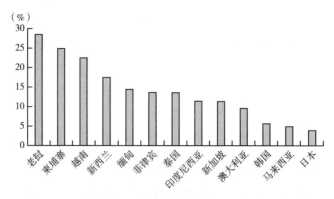

图 3 - 36　2005 ~ 2022 年中国从 RCEP 成员国进口的农产品年均增长率

资料来源：根据联合国商品贸易统计数据库（UN Comtrade）的数据计算得到。

3.4　中国与 RCEP 成员国的农产品
贸易额及贸易差额

3.4.1　中国与 RCEP 成员国的农产品贸易额

2005～2022 年，中国与 RCEP 成员国的农产品贸易额是中国与各 RCEP 成员国农产品出口额和进口额的总和，所以农产品贸易额与农产品出口额和进口额变化趋势类似，均呈现上升趋势，如图 3-37 所示。

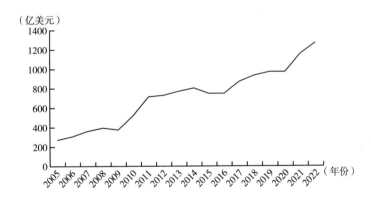

图 3-37　2005～2022 年中国与 RCEP 成员国的农产品贸易额

资料来源：根据联合国商品贸易统计数据库（UN Comtrade）的数据计算得到。

2005～2022 年，中国与 RCEP 成员国的农产品贸易额从 2005 年的 272.81 亿美元飙升至 2022 年的 1270.12 亿美元，增长了 4.66 倍，平均年增长率为 9.47%。同中国与 RCEP 成员国的农产品进口额和出口额类似，中国与 RCEP 成员国的农产品贸易额也可以分为四个阶段。

第一阶段是 2005～2008 年。在这一阶段，中国与 RCEP 成员国的农产品贸易稳步增长，从 2005 年的 272.81 亿美元增加到 2008 年的 396.01 亿美元，年均增长率为 13.23%。这一阶段农产品贸易迅速增长的原因是，中国加入世界贸易组织后，贸易成本降低，进出口额上升。

第二阶段是 2009～2011 年。在这一阶段，中国与 RCEP 成员国的农产品贸易额从 2009 年的 376. 36 亿美元迅速上升至 2011 年的 714. 95 亿美元，年均增速达到 37. 83% 。其原因在于全球金融危机结束后世界经济总体向好，有利的外部经济形势与中国国内各项刺激经济发展的财政、货币政策形成合力，拉动农产品贸易额大幅提升。

第三阶段是 2012 ~ 2019 年。在这一阶段，中国与 RCEP 成员国的农产品贸易额稳步增长，从 2012 年的 729. 96 亿美元增长到 2019 年的 972. 03 亿美元，年均增长率为 4. 18% 。2011 年之后，政府经济刺激效果已经显现，而资源错配、虚拟经济与实体经济冲突等因素导致经济发展缓慢，使农产品贸易额增长缓慢。

第四阶段是 2020 ~ 2022 年。在这一阶段，中国与 RCEP 成员国的农产品贸易额快速增长，从 2020 年的 972. 94 亿美元增长到 2022 年的 1270. 12 亿美元，年均增长率为 14. 26% 。2020 年，新冠疫情在中国得到良好控制，中国企业迅速恢复生产，从而使农产品贸易额增长较快。

3. 4. 2　中国与 RCEP 成员国的农产品贸易差额

中国与 RCEP 成员国的农产品贸易在绝大多数年份处于贸易逆差状态，并且贸易逆差额逐年增加，如图 3 - 38 所示。

在 2005 ~ 2022 年期间，中国与 RCEP 成员国的农产品贸易只在 2005 年出现出口额高于进口额，贸易顺差额为 7. 16 亿美元。从 2006 年开始，中国与 RCEP 成员国的农产品贸易从贸易顺差变为贸易逆差，且贸易逆差额呈不断增长趋势。2006 年，农产品贸易逆差额为 7. 62 亿美元；2007 ~ 2010 年，农产品贸易逆差额为 20 亿 ~ 100 亿美元；2011 ~ 2016 年，农产品贸易逆差额超过 100 亿美元；2017 ~ 2020 年，农产品贸易逆差额超过 200 亿美元；2021 年，农产品贸易逆差额超过 300 亿美元，达到 358. 18 亿美元；2022 年，农产品贸易逆差额超过 400 亿美元，为 416. 77 亿美元。这一时期中国与 RCEP 成员国的农产品贸易逆差额在 2009 年、2012 年、2014 ~ 2016 年出现了下降，而在其余年份均同比增加。2006 ~ 2022 年，中国与 RCEP 成员国的农产品贸易逆差额年均增长率为 28. 42% 。

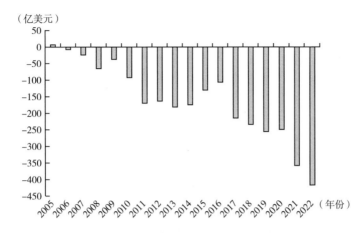

图 3 - 38 2005~2022 年中国与 RCEP 成员国的农产品贸易差额

资料来源：根据联合国商品贸易统计数据库（UN Comtrade）的数据计算得到。

3.5 小   结

自改革开放以来，中国的农产品贸易开放程度不断提升，农产品贸易规模持续扩大，特别是在加入世界贸易组织之后，农产品贸易额显著增长，从 2005 年的 739 亿美元增长到 2022 年的 3844 亿美元，增长了约 5.2 倍。中国与 RCEP 成员国的农产品贸易也表现出强劲的增长势头，贸易额由 2005 年的 273 亿美元提高至 2022 年的 1270 亿美元。

在农产品出口方面，2005~2022 年经历了四个阶段的增长。在初期阶段（2005~2008 年），出口额年均增长率为 4.26%，随后受全球金融危机的影响，出现短暂下滑。在经济复苏阶段（2009~2011 年），出口额迅猛增长，年均增长率高达 25.71%。在平稳增长阶段（2012~2019 年），在全球经济增速放缓及贸易保护主义抬头背景下，出口额保持平稳增长，年均增长率为 3.25%。在快速增长阶段（2020~2022 年），农产品出口增速加快，年均增速为 10.98%，这主要得益于新冠疫情后经济恢复和需求增长。

中国的农产品进口同样经历了四个阶段。第一阶段是 2005~2008 年，进口额年均增长率为 24.22%，这是因为在世界贸易组织框架下，关税下降和进口许可增加促进了农产品进口的快速增长。第二阶段是 2009～2011 年，第三阶段是 2012～2019 年。这两个阶段均表现为高速和稳定的增长。第四阶段是 2020～2022 年。随着疫情逐渐得到控制和消费需求回暖，农产品进口额年均增速达到 12.86%。

　　中国与 RCEP 成员国的农产品贸易呈现出以下特点：在出口方面，中国与 RCEP 成员国的农产品出口额和市场份额均有不同程度的上升，其中，同个别国家（如老挝、柬埔寨、越南等）的出口年均增长率较高。在进口方面，中国从 RCEP 成员国进口农产品的占比波动明显，其中，从新加坡、泰国、越南等国进口的农产品占比在不同年份表现出不同的升降趋势。在贸易平衡方面，中国与 RCEP 成员国之间的农产品贸易长期存在逆差（仅 2005 年出现顺差），且逆差额逐年递增，显示出中国对 RCEP 成员国农产品的依赖度增强。

　　总体而言，中国与 RCEP 成员国的农产品贸易格局随着时间的推移而发生结构性变化，尽管面临外部环境的挑战，但整体上保持积极的增长态势。同时，中国在 RCEP 框架下的农产品贸易呈现出多元化的特点，与各成员国的双边贸易关系不断深化。

第4章　中国与RCEP成员国农产品贸易的竞争性与互补性

探讨中国与RCEP国家[①]农产品贸易的竞争性与互补性，实质上是在分析全球化背景下农业产业链的重构与协同。一方面，面对来自澳大利亚、新西兰等发达国家的高质量农产品的竞争，中国农产品如何提升自身品质与品牌影响力以应对日益激烈的国际市场挑战，成为亟待解决的问题。另一方面，中国与东盟国家、南亚国家等在农产品种类、生产季节上的互补性，为双方提供了扩大贸易、实现互利共赢的广阔空间。例如，中国与泰国、越南在热带水果贸易上的互补，以及与澳大利亚在畜牧业产品上的互补均展示了这种贸易互补性。

中国作为农业生产和消费的大国，与RCEP成员国在农产品领域的关系复杂，既存在竞争，又相互互补，而农产品贸易不仅关乎食品的安全与供应，更会影响农业产业结构的优化升级和农民生计的改善。深入分析中国与RCEP成员国在农产品贸易上的竞争性与互补性，不仅是对现有贸易格局的客观反映，更是对未来合作模式与策略调整的前瞻性探索。厘清国家间贸易的竞争与互补关系，有助于深化双方的贸易合作（詹森华，2018）。通过科学评估贸易潜力、优化贸易结构、加强技术交流与标准对接，中国与RCEP成员国能够在农产品贸易领域实现更深层次的合作与共赢，共同推动区域农业经济的可持续发展。本章所用数据均来自联合国商品贸易统计数据库（UN Comtrade）。

---

① 本章中，RCEP成员国是指澳大利亚、印度尼西亚、日本、柬埔寨、韩国、老挝、缅甸、马来西亚、新西兰、菲律宾、新加坡、泰国、越南。

4.1　中国与 RCEP 成员国农产品
贸易竞争性分析

探究中国与 RCEP 成员国在农产品贸易领域的竞争性，需要聚焦两个核心层面：一是各自的竞争态势，二是其在全球市场上的竞争力表现。为了深入剖析这一问题，本节主要采用三个指数来衡量：显示性比较优势指数（RCA 指数）、出口产品相似度指数（ESI 指数）和贸易竞争力指数（TC 指数）。通过 RCA 指数，可以从中国或 RCEP 各成员国的角度揭示其在全球市场中的独特竞争优势，还可以从宏观及具体产品类别两个层面进行细致探讨。ESI 指数则是借助评估中国和 RCEP 成员国的产品在全球出口结构中的相似度来反映各自在全球市场上的相对竞争位置。通过 TC 指数，我们可以直观评估双方直接的贸易竞争强度。综合应用这三大指标，旨在为中国与 RCEP 成员国之间复杂的农产品贸易竞争格局提供一个立体、多维的解析框架。

4.1.1　显示性比较优势指数

显示性比较优势指数（Revealed Comparative Advantage Index，RCA 指数）最早由美国经济学家巴拉萨提出（Balassa，1965），用于衡量一个国家（地区）的某产业或产品贸易的比较优势（杨逢珉、田洋洋，2018），也可以用来衡量一个国家（地区）的某产业或产品在国际贸易中的竞争力（Edjah et al.，2022；李慧、祁春节，2016）。它是指一个国家（地区）的某产业或产品在本国（地区）出口中所占份额与其在世界（区域）贸易中所占份额的比重（葛明等，2022）。具体公式如下：

$$RCA_{ij} = \frac{X_{ij}/X_{it}}{X_{wj}/X_{wt}} \tag{4.1}$$

其中，X_{ij} 和 X_{wj} 为 i 国（地区）j 产品的出口额和全世界（w）j 产品的出口额；X_{it} 和 X_{wt} 为 i 国（地区）商品出口总额和全世界（w）商品出口总额。RCA 指数越大，说明该产品优势越明显（何敏等，2016）。当一个国家（地区）某产业或产品的 RCA 指数大于 2.5 时，说明该产业或产品具有极强的国际竞争力；当其 RCA 指数为 1.25～2.5 时，说明该产业或产品具有较强的国际竞争力；当 RCA 指数小于 0.8 时，说明该产业或产品的国际竞争力较弱。具体指数等级如表 4 -1 所示。

表 4 -1　　　　　　　　　　　　RCA 指数等级

RCA 指数	比较优势程度
RCA > 2.5	极强的国际竞争力
1.25 < RCA ≤ 2.5	较强的国际竞争力
0.8 < RCA ≤ 1.25	具有国际竞争力
RCA ≤ 0.8	国际竞争力较弱

（1）整体显示性比较优势指数

根据 2005～2022 年相关农产品贸易数据，采用公式（4.1）计算得出中国与 RCEP 成员国的显示性比较优势指数（RCA 指数），如表 4 -2 所示。

表 4 -2　　　　2005～2022 年中国与 RCEP 成员国农产品出口整体 RCA 指数

地区	2005 年	2006 年	2007 年	2008 年	2009 年	2010 年	2011 年	2012 年	2013 年	2014 年
中国	0.26	0.24	0.22	0.20	0.20	0.21	0.38	0.35	0.35	0.34
RCEP 成员国	0.45	0.47	0.34	0.38	0.41	0.49	0.99	0.94	0.94	0.94

地区	2015 年	2016 年	2017 年	2018 年	2019 年	2020 年	2021 年	2022 年	均值	
中国	0.33	0.36	0.35	0.35	0.34	0.29	0.28	0.28	0.30	
RCEP 成员国	0.93	0.91	0.96	0.93	0.94	0.90	0.95	0.95	0.77	

资料来源：根据联合国商品贸易统计数据库（UN Comtrade）的数据计算得到。

表 4 -2 的数据显示，2005～2009 年，中国的农产品出口 RCA 指数总体呈下降趋势，由 0.26 降至 0.20，表明这一时期中国农产品的国际竞争力相对减弱；之后，在 2013 年回升至 0.35，说明这一时期中国农产品的国际竞争力有所提升。2014～2022 年，该指数波动较小，在 0.28～0.36 范围内徘徊，平均值为 0.30，显示出中国农产品出口的比较优势较为稳定但不显著，特别是在

2020～2022 年有轻微下降趋势。

RCEP 成员国的农产品出口 RCA 指数在 2005～2011 年波动较大，从 2005 年的 0.45 升至 2010 年的 0.49，2011 年又骤升至 0.99，这表明这些国家的农产品出口竞争力在初期有所波动，但在 2011 年后显著增强。2012～2022 年，RCEP 成员国的 RCA 指数基本维持在 0.90 以上，尽管有轻微波动，但整体保持高位，说明 RCEP 区域内国家在农产品出口方面具有持续且显著的国际竞争力。RCEP 成员国显示性优势指数平均值为 0.77，显示出较强的比较优势。

由图 4-1 可知，相较于 RCEP 成员国，中国农产品出口的 RCA 指数明显较低，且走势相对平稳，而 RCEP 成员国则表现出更强的出口竞争力和增长态势。从长期来看，RCEP 成员国的农产品出口显示出更为明显的比较优势，这可能得益于区域内贸易自由化、经济一体化程度提高以及农业出口结构优化等因素。中国虽在某些年份有所回升，但整体上需要进一步提升农产品的国际竞争力，特别是在面对 RCEP 区域内其他国家的激烈竞争时。

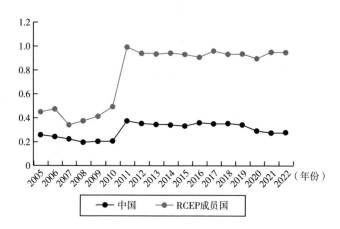

图 4-1　2005～2022 年中国与 RCEP 成员国农产品出口整体 RCA 指数趋势

资料来源：根据联合国商品贸易统计数据库（UN Comtrade）的数据计算得到。

综上所述，虽然中国农产品出口具有一定的比较优势，但相比之下，RCEP 成员国的整体表现更佳，显示出更强的国际市场竞争力。中国需要提升农产品质量和附加值，优化出口结构，以应对区域内的竞争和挑战。

（2）分类别农产品出口显示性比较优势指数

根据 2005～2022 年相关农产品贸易数据，采用公式（4.1）计算得出中国

与 RCEP 成员国的不同种类农产品出口的显示性比较优势指数（RCA 指数），
如表 4 - 3 所示。

表 4 - 3　2005 ~ 2022 年中国与 RCEP 成员国分类别农产品出口 RCA 指数

年份	中国分类别农产品 RCA 指数				RCEP 成员国分类别农产品 RCA 指数			
	0 类	1 类	2 类	4 类	0 类	1 类	2 类	4 类
2005	0.28	0.09	0.36	0.05	0.35	0.23	0.95	1.08
2006	0.27	0.08	0.32	0.05	0.36	0.24	1.07	1.13
2007	0.25	0.07	0.30	0.04	0.30	0.24	0.77	0.12
2008	0.21	0.07	0.31	0.05	0.35	0.23	0.81	0.12
2009	0.22	0.08	0.31	0.03	0.35	0.24	0.82	0.82
2010	0.23	0.08	0.27	0.02	0.36	0.25	1.05	1.37
2011	0.46	0.16	0.29	0.05	0.78	0.55	1.26	2.74
2012	0.44	0.16	0.27	0.05	0.77	0.57	1.10	2.62
2013	0.42	0.15	0.26	0.05	0.77	0.60	1.13	2.65
2014	0.41	0.16	0.26	0.06	0.81	0.63	1.02	2.83
2015	0.40	0.17	0.25	0.06	0.82	0.68	1.00	2.61
2016	0.43	0.19	0.26	0.05	0.80	0.68	0.99	2.46
2017	0.43	0.18	0.24	0.07	0.82	0.68	1.10	2.60
2018	0.43	0.18	0.26	0.09	0.83	0.66	1.03	2.49
2019	0.41	0.16	0.26	0.10	0.84	0.69	1.04	2.37
2020	0.35	0.11	0.21	0.10	0.81	0.63	0.92	2.33
2021	0.33	0.11	0.20	0.11	0.83	0.60	0.97	2.55
2022	0.32	0.11	0.24	0.15	0.82	0.56	0.98	2.51

资料来源：根据联合国商品贸易统计数据库（UN Comtrade）的数据计算得到。

①中国农产品出口 RCA 指数分析。0 类农产品的 RCA 指数从 2005 年的
0.28 升至 2022 年的 0.32；1 类农产品的 RCA 指数较为稳定，维持在 0.1 左
右；2 类农产品的 RCA 指数从 0.36 降至 0.24；4 类农产品的 RCA 指数在 2013
年以前基本低于 0.1，之后逐渐上升至 0.15。0 类和 2 类农产品的 RCA 指数在
2011 年出现显著增长，之后逐步回落，表明这两个类别曾在一段时间内出口
竞争力增强，但未能持续。整体来看，中国在各类农产品上的 RCA 指数大多
都低于 0.8，表明相对全球平均水平而言，中国农产品的出口竞争力偏弱，尤

其表现在 2 类和 4 类农产品上。

②RCEP 成员国农产品出口 RCA 指数分析。RCEP 成员国所有四类农产品都表现出比中国更强的比较优势，RCA 指数在很多年份都大于 1，尤其是 2 类和 4 类农产品，RCA 指数最高达到 2.83，显示出强大的出口竞争力。随着时间的推移，RCEP 成员国 0 类、1 类和 2 类农产品的 RCA 指数虽然有波动，但总体维持在较高水平，而 4 类农产品的 RCA 指数则持续增长，从 2005 年的 1.08 增加到 2022 年的 2.51。除了在 2007 年和 2008 年 RCEP 成员国 2 类农产品的 RCA 指数显著下降外，在其他年份 RCEP 成员国各类农产品的 RCA 指数都相对稳定。这表明，RCEP 区域作为一个整体，在农产品出口方面具有持久且显著的国际竞争优势。

③中国与 RCEP 成员国农产品出口显示性比较优势对比分析。相对于中国，RCEP 成员国大多数类别农产品的 RCA 指数都更高，在全球市场上显示出更强的出口竞争力。尽管中国试图增强其农产品出口竞争力，如 2011 年 0 类和 2 类农产品的 RCA 指数显著上升，但这种增长未能持续，而 RCEP 成员国则保持了较为稳定的高竞争力。对于中国而言，需要进一步优化农产品产业结构、提升产品质量和附加值，以及加强与 RCEP 成员国的贸易合作，利用区域一体化带来的机遇提高其农产品的国际市场份额和竞争力。

（3）分国别农产品出口显示性比较优势指数

根据 2005~2022 年相关农产品贸易数据，采用公式（4.1）计算得出中国与 RCEP 成员国农产品贸易显示性比较优势指数（RCA 指数），如表 4-4 所示。

表 4-4　　　　　　　中国与 RCEP 成员国农产品贸易 RCA 指数

年份	中国	澳大利亚	日本	柬埔寨	韩国	新西兰	新加坡	泰国	印度尼西亚	老挝	缅甸	马来西亚	越南	菲律宾
2005	0.26	1.38	0.07	0.17	0.13	4.11	0.12	1.11	1.15	4.89	-1.79	0.65	1.60	0.45
2006	0.24	1.30	0.07	0.16	0.12	4.28	0.13	1.19	1.30	4.52	-1.34	0.70	1.69	0.43
2007	0.22	1.13	0.07	0.16	0.12	4.20	0.13	1.14	1.37	3.77	-0.70	0.75	1.64	0.46
2008	0.20	0.93	0.07	0.10	0.13	3.90	0.13	1.20	1.37	2.97	-0.01	0.78	1.55	0.47
2009	0.20	0.92	0.08	0.12	0.12	3.72	0.13	1.11	1.30	2.14	0.68	0.77	1.41	0.45
2010	0.21	0.83	0.08	0.24	0.13	4.01	0.14	1.14	1.42	1.67	1.56	0.88	1.48	0.50
2011	0.38	1.53	0.15	0.70	0.25	7.06	0.27	2.29	2.55	1.88	4.44	1.81	2.53	0.91

续表

年份	中国	澳大利亚	日本	柬埔寨	韩国	新西兰	新加坡	泰国	印度尼西亚	老挝	缅甸	马来西亚	越南	菲律宾
2012	0.35	1.64	0.15	0.75	0.25	7.09	0.26	2.00	2.51	2.14	6.29	1.57	2.24	0.95
2013	0.35	1.68	0.16	1.02	0.23	7.44	0.28	1.92	2.47	2.08	4.11	1.37	1.92	0.98
2014	0.34	1.73	0.16	0.97	0.22	7.49	0.31	1.87	2.58	2.56	3.23	1.32	1.84	1.00
2015	0.33	2.00	0.17	0.72	0.21	7.20	0.34	1.80	2.66	2.72	3.42	1.26	1.57	1.00
2016	0.36	1.79	0.16	0.66	0.23	7.05	0.34	1.73	2.59	3.25	3.99	1.29	1.49	0.99
2017	0.35	1.75	0.16	0.78	0.23	7.36	0.32	1.87	2.79	2.50	3.51	1.23	1.43	1.03
2018	0.35	1.58	0.17	0.79	0.23	7.73	0.41	1.86	2.55	2.73	3.15	1.05	1.33	1.02
2019	0.34	1.39	0.17	0.66	0.25	7.82	0.42	1.93	2.55	3.35	2.75	1.07	1.19	1.07
2020	0.29	1.25	0.18	0.60	0.24	7.35	0.37	1.75	2.62	3.73	3.04	1.06	1.02	1.00
2021	0.28	1.33	0.19	0.80	0.26	7.88	0.36	1.83	2.67	3.04	3.72	1.15	1.04	1.04
2022	0.28	1.34	0.19	0.73	0.24	7.74	0.34	1.93	2.30	2.55	3.16	1.12	1.07	1.09
均值	0.30	1.42	0.14	0.56	0.20	6.30	0.27	1.65	2.15	2.92	2.40	1.10	1.56	0.83

资料来源：根据联合国商品贸易统计数据库（UN Comtrade）的数据计算得到。

由表 4-4 可知，澳大利亚的农产品贸易显示性比较优势显著，在绝大多数年份 RCA 指数都高于 1，均值为 1.42，在 2016 年高达 1.79，可见其农产品出口具有显著的竞争优势。澳大利亚在农产品出口上持续表现出色，特别是在牛肉、羊毛等产品上，反映出其丰富的自然资源和发达的农业部门。新西兰的农产品贸易 RCA 指数极高，均值为 6.30，尤其是在乳制品、肉类等农产品上具有全球领先地位，是绝对的出口强国。

日本、韩国和新加坡这三个国家的 RCA 指数普遍较低，在很多年份都低于 0.2。这表明，这些国家在农产品出口方面较弱，依赖进口。其原因可能在于，这三个国家土地资源有限，更专注于高科技制造业和服务业，农产品出口不是其经济重点。

泰国、印度尼西亚、马来西亚、越南这几个东南亚国家显示出较强的农产品出口比较优势，特别是泰国和越南，其 RCA 指数经常超过 1，均值分别为 1.65 和 1.56，表明其在农产品，如稻米、水果、海鲜等出口方面具有竞争力。随着时间的推移，这些国家的 RCA 指数有所增长，说明它们在全球农产品市场中的份额不断增加，这可能是因为 RCEP 促进了区域内贸易。

老挝、缅甸、柬埔寨、菲律宾这四个国家的农产品贸易 RCA 指数波动较大，有时显示出较强优势，如老挝在某些年份 RCA 指数超过 4，表明其在特定农产品（如木材、橡胶）方面可能有出口优势。尽管 RCA 指数波动，但总体来看，这些国家在特定领域还有提升空间，RCEP 可以帮助这些国家借助贸易自由化进一步增加农产品出口。

总的来说，中国在农产品出口方面的比较优势相对较弱，而澳大利亚、新西兰、泰国、越南等国则表现突出。RCEP 成员国中的东南亚国家在农产品出口上普遍展现出增长潜力，而日本、新加坡则侧重于非农产品领域。这说明，RCEP 通过促进区域内农产品贸易自由化，加强了各国的比较优势。

4.1.2　农产品贸易竞争力指数

贸易竞争力指数（Trade Competitiveness Index，TC 指数）是用来衡量一个国家（地区）特定产品或行业在国际贸易中的竞争力的统计指标，是分析国际竞争力时常用的工具之一。一个国家（地区）进出口贸易总额的百分比差异主要由 TC 指数来衡量。该指数通过考虑进口和出口因素来显示某个国家（地区）的产品在全球市场上是否具有竞争优势。TC 指数的计算公式如下：

$$TC = \frac{X_{ij} - M_{ij}}{X_{ij} + M_{ij}} \qquad (4.2)$$

其中，TC 表示 i 国 j 产品的贸易竞争力指数，X_{ij} 表示 i 国 j 产品的出口额，M_{ij} 表示 i 国 j 产品的进口额。TC 指数为 $-1 \sim 1$。当 TC 指数趋向于 1 时，说明该国（地区）此类产品贸易竞争力提高；当 TC 指数趋向于 -1 时，说明该国（地区）此类产品贸易竞争力降低（马子红、常嘉佳，2021）。TC 指数等级如表 4－5 所示。

表 4－5　　　　　　　　　　TC 指数等级

TC 指数	竞争优势程度
0.6 ≤ TC ≤ 1	极强的竞争优势
0.3 ≤ TC < 0.6	较强的竞争优势
0 ≤ TC < 0.3	竞争优势较弱

续表

TC 指数	竞争优势程度
$-0.3 \leqslant TC < 0$	竞争劣势较弱
$-0.6 \leqslant TC < -0.3$	较强的竞争劣势
$-1 \leqslant TC < -0.6$	极强的竞争劣势

（1）中国与 RCEP 成员国整体农产品贸易竞争力指数

根据 2005~2022 年中国与 RCEP 成员国农产品贸易数据，采用公式（4.2）计算得出中国与 RCEP 成员国的农产品贸易竞争力指数（TC 指数），如表 4-6 所示。

表 4-6　　　　　2005~2022 年中国与 RCEP 成员国农产品 TC 指数

年份	农产品总 TC 指数	不同类别农产品 TC 指数			
		0 类	1 类	2 类	4 类
2005	0.03	0.59	0.80	-0.65	-0.91
2006	-0.02	0.57	0.64	-0.67	-0.94
2007	-0.07	0.58	0.57	-0.69	-0.96
2008	-0.17	0.51	0.49	-0.67	-0.95
2009	-0.10	0.43	0.35	-0.63	-0.96
2010	-0.18	0.38	0.30	-0.72	-0.96
2011	-0.24	0.38	0.29	-0.75	-0.97
2012	-0.22	0.26	0.29	-0.71	-0.96
2013	-0.24	0.20	0.24	-0.74	-0.95
2014	-0.22	0.14	0.17	-0.69	-0.95
2015	-0.17	0.16	-0.04	-0.69	-0.95
2016	-0.14	0.21	-0.10	-0.70	-0.94
2017	-0.25	0.14	-0.25	-0.77	-0.94
2018	-0.25	0.08	-0.30	-0.74	-0.91
2019	-0.26	0.00	-0.32	-0.72	-0.91
2020	-0.26	-0.01	-0.38	-0.73	-0.87
2021	-0.31	-0.08	-0.14	-0.72	-0.86
2022	-0.33	-0.14	-0.07	-0.67	-0.79

资料来源：根据联合国商品贸易统计数据库（UN Comtrade）的数据计算得到。

①总体农产品 TC 指数。由表 4-6 可知，中国与 RCEP 成员国农产品 TC 指数可以分为三个阶段。初期阶段（2005~2008 年），农产品 TC 指数开始为正数，尽管 2008 年降至 -0.17，但仍表明中国在此阶段的农产品贸易中略占优势。中期下降阶段（2009~2015 年），这一时期农产品 TC 指数持续下滑至 -0.22，表明中国农产品贸易的竞争力逐渐减弱。后期加速下滑阶段（2016~2022 年），自 2016 年起，农产品 TC 指数加速下降，在 2022 年达到 -0.33，意味着中国在农产品贸易中面临的竞争劣势越发显著。

②分类别农产品 TC 指数。2005~2016 年，0 类农产品竞争力较强，TC 指数多为正值，最高达 0.59；但从 2017 年开始，TC 指数迅速下滑，在 2022 年转为负值（-0.14），表明该类别农产品的竞争力降低。2005~2014 年，1 类农产品保持较高的竞争力，但之后几年 TC 指数快速下滑为负，到 2022 年为 -0.07，表明这类产品也面临竞争力减弱的问题。2 类农产品一直呈现出明显的竞争力不足，TC 指数始终为负，并且从 -0.65 逐步下降至 -0.77，后又回升至 -0.67，表明中国在 2 类农产品上的进口压力大，出口竞争力弱。4 类农产品的 TC 指数一直维持在非常低的水平，始终在 -0.90 左右徘徊，直至 2022 年稍有回升（-0.79），表明中国这一类别的农产品贸易持续处于显著的劣势地位。

③中国与 RCEP 成员国农产品贸易竞争力总体分析。整体上，中国与 RCEP 成员国的农产品贸易竞争力在十余年间呈现逐步下降的趋势，尤其是在 2016 年后，这种下降趋势更为明显。不同类别的农产品呈现出不同的竞争力变化趋势，但普遍反映出中国在农产品贸易中的竞争力减弱，尤其是在 2 类和 4 类农产品上，其竞争力劣势明显。这种变化可能受到多种因素影响，包括国内生产成本上升、国际市场需求变化、贸易政策调整以及 RCEP 成员国之间的关税优惠等。中国需要采取措施以提升农产品的国际竞争力，比如优化农产品结构、提升生产效率与质量、推动技术创新、加强与 RCEP 成员国的农业合作与交流，以及利用 RCEP 的贸易便利化措施等，以改善农产品贸易的不利局面。

（2）分国别农产品贸易竞争力指数

根据 2005~2022 年相关农产品贸易数据，采用公式（4.2）计算得出中国与 RCEP 成员国的农产品贸易竞争力指数（TC 指数）。如前所述，2022 年，中国对 RCEP 成员国农产品出口占比超过 10% 的国家有日本、韩国、马来西亚、泰国、越南，农产品进口占比超过 10% 的国家有泰国、新西兰、印度尼西亚、澳大利亚。本书对占中国农产品贸易份额较高的国家（澳大利亚、新西兰、日本、韩国、印度尼西亚、马来西亚、泰国、越南）的双边农产品 TC 指数进行分类研究，对其他国家进行总体研究。

①中国与澳大利亚农产品 TC 指数。根据相关农产品贸易数据，采用公式（4.2）计算得出中国与澳大利亚的农产品 TC 指数，如表 4 - 7 所示。

表 4 - 7　　　　　　　　2005 ~ 2022 年中国与澳大利亚农产品 TC 指数

年份	农产品总 TC 指数	不同类别农产品 TC 指数			
		0 类	1 类	2 类	4 类
2005	- 0.80	- 0.50	0.28	- 0.97	- 0.05
2006	- 0.74	- 0.30	- 0.14	- 0.96	- 0.06
2007	- 0.72	- 0.05	- 0.35	- 0.96	- 0.08
2008	- 0.69	- 0.20	- 0.41	- 0.95	- 0.12
2009	- 0.66	- 0.18	- 0.58	- 0.94	- 0.08
2010	- 0.72	- 0.35	- 0.69	- 0.96	- 0.07
2011	- 0.77	- 0.31	- 0.74	- 0.97	- 0.04
2012	- 0.79	- 0.50	- 0.73	- 0.96	- 0.03
2013	- 0.80	- 0.56	- 0.74	- 0.97	- 0.01
2014	- 0.79	- 0.64	- 0.71	- 0.95	- 0.02
2015	- 0.80	- 0.70	- 0.82	- 0.95	- 0.02
2016	- 0.78	- 0.61	- 0.83	- 0.95	- 0.01
2017	- 0.82	- 0.70	- 0.85	- 0.96	- 0.03
2018	- 0.85	- 0.74	- 0.85	- 0.97	- 0.02
2019	- 0.85	- 0.78	- 0.89	- 0.96	- 0.04
2020	- 0.83	- 0.77	- 0.90	- 0.95	- 0.08
2021	- 0.81	- 0.76	- 0.42	- 0.93	- 0.08
2022	- 0.82	- 0.80	0.16	- 0.92	- 0.05

资料来源：根据联合国商品贸易统计数据库（UN Comtrade）的数据计算得到。

中国与澳大利亚之间的农产品 TC 指数总体上在 - 0.66 ~ - 0.85 范围内波动，且在所有年份均为负。这说明，2005 ~ 2022 年，中国在与澳大利亚的农产品贸易中处于相对劣势地位，澳大利亚拥有更强的竞争力。该指数在 2010

年略有回升，上升至 - 0.72，但之后几年再次下降，并在 2018 ~ 2022 年一直处于低点，维持在 - 0.85 左右，表明中国相对于澳大利亚的农产品贸易劣势持续存在且有所加剧。

中国与澳大利亚 0 类农产品 TC 指数在 - 0.50 ~ - 0.80 范围内波动，2022年达到最低（ - 0.80），表明 2022 年中国 0 类农产品相较于澳大利亚的劣势最为明显。1 类农产品 TC 指数在不同年份波动较大且多数为负，但在 2022 年出现正向转变，达到 0.16，表明 2022 年中国 1 类农产品开始展现一定的竞争优势。2 类农产品 TC 指数持续为负且逐渐减小，表明中国 2 类农产品贸易的劣势显著增大，尽管 2022 年轻微回升至 - 0.92。4 类农产品 TC 指数基本维持在 - 0.01 ~ - 0.08 的较小负值范围内，表明中国与澳大利亚在 4 类农产品贸易方面的竞争差距相对较小且整体稳定。

总体而言，中国在与澳大利亚的农产品贸易中，在 0 类和 2 类农产品上面临较大的竞争劣势，而在 1 类农产品上从 2022 年开始显现出微弱的竞争优势。4 类农产品的贸易竞争力相对均衡，劣势不明显。对于中国来说，提升农产品的国际竞争力，特别是劣势明显的类别的农产品，将是未来贸易策略的重要方向。同时，分析 1 类农产品的转变因素有助于挖掘和增强中国农产品的出口潜力。

②中国与新西兰农产品 TC 指数。根据相关农产品贸易数据，采用公式（4.2）计算得出中国与新西兰的农产品 TC 指数，如表 4 - 8 所示。

表 4 - 8   2005 ~ 2022 年中国与新西兰农产品 TC 指数

年份	农产品总 TC 指数	不同类别农产品 TC 指数			
		0 类	1 类	2 类	4 类
2005	- 0.90	- 0.84	0.36	- 0.98	- 0.96
2006	- 0.88	- 0.80	- 0.18	- 0.98	- 0.94
2007	- 0.87	- 0.77	0.36	- 0.97	- 0.93
2008	- 0.87	- 0.77	- 0.30	- 0.98	- 0.96
2009	- 0.92	- 0.88	- 0.35	- 0.98	- 0.96
2010	- 0.94	- 0.91	- 0.15	- 0.99	- 0.94
2011	- 0.94	- 0.91	- 0.31	- 0.99	- 0.93
2012	- 0.94	- 0.93	- 0.30	- 0.99	- 0.93

续表

年份	农产品 总 TC 指数	不同类别农产品 TC 指数			
		0 类	1 类	2 类	4 类
2013	- 0.96	- 0.95	- 0.73	- 0.99	- 0.83
2014	- 0.96	- 0.95	- 0.67	- 0.99	- 0.83
2015	- 0.94	- 0.92	- 0.58	- 0.98	- 0.71
2016	- 0.94	- 0.92	- 0.55	- 0.98	- 0.71
2017	- 0.95	- 0.94	- 0.70	- 0.99	- 0.85
2018	- 0.96	- 0.94	- 0.72	- 0.99	- 0.77
2019	- 0.96	- 0.94	- 0.88	- 0.99	- 0.82
2020	- 0.96	- 0.95	- 0.87	- 0.99	- 0.77
2021	- 0.97	- 0.96	- 0.93	- 0.99	- 0.73
2022	- 0.96	- 0.96	- 0.89	- 0.99	- 0.38

资料来源：根据联合国商品贸易统计数据库（UN Comtrade）的数据计算得到。

2005~2022 年，中国与新西兰农产品总 TC 指数持续为负，且从 2005 年的 - 0.90 下降到 2022 年的 - 0.96，说明中国在与新西兰的农产品贸易中总体上处于竞争劣势，并且这种劣势在观察期内有所增加。

0 类农产品 TC 指数从 2005 年的 - 0.84 下降到 2022 年的 - 0.96，表明中国这类农产品贸易竞争力逐渐减弱。1 类农产品 TC 指数在 2005 年（0.36）和 2007 年（0.36）为正，表明中国在这两年对新西兰在 1 类农产品上有竞争优势，但随后转为负值并逐年降低，意味着这种优势逐渐丧失。2 类农产品 TC 指数同样为负，但在大部分年份里该指数低于其他类别，表明中国在 2 类农产品贸易上面对新西兰的竞争劣势最为显著。4 类农产品 TC 指数始终为负，但趋于上升，说明 4 类农产品出口竞争力有所增强，尤其是到 2022 年，TC 指数显著提升至 - 0.38，竞争劣势大幅降低。

整体来看，中国与新西兰在农产品贸易中的竞争力格局有利于新西兰，尤其是对于 4 类农产品。尽管中国在 1 类农产品上曾短暂展现出竞争优势，但从长期看这种优势未能保持。所有类别的农产品 TC 指数均以负值为主，表明中国需要在提升农产品的国际竞争力方面作出更多努力，尤其是在那些持续表现弱势的产品类别上。同时，2022 年 4 类农产品 TC 指数的改善表明可能存在某些积极变化，如策略调整等。

③中国与日本农产品 TC 指数。根据相关农产品贸易数据，采用公式 (4.2) 计算得出中国与日本的农产品 TC 指数，如表 4 - 9 所示。

表 4 - 9　　　　　　　2005 ~ 2022 年中国与日本农产品 TC 指数

年份	农产品总 TC 指数	不同类别农产品 TC 指数			
		0 类	1 类	2 类	4 类
2005	0.69	0.92	0.81	- 0.10	0.58
2006	0.68	0.91	0.81	- 0.11	0.68
2007	0.65	0.79	0.79	- 0.22	0.72
2008	0.61	0.91	0.64	- 0.22	0.82
2009	0.62	0.90	0.64	- 0.21	0.68
2010	0.56	0.89	0.51	- 0.33	0.49
2011	0.61	0.95	0.67	- 0.30	0.63
2012	0.63	0.95	0.48	- 0.28	0.68
2013	0.60	0.94	0.58	- 0.32	0.84
2014	0.62	0.93	0.01	- 0.24	0.72
2015	0.62	0.91	- 0.12	- 0.26	0.76
2016	0.63	0.89	- 0.19	- 0.22	0.66
2017	0.59	0.90	- 0.48	- 0.36	0.65
2018	0.55	0.85	- 0.50	- 0.37	0.58
2019	0.59	0.83	- 0.59	- 0.22	0.70
2020	0.60	0.82	- 0.63	- 0.20	0.66
2021	0.57	0.78	- 0.69	- 0.19	0.69
2022	0.57	0.76	- 0.75	- 0.03	0.72

资料来源：根据联合国商品贸易统计数据库（UN Comtrade）的数据计算得到。

表 4 - 9 展示了 2005 ~ 2022 年中国与日本农产品 TC 指数的变化情况。中国与日本农产品贸易总 TC 指数从 2005 年的 0.69 降至 2022 年的 0.57，整体呈现下降趋势，意味着中国与日本之间农产品贸易的总竞争力有所减弱。

0 类农产品 TC 指数始终保持较高水平，尽管有所下滑，从 2005 年的 0.92 下降至 2022 年的 0.76，但仍显示出较强竞争力。1 类农产品 TC 指数同样具有较高水平，但从 2005 年的 0.81 降至 2022 年的 - 0.75，表明这类农产品不具有持续的竞争优势。2 类农产品 TC 指数在观察期内全部为负，但从 - 0.10 升

至 - 0.03，说明此类农产品有明显的竞争劣势。4 类农产品贸易虽然起始点较低，但 TC 指数整体呈上升趋势，从 2005 年的 0.58 升至 2022 年的 0.72，表明该类农产品的竞争力逐步增强。

中国与日本在农产品贸易中的总体竞争力有所下降，但特定类别的农产品（如 0 类和 1 类）保持了较强的国际竞争力。2 类农产品面临显著的竞争挑战，需要采取措施以提升其市场竞争力。4 类农产品的贸易表现有所改善，显示出一定的增长潜力和市场机会。中国需要进一步优化农产品结构，提升 2 类农产品质量并调整市场策略，同时继续巩固和发展 0 类与 1 类农产品的优势，以维持和提升在与日本农产品贸易中的整体竞争力。

④中国与韩国农产品 TC 指数。根据相关农产品贸易数据，采用公式（4.2）计算得出中国与韩国的农产品 TC 指数，如表 4 - 10 所示。

表 4 - 10　　　　　　　　2005～2022 年中国与韩国农产品 TC 指数

年份	农产品总 TC 指数	不同类别农产品 TC 指数			
		0 类	1 类	2 类	4 类
2005	0.56	0.84	0.43	- 0.24	0.63
2006	0.55	0.85	0.24	- 0.16	0.47
2007	0.54	0.85	0.25	- 0.19	0.68
2008	0.48	0.80	0.08	- 0.09	0.83
2009	0.44	0.80	0.05	- 0.17	0.76
2010	0.42	0.79	- 0.02	- 0.27	0.77
2011	0.37	0.75	- 0.21	- 0.26	0.55
2012	0.40	0.75	- 0.20	- 0.19	0.76
2013	0.43	0.73	- 0.24	- 0.13	0.78
2014	0.49	0.70	- 0.14	- 0.01	0.74
2015	0.46	0.70	- 0.27	- 0.08	0.70
2016	0.48	0.66	- 0.10	- 0.05	0.86
2017	0.46	0.71	- 0.15	- 0.23	0.89
2018	0.47	0.72	- 0.23	- 0.20	0.85
2019	0.44	0.68	- 0.28	- 0.14	0.91
2020	0.43	0.64	- 0.33	- 0.14	0.78
2021	0.38	0.61	- 0.40	- 0.17	0.80
2022	0.47	0.65	- 0.24	0.09	0.74

资料来源：根据联合国商品贸易统计数据库（UN Comtrade）的数据计算得到。

表 4 – 10 展示了 2005～2022 年中国与韩国农产品 TC 指数的变化情况。中国与韩国农产品贸易竞争力指数从 2005 年的 0.56 下降至 2022 年的 0.47，整体呈现出轻微下降的趋势，表明中国与韩国之间的农产品贸易竞争力略有减弱。

0 类农产品 TC 指数从 2005 年的 0.84 下降到 2022 年的 0.65，虽然有所下滑，但仍维持在相对较高的水平，表明这类农产品具有较好的竞争力。1 类农产品 TC 指数从 2005 年开始多为正值，但在 2007 年后逐渐降低，到 2022 年达到 – 0.24，说明这类农产品的竞争力逐步减弱。除 2022 年以外，2 类农产品 TC 指数均为负，表明 2 类农产品在与韩国的贸易中一直存在显著的竞争劣势。4 类农产品 TC 指数表现出较为积极的增长趋势，从 2005 年的 0.63 上升至 2022 年的 0.74，说明 4 类农产品的国际竞争力在增强，成为贸易亮点。

中国与韩国之间的农产品贸易中，尽管总体竞争力有所下滑，但部分领域的竞争力表现出了稳定或增强的趋势，尤其是 0 类和 4 类农产品。相比之下，1 类和 2 类农产品面临较大竞争压力，尤其是 2 类农产品，长期处于竞争劣势。因此，在与韩国的农产品贸易策略中，中国应更加重视提升 1 类和 2 类农产品的竞争力，同时继续发挥和增强 0 类和 4 类农产品的竞争优势，以实现农产品贸易的平衡发展并提升竞争力。

⑤中国与印度尼西亚农产品 TC 指数。根据相关农产品贸易数据，采用公式（4.2）计算得出中国与印度尼西亚的农产品 TC 指数，如表 4 – 11 所示。

表 4 – 11　　　　　　　2005～2022 年中国与印度尼西亚农产品 TC 指数

年份	农产品总 TC 指数	不同类别农产品 TC 指数			
		0 类	1 类	2 类	4 类
2005	– 0.68	0.47	1.00	– 0.94	– 0.99
2006	– 0.66	0.59	0.97	– 0.95	– 1.00
2007	– 0.58	0.51	0.98	– 0.93	– 1.00
2008	– 0.70	0.42	0.96	– 0.91	– 1.00
2009	– 0.55	0.63	0.95	– 0.86	– 1.00
2010	– 0.51	0.64	0.91	– 0.89	– 1.00
2011	– 0.54	0.48	0.95	– 0.84	– 1.00

续表

年份	农产品总 TC 指数	不同类别农产品 TC 指数			
		0 类	1 类	2 类	4 类
2012	-0.57	0.31	0.94	-0.80	-1.00
2013	-0.55	0.29	0.92	-0.85	-0.99
2014	-0.51	0.23	0.93	-0.80	-0.99
2015	-0.55	0.15	0.96	-0.80	-0.99
2016	-0.45	0.23	0.93	-0.75	-0.99
2017	-0.54	0.17	0.79	-0.83	-0.99
2018	-0.54	0.06	0.46	-0.74	-0.99
2019	-0.54	0.05	0.47	-0.80	-0.99
2020	-0.58	-0.11	0.51	-0.87	-0.99
2021	-0.66	-0.21	0.58	-0.85	-0.99
2022	-0.66	-0.27	0.43	-0.84	-0.98

资料来源：根据联合国商品贸易统计数据库（UN Comtrade）的数据计算得到。

表 4-11 展示了 2005~2022 年中国与印度尼西亚农产品 TC 指数的变化情况。2005~2022 年，中国与印度尼西亚的农产品总 TC 指数全部为负，说明印度尼西亚在农产品贸易中整体上对中国保持竞争优势。TC 指数从 2005 年的 -0.68 波动上升至 2022 年的 -0.66，虽然有所起伏，但总体变化不大，表明印度尼西亚的这种竞争优势相对稳定。

0 类农产品 TC 指数在 2005 年为 0.47，之后逐步上升至 2009 年的 0.63，随后有所下降，到 2022 年降至 -0.27。这表明，起初中国在 0 类农产品上具有一定的竞争优势，但随着时间的推移，这种优势减弱并转为略处劣势的状态。1 类农产品 TC 指数在 2005 年为 1.00，显示出极强的竞争优势，但随后逐渐下降，在 2018 年降至 0.46 并持续走低，到 2022 年降至 0.43。这表明中国在 1 类农产品上的绝对优势逐步下降。3 类和 4 类农产品 TC 指数一直为负且大部分年份接近 -1.00，说明中国在 3 类和 4 类农产品上几乎持续处于明显的劣势状态，这一情况在 2005~2022 年未发生实质改变。

总体来说，中国在与印度尼西亚的农产品贸易中处于劣势，但在 0 类、1 类农产品上，初期拥有较强的竞争力，尤其是 1 类农产品在早期显示出极大的竞争优势。然而，随着时间的推移，这些优势逐渐减弱，特别是从 2018 年开始，这两类农产品 TC 指数都有所下降，尤其是 1 类农产品的竞争力下降更为显著。而 3 类和 4 类农产品始终是中国的贸易短板。总体而言，印度尼西亚对中国的农产品竞争优势在 2009 年之后有所下降，但在 2020 年后又有所上升。

　　⑥中国与马来西亚农产品 TC 指数。根据相关农产品贸易数据，采用公式（4.2）计算得出中国与马来西亚的农产品 TC 指数，如表 4 - 12 所示。

表 4 - 12　　　　　　　2005 ~ 2022 年中国与马来西亚农产品 TC 指数

年份	农产品总 TC 指数	不同类别农产品 TC 指数			
		0 类	1 类	2 类	4 类
2005	- 0.54	0.81	0.90	- 0.92	- 0.96
2006	- 0.55	0.74	0.84	- 0.90	- 0.98
2007	- 0.61	0.69	0.83	- 0.90	- 0.99
2008	- 0.63	0.56	0.73	- 0.89	- 0.99
2009	- 0.50	0.70	0.42	- 0.83	- 0.99
2010	- 0.48	0.66	0.41	- 0.84	- 0.99
2011	- 0.53	0.66	0.44	- 0.84	- 0.99
2012	- 0.44	0.66	0.25	- 0.79	- 0.99
2013	- 0.31	0.63	0.53	- 0.76	- 0.99
2014	- 0.22	0.62	0.26	- 0.66	- 0.99
2015	- 0.15	0.56	0.43	- 0.69	- 0.98
2016	- 0.11	0.56	0.44	- 0.78	- 0.99
2017	- 0.25	0.56	0.27	- 0.88	- 0.97
2018	- 0.19	0.46	0.48	- 0.84	- 0.88
2019	- 0.11	0.44	0.52	- 0.78	- 0.88
2020	- 0.11	0.49	0.56	- 0.74	- 0.87
2021	- 0.04	0.50	0.62	- 0.60	- 0.89
2022	- 0.01	0.51	0.66	- 0.53	- 0.82

资料来源：根据联合国商品贸易统计数据库（UN Comtrade）的数据计算得到。

　　表 4 - 12 展示了 2005 ~ 2022 年中国与马来西亚农产品 TC 指数的变化情况。中国与马来西亚农产品总 TC 指数变化从 2005 年的 - 0.54 逐渐波动上升

至 2022 年的 −0.01。虽然整体数值依然为负，意味着中国在农产品贸易上可能略微处于不利地位或者双方竞争力接近平衡状态，但 TC 指数的提升表明中国与马来西亚之间的农产品贸易竞争力差距在逐年缩小，趋向于平衡状态。

0 类农产品 TC 指数保持相对稳定且全部为正，2005 年为 0.81，到 2022 年为 0.51，虽然有所下降，但仍表明中国在这类农产品上具有一定的竞争优势。1 类农产品 TC 指数同样全部为正，从 2005 年的 0.90 波动下降至 2022 年的 0.66，表明中国在此类农产品上的竞争优势有所减弱。2 类农产品 TC 指数始终为负，但从 2005 年的 −0.92 上升到 2022 年的 −0.53，说明中国在这一类农产品上的竞争力较弱，但随着时间的推移，劣势逐渐减小。4 类农产品 TC 指数始终为负，且数值较低，表明中国在 4 类农产品方面竞争力明显不足，但这一劣势随着时间的推移而有所缓和。

整体来看，虽然中国与马来西亚在不同类别的农产品贸易中的竞争力表现各异，但随着时间的推移，中国的农产品贸易竞争力逐步增强，尤其是在原本竞争力较弱的 2 类和 4 类农产品上，劣势逐年减弱。同时，中国在 0 类和 1 类农产品上的优势不稳定，但仍保持了相对较强的竞争力。中国与马来西亚的农产品贸易关系不断调整和优化，中国在某些领域逐渐提升了其竞争力，而两国间的贸易平衡性也在逐步增强。

⑦中国与泰国农产品 TC 指数。根据相关农产品贸易数据，采用公式 (4.2) 计算得出中国与泰国的农产品 TC 指数，如表 4 −13 所示。

表 4 −13　　　　　　　　2005 ~ 2022 年中国与泰国农产品 TC 指数

年份	农产品总 TC 指数	不同类别农产品 TC 指数			
		0 类	1 类	2 类	4 类
2005	−0.73	−0.55	0.96	−0.91	−0.26
2006	−0.76	−0.57	0.42	−0.93	−0.73
2007	−0.71	−0.45	0.75	−0.92	−0.32
2008	−0.65	−0.21	0.83	−0.91	−0.63
2009	−0.60	−0.35	0.78	−0.86	0.77
2010	−0.63	−0.33	0.60	−0.88	0.06
2011	−0.63	−0.22	0.51	−0.90	0.43
2012	−0.59	−0.31	0.43	−0.87	0.60

续表

年份	农产品总 TC 指数	不同类别农产品 TC 指数			
		0 类	1 类	2 类	4 类
2013	-0.53	-0.20	-0.22	-0.88	0.19
2014	-0.50	-0.23	-0.67	-0.87	0.06
2015	-0.39	-0.10	-0.29	-0.86	-0.07
2016	-0.41	-0.06	-0.39	-0.85	0.07
2017	-0.55	-0.16	-0.63	-0.90	-0.06
2018	-0.53	-0.22	-0.58	-0.87	-0.09
2019	-0.49	-0.27	-0.57	-0.87	-0.28
2020	-0.46	-0.25	-0.84	-0.87	0.19
2021	-0.54	-0.40	-0.79	-0.85	-0.03
2022	-0.55	-0.41	-0.58	-0.84	0.03

资料来源：根据联合国商品贸易统计数据库（UN Comtrade）的数据计算得到。

表 4-13 展示了 2005~2022 年中国与泰国农产品 TC 指数的变化情况。双方农产品总 TC 指数从 2005 年的 -0.73 上升到 2022 年的 -0.55，整体上看，中国与泰国之间农产品贸易的竞争力状况有所改善。这一时期中国相对于泰国在农产品贸易中整体上可能处于劣势，但这一劣势在逐年减小。

0 类农产品 TC 指数从 2005 年的 -0.55 波动上升至 2022 年的 -0.41，表明中国在这类农产品上对泰国的贸易劣势有轻微好转。1 类农产品 TC 指数波动较大，从 2005 年的 0.96 降至 2018 年的 -0.58，然后在 2022 年又回归到 -0.58，表明这类农产品的竞争优势经历了先降后稳的过程。2 类农产品 TC 指数在全部年份都为负，尤其是 2006 年该指数为 -0.93，表明中国在此类产品上有显著劣势，但该劣势在随后年份有所减弱，到 2022 年变为 -0.84。4 类农产品 TC 指数在 2005 年为 -0.26，之后波动上升至 2022 年的 0.03，表明中国在 4 类农产品上的贸易劣势有所缓解，甚至在某些年份（如 2009 年）转为优势（0.77）。

整体来看，中国与泰国的农产品贸易竞争态势在不同类别农产品间存在显著差异。中国在部分年份和特定农产品类别上展现出了较强的竞争优势，尤其是 1 类农产品，但这种优势随着时间的推移有所减弱。同时，对于 4 类农产品，中国的贸易地位从劣势转为优势或平衡。随着时间的推移，中国与泰国之间的农产品贸易竞争格局在不断变化，尽管总 TC 指数有所提升，但在个别年份和个别类别中波动较大，反映出双方在不同产品市场中的适应、调整和竞争策略的变化。中国与泰国在农产品贸易方面的竞争力变化复杂，需要针对具体产品类型进行细致分析，并考虑外部因素，如市场需求、政策变动、生产成本等对贸易关系的影响。

⑧中国与越南农产品 TC 指数。根据相关农产品贸易数据，采用公式（4.2）计算得出中国与越南的农产品 TC 指数，如表 4 – 14 所示。

表 4 – 14　　　　　　　　2005～2022 年中国与越南农产品 TC 指数

年份	农产品总 TC 指数	不同类别农产品 TC 指数			
		0 类	1 类	2 类	4 类
2005	0.02	0.18	1.00	− 0.30	0.69
2006	− 0.19	0.02	1.00	− 0.51	− 0.60
2007	− 0.22	− 0.01	1.00	− 0.53	− 0.69
2008	0.01	0.13	1.00	− 0.31	0.49
2009	0.02	0.08	0.99	− 0.22	− 0.09
2010	0.01	0.27	0.98	− 0.45	− 0.16
2011	− 0.04	0.23	0.99	− 0.52	− 0.34
2012	− 0.24	− 0.10	0.98	− 0.53	− 0.36
2013	− 0.16	0.03	0.97	− 0.51	− 0.68
2014	− 0.06	0.10	0.95	− 0.46	− 0.59
2015	− 0.04	0.10	0.96	− 0.48	− 0.34
2016	− 0.06	0.14	0.75	− 0.58	− 0.06
2017	− 0.03	0.21	0.33	− 0.53	0.07
2018	0.00	0.20	0.34	− 0.47	0.23
2019	0.01	0.25	0.04	− 0.49	− 0.38
2020	− 0.06	0.19	0.16	− 0.61	− 0.39
2021	− 0.11	0.17	0.50	− 0.61	− 0.34
2022	− 0.23	− 0.02	0.55	− 0.56	− 0.02

资料来源：根据联合国商品贸易统计数据库（UN Comtrade）的数据计算得到。

表 4 – 14 展示了 2005～2022 年中国与越南农产品 TC 指数的变化情况。双

方农产品总 TC 指数整体波动较大，从 2005 年的 0.02 开始，经历了多次正负转换，到 2022 年变为 -0.23，表明中国在与越南农产品贸易竞争过程中逐渐处于弱势地位。在这一时期，该指数有几年略微为正，意味着中国在这些年份有一定的竞争优势，但这种优势并不稳定且逐年减弱。2012～2022 年，该指数大部分为负，特别是 2020 年后，负值加大，表明越南在农产品贸易方面逐渐取得更多的竞争优势。

0 类农产品 TC 指数多为正，表明中国在这类农产品上持续保持竞争优势，尽管优势程度有所波动。1 类农产品 TC 指数几乎每年都是 1.00，表明中国在 1 类农产品的贸易上具有绝对优势，但这种优势并未转化为总体贸易额上的显著正向竞争力。2 类和 4 类农产品 TC 指数在大多数年份为负，说明中国在 2 类和 4 类农产品上面对越南时常处于竞争劣势，尤其是 2010 年后劣势更为明显，该指数仅在少数年份接近于零。

中国与越南的农产品贸易中，虽然中国在 1 类农产品上具有绝对优势，但在其他类别，特别是 4 类农产品上面临越南的强烈竞争。随着时间的推移，中国在农产品贸易总额上的竞争力呈现下降趋势，而越南在某些农产品类别上的竞争力则日益增强。这可能是因为受到越南农业出口提升、中国成本上升或市场需求变化等因素的影响。对于未来两国间的农产品贸易策略，需要关注如何提升中国自身竞争力，特别是在那些逐渐失去优势的领域。

⑨中国与其他 RCEP 成员国农产品 TC 指数。根据相关农产品贸易数据，采用公式（4.2）计算得出中国与其他 RCEP 成员国的农产品 TC 指数，如表 4-15 所示。

表 4-15　　　　2005～2022 年中国与其余 RCEP 成员国农产品 TC 指数

年份	老挝	缅甸	柬埔寨	新加坡	菲律宾
2005	-0.83	-0.65	0.29	0.52	0.38
2006	-0.91	-0.45	-0.16	0.30	0.42
2007	-0.94	-0.62	-0.32	0.25	0.51
2008	-0.93	-0.78	-0.05	0.23	0.34
2009	-0.85	-0.66	-0.21	-0.01	0.44
2010	-0.82	-0.67	-0.46	0.02	0.20

年份	老挝	缅甸	柬埔寨	新加坡	菲律宾
2011	-0.93	-0.61	-0.57	0.14	0.13
2012	-0.88	-0.60	-0.36	0.24	0.34
2013	-0.92	-0.59	-0.48	0.27	0.37
2014	-0.97	-0.38	-0.59	0.24	0.24
2015	-0.91	-0.18	-0.39	0.18	0.36
2016	-0.90	-0.16	-0.45	0.17	0.48
2017	-0.91	0.03	-0.46	0.10	0.41
2018	-0.85	0.05	-0.49	0.15	0.32
2019	-0.90	-0.10	-0.45	0.21	0.31
2020	-0.93	-0.17	-0.50	0.36	0.44
2021	-0.88	-0.39	-0.41	0.39	0.42
2022	-0.91	-0.64	-0.37	0.42	0.38

资料来源：根据联合国商品贸易统计数据库（UN Comtrade）的数据计算得到。

表 4 - 15 展示了 2005 ~ 2022 年中国与其他 RCEP 成员国农产品 TC 指数的变化情况。2005 ~ 2022 年，中国与老挝的农产品 TC 指数一直为负，并且在多数年份呈下降趋势，到 2022 年达到 -0.91。这表明，中国农产品在老挝的市场竞争力减弱，且这种趋势在这些年里有所增强。中国与缅甸的 TC 指数同样长期为负，但相比老挝波动更大。2005 年该指数为 -0.65，之后几年有所波动，甚至在 2017 年短暂转正（0.03），但随后又转为负，2022 年为 -0.64。这表明，中国在与缅甸的农产品竞争方面虽然相对较弱，但在某些年份有所改善。中国与柬埔寨的农产品 TC 指数从 2005 年的 0.29 逐步下降为负，并在此后持续保持负值，2022 年该指数为 -0.37。这说明中国在与柬埔寨的农产品贸易竞争方面在初期相对较强，但随着时间的推移而逐渐减弱。中国与新加坡的农产品 TC 指数几乎都为正，但从 2005 年的 0.52 下降到 2022 年的 0.42。这意味着中国农产品在新加坡市场上的竞争力有所减弱。中国与菲律宾的农产品 TC 指数在多数年份为正，且波动较小，2005 年与 2022 年都为 0.38，而且农产品 TC 指数没有显著增长趋势。这说明中国在与菲律宾的农产品贸易竞争力一直保持竞争优势。

中国在与新加坡、菲律宾的农产品贸易中展现出较为稳定的竞争优势，而在与老挝、缅甸和柬埔寨的农产品贸易竞争中相对较弱，并且随着时间的推移，这些国家的竞争力大多呈现下降或波动趋势。对于柬埔寨而言，其竞争力由正转负尤其值得关注，因为这表明中国农产品在其市场上的竞争优势不断降低。

4.1.3　农产品出口相似度指数

出口相似性指数（Export Similarity Index，ESI 指数）是用来评估两个国家（地区）出口商品结构相似性的量化指标。格利克和罗斯（Glick and Rose，1999）提出了修正的 ESI 指数，并利用贸易份额研究了不同国家（地区）的出口相似度。在第三方或全球市场中，ESI 指数被用于比较任意两个国家（地区）或两组国家（地区）在第三方市场或全球市场上的出口产品相似性（孙林，2008）。它可衡量两个国家（地区）在一个市场中不同农产品的出口结构（刘春鹏、肖海峰，2019）。如果两国出口商品的市场分布完全相同，则该指数为100；如果完全不同，则为 0（林清泉等，2021）。为了解决研究出口相似性问题时在第三方市场数据处理过程中因大量加总而漏掉产业内贸易从而导致的结果偏差问题，许心鹏等（2002）进一步修正了 ESI 指数。本章采用该 ESI 指数来研究中国与 RCEP 成员国农产品出口的竞争性，公式如下：

$$ESI_{ij,w} = \left\{ \sum_k \left[\frac{(X_{iw}^k/X_{iw}) + (X_{jw}^k/X_{jw})}{2} \right] \times \left[1 - \left| \frac{(X_{iw}^k/X_{iw}) - (X_{jw}^k/X_{jw})}{(X_{iw}^k/X_{iw}) + (X_{jw}^k/X_{jw})} \right| \right] \right\} \times 100$$

$$(4.3)$$

其中，$ESI_{ij,w}$ 表示 i 国和 j 国出口农产品到世界市场的出口相似性指数；X_{iw}^k 和 X_{jw}^k 分别表示 i 国和 j 国出口 k 类农产品到世界市场的出口额；X_{iw} 和 X_{jw} 分别表示 i 国和 j 国对世界市场农产品的出口总额。$ESI_{ij,w} = 0$，表明双方在世界市场上的农产品出口结构完全不同；$ESI_{ij,w} = 100$，表明双方在世界市场上的农产品出口结构完全一致。如果随着时间的推移，$ESI_{ij,w}$ 越来越大，则说明双方农产品在世界市场上的竞争性增强；反之，则说明双方农产品在世界市场上的竞争性降低。

根据相关数据，采用公式（4.3）计算得出中国与 RCEP 成员国农产品 ESI 指数，如表 4 – 16 所示。

表 4 – 16　　　　2005 ~ 2022 年中国与 RCEP 成员国农产品 ESI 指数

指标	2005 年	2006 年	2007 年	2008 年	2009 年	2010 年	2011 年	2012 年	2013 年	2014 年
ESI	82	79	84	90	87	78	78	80	80	84
指标	2015 年	2016 年	2017 年	2018 年	2019 年	2020 年	2021 年	2022 年	均值	
ESI	84	83	81	83	84	84	83	87	82	

资料来源：根据联合国商品贸易统计数据库（UN Comtrade）的数据计算得到。

表 4 – 16 展示了 2005 ~ 2022 年中国与 RCEP 成员国农产品 ESI 指数变化趋势。ESI 指数从 2005 年的 82 开始，在 2008 年达到一个高点（90），经历了先下降后上升的波动。2009 ~ 2014 年，ESI 指数在 80 ~ 87 范围内波动，显示出一定的稳定性，其中 2010 年大幅下降至 78，随后回升。2015 ~ 2022 年，ESI 指数基本保持在 81 ~ 87，其中在 2022 年达到该时间段内的最高值（87）。2005 ~ 2022 年的 ESI 指数均值为 82，表明在这 18 年间，中国与 RCEP 成员国之间的农产品相似程度较高。

ESI 指数在 2008 年和 2022 年分别达到高点，特别是 2008 年达到了 90。这可能是因为在这两年中国与 RCEP 成员国在农产品出口种类或结构上有更多重合，或是双方贸易合作加深导致出口相似度提高，出口竞争性增强。2010 年 ESI 指数下降可能是因为受到全球经济形势变化、政策调整、市场需求变动或农业产出变化等因素的影响。而后续几年 ESI 指数表现稳定，可能反映了市场对这些变化的逐步适应及贸易关系的稳定化。尽管存在波动，但从长期来看，ESI 指数的均值保持稳定，表明中国与 RCEP 成员国在农产品出口领域形成了较为固定的互补与竞争并存的关系。2021 年和 2022 年的 ESI 指数较高，可能是因为 RCEP 生效前后的预期及实际贸易便利化措施的正面推动。

中国与 RCEP 成员国之间的农产品出口相似度呈现出从波动到趋于稳定的转变，特别在 RCEP 签署后，相似度指数的小幅上升可能体现了区域经济一体化使成员国间的农产品贸易合作加强。从长期来看，这种稳定且略有提升的相似度指数反映了一种相对均衡的贸易结构，为中国与 RCEP 成员国深化农业领域的合作提供了基础。

4.2 中国与 RCEP 成员国农产品贸易互补性分析

探讨中国与 RCEP 成员国之间农产品贸易的互补性时，采用不同的贸易指数可以更加全面地洞察双方在这一领域的合作潜力和实际状况。本节选取贸易结合度指数（TII 指数）、产业内贸易指数（IIT 指数）以及贸易互补性指数（TCI 指数）作为核心分析工具，从宏观到微观，多维度地剖析双边农产品贸易的互补特征。通过这三个指数可以构建一个全面而系统的分析框架，既从宏观全局审视中国与 RCEP 成员国之间农产品贸易的整体合作态势，又深入具体产品层面，探索细分市场的互补潜力和合作机遇，为推动区域经济一体化和农业贸易合作提供了科学依据和策略参考。

4.2.1 贸易结合度指数

贸易结合度指数（Trade Intensity Index，TII 指数）有时也称为贸易结合度，是一个衡量两国（地区）之间贸易关系紧密程度或相互依存度的综合性经济指标。这个概念由经济学家布朗（A. J. Brown）在 1947 年首次提出，并经由小岛清（Kiyoshi Kojima）等人在 1958 年进一步研究和发展（李博英，2019）。通过运用 TII 指数，我们可以评估中国与 RCEP 成员国在世界农产品市场中的相互依存度。这一指数不仅能够揭示两国（地区）农产品贸易的整体规模和重要性，还能够反映双边贸易联系的紧密度和相互依赖性。TII 指数值越高，说明双方在世界农产品贸易市场中联系越紧密，这对于理解和促进双方的贸易合作机制具有重要意义。TII 指数的计算公式如下：

$$TII_{ij} = \frac{X_{ij}/X_i}{M_j/M_w} \tag{4.4}$$

其中，TII_{ij} 表示 i 国和 j 国的贸易结合度，X_{ij} 表示 i 国对 j 国的出口额，X_i 表示 i 国的出口总额，M_j 表示 j 国的进口总额，M_w 表示世界进口总额。如果 $TII_{ij} >$

1，则表明中国对 RCEP 成员国的出口依赖程度高于世界平均水平，说明两国贸易联系紧密；如果 $TII_{ij} = 1$，则说明双方贸易依赖程度等于世界平均水平；如果 $TII_{ij} < 1$，则说明双方贸易依赖程度低于世界平均水平，贸易联系比较松散。TII_{ij} 数值不断提高意味着双方贸易联系结合度提高，贸易联系趋于密切。

（1）整体农产品贸易结合度指数

根据相关农产品贸易数据，采用公式（4.4）计算得出中国与 RCEP 成员国农产品 TII 指数，如图 4 - 2 所示。

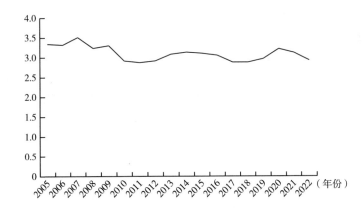

图 4 - 2　2005 ~ 2022 年中国与 RCEP 成员国整体农产品 TII 指数

资料来源：根据联合国商品贸易统计数据库（UN Comtrade）的数据计算得到。

图 4 - 2 展示了 2005 ~ 2022 年中国与 RCEP 成员国之间农产品 TII 指数。2005 ~ 2022 年，中国与 RCEP 成员国的农产品 TII 指数整体呈现出波动性变化。虽然有一定的波动，但大致维持在一个相对稳定的区间内，未出现显著的持续上升或下降趋势。

2005 ~ 2007 年，中国与 RCEP 成员国农产品 TII 指数从 3.34 增长至 3.51，说明中国与 RCEP 成员国的农产品贸易关系在这一时期逐渐增强。2009 年，农产品 TII 指数在达到 3.30 的高点后开始下滑，2012 年降至 2.91 左右，这可能是因为 2008 年全球金融危机对贸易关系的冲击导致这一时期中国与 RCEP 成员国贸易关系紧密程度有所降低。2013 年，双方的农产品 TII 指数有所增长，2014 年达到 3.13，表明贸易逐步恢复。2015 ~ 2018 年，该指数在 3.05 ~ 3.10 范围内波动，表明中国与 RCEP 成员国农产品贸易关系相对稳定。2019 年和 2020 年，TII 指数再次经历不同程度的上升，达到 3.22，这次可能是因为

RCEP 谈判进展带动了中国与 RCEP 成员国之间农产品贸易关系增强。2021年，TII 指数轻微下滑至 3.12，而到 2022 年进一步降至 2.92，其原因可能主要在于新冠疫情导致部分贸易供应链中断。

中国与 RCEP 成员国之间的农产品 TII 指数在 2005～2022 年虽有波动，但总体保持了一定的稳定性，表明双方农产品贸易关系较为稳固。在研究期间内，中国对 RCEP 成员国农产品出口的 TII 指数均值为 3.1，说明中国与 RCEP 成员国农产品贸易关系非常密切。

（2）分类别农产品贸易结合度指数

根据相关农产品贸易数据，采用公式（4.4）计算得出中国与 RCEP 成员国分类农产品 TII 指数，如表 4-17 所示。

表 4-17　　　　2005～2022 年中国对 RCEP 成员国分类别农产品 TII 指数

年份	农产品种类			
	0 类	1 类	2 类	4 类
2005	3.50	2.23	2.25	4.30
2006	3.50	2.32	2.28	2.78
2007	3.68	2.72	2.35	4.19
2008	3.35	2.69	2.39	4.59
2009	3.37	2.37	2.70	3.47
2010	2.99	2.24	2.23	3.17
2011	2.98	2.14	2.18	2.38
2012	2.97	2.12	2.36	2.84
2013	3.16	2.21	2.37	3.55
2014	3.21	2.34	2.55	2.61
2015	3.22	1.89	2.40	2.35
2016	3.12	1.81	2.46	2.80
2017	2.95	1.66	2.34	1.83
2018	2.93	1.60	2.44	2.18
2019	3.04	1.92	2.43	2.07
2020	3.26	2.14	2.60	2.44
2021	3.18	2.39	2.47	2.31
2022	2.97	2.11	2.47	2.45

资料来源：根据联合国商品贸易统计数据库（UN Comtrade）的数据计算得到。

表 4 - 17 展示了 2005 ~ 2022 年中国对 RCEP 成员国分类别农产品的 TII 指数变化情况。2005 ~ 2022 年，不同类别的农产品 TII 指数波动较大，但整体呈现出一定的周期性和类别差异性。0 类农产品的 TII 指数在 2005 ~ 2008 年相对较高，之后开始下降，但在 2018 年以后逐步回升，并在 2022 年达到 2.97，但较初期有所降低。1 类农产品的 TII 指数在 2007 年达到一个小高峰后持续下滑，直到 2018 年才开始回升，到 2022 年回升至 2.11，但仍低于之前的水平。2 类和 4 类农产品的 TII 指数在这一时期经历起伏，但总体保持相对稳定或呈现出轻微增长趋势，显示出较为稳定的贸易关系。

2007 年是多个类别农产品 TII 指数提升的一个显著年份，2009 ~ 2011 年，所有类别农产品的 TII 指数均出现普遍下降，这可能与全球金融危机及后续影响有关。从 2013 年开始，虽然有波动，但多数类别农产品的 TII 指数开始呈现缓慢上升趋势，表明中国与 RCEP 成员国之间农产品贸易逐步恢复和加强。在 2020 年和 2021 年，受新冠疫情等因素影响，虽然 TII 指数整体有所波动，但仍然保持在相对较高的水平，显示了贸易结合度的韧性。

在整个观察期内，0 类农产品 TII 指数相对较高，表明这类农产品在中国与 RCEP 国家间的贸易中占据着重要位置。1 类农产品 TII 指数波动较大，且整体呈下降趋势，可能意味着该类产品的贸易联系不如其他类别稳定。2 类和 4 类农产品 TII 指数相对稳定，特别是在后期，表明这两类农产品的贸易关系较为稳固，这可能是由于市场需求稳定或供应链较为成熟所致。

综上所述，中国与 RCEP 成员国之间的农产品 TII 指数随时间波动，不同类别农产品表现各异，但整体上体现了中国与 RCEP 国家农业贸易合作的持续性和适应性。各类农产品 TII 指数均高于 1，说明中国与 RCEP 成员国在所有类别农产品贸易方面的联系均较为密切。

（3）分国别农产品贸易结合度指数

联合国商品统计数据库（UN Comtrade）中，部分 RCEP 成员国从世界进口农产品的数据缺失，具体缺失数据如下：印度尼西亚 2007 ~ 2009 年的数据、老挝 2005 ~ 2009 年和 2022 年的数据、缅甸 2005 ~ 2009 年的数据、马来西亚 2007 年和 2008 年的数据、菲律宾 2007 ~ 2016 年的数据、越南 2017 年的数据。本节采用线性插值法对数据进行补全。

根据相关农产品贸易数据，采用公式（4.4）计算得出中国与 RCEP 成员国各国农产品 TII 指数，如表 4 - 18 所示。

表 4 - 18　　　　2005 ~ 2022 年中国与 RCEP 成员国分国别农产品 TII 指数

年份	澳大利亚	印度尼西亚	日本	柬埔寨	韩国	老挝	马来西亚	新西兰	菲律宾	新加坡	泰国	越南	缅甸
2005	1.22	1.94	3.78	2.92	5.29	0.16	2.95	0.65	2.46	1.28	1.32	2.62	
2006	1.42	2.35	3.83	1.93	4.65	0.19	2.99	0.80	3.25	1.16	1.48	2.54	
2007	1.20	2.30	3.12	1.77	4.24	0.16	2.70	0.74	2.80	1.03	1.56	2.05	
2008	1.55	2.07	2.91	1.92	3.69	0.31	3.19	0.85	2.85	1.10	1.91	2.84	
2009	1.50	2.13	3.18	1.10	3.81	0.73	2.74	0.77	3.09	1.26	2.59	3.56	
2010	1.45	2.82	3.04	1.41	3.48	1.77	2.70	0.77	2.71	1.14	2.67	3.60	6.97
2011	1.70	2.58	2.94	1.65	3.21	1.32	2.63	0.66	3.04	1.05	3.08	4.26	4.10
2012	1.58	2.38	3.14	1.50	3.19	2.93	2.51	0.81	3.45	0.94	3.11	3.77	3.53
2013	1.66	2.01	3.19	2.28	3.27	3.64	3.22	0.77	3.76	1.21	3.82	3.84	5.35
2014	1.53	2.11	3.19	1.69	3.35	2.35	3.23	0.77	3.43	1.46	4.07	3.96	6.38
2015	1.45	2.16	3.04	1.22	2.95	3.11	3.02	0.87	3.42	1.34	5.12	3.95	3.70
2016	1.40	2.27	2.88	0.94	3.09	0.93	3.18	0.87	3.59	1.15	4.53	4.09	2.65
2017	1.35	2.43	2.88	0.83	3.04	0.84	2.81	0.86	3.74	1.01	3.89	4.40	3.69
2018	1.28	2.18	2.88	0.95	3.05	1.57	2.76	0.88	3.28	1.00	3.94	4.58	4.70
2019	1.29	2.49	2.78	1.34	2.97	0.97	3.37	0.90	3.02	1.14	4.76	4.76	6.56
2020	1.31	2.44	2.91	1.56	3.05	0.72	3.97	0.96	3.79	1.33	5.34	4.95	7.15
2021	1.38	2.26	2.95	2.42	4.15	0.98	4.25	0.94	3.80	1.31	5.24	3.84	4.78
2022	1.35	2.12	2.68	2.68	2.73	0.90	4.48	0.92	3.01	1.43	5.07	3.48	5.33

注：缅甸 2005 ~ 2009 年进口值数据缺失，线性插值法补充数据有点失真，因此这一阶段农产品贸易指数未列入表格。

资料来源：根据联合国商品贸易统计数据库（UN Comtrade）的数据计算得到。

表 4 - 18 显示了 2005 ~ 2022 年中国与不同 RCEP 成员国的农产品 TII 指数的变化趋势。数据显示，中国与澳大利亚、柬埔寨、老挝、新加坡农产品 TII 指数均值为 1 ~ 2，说明中国与这四个国家农产品贸易较为密切。其中，中国

与澳大利亚农产品 TII 指数在 1.2 ~ 1.7 范围内波动，但波动幅度不大，说明中国与澳大利亚之间具有较为稳定且持续的农产品贸易关系。双方 TII 指数在 2011 年达到最高值（1.70），之后略有波动，但总体都保持在 1 以上，表明两国间农产品贸易关系较为密切。中国与柬埔寨的农产品 TII 指数在 0.83 ~ 2.92 范围内浮动，且浮动较大，说明中国与柬埔寨农产品贸易关系波动性较大。中国与老挝的农产品 TII 指数从 2005 年的 0.16 增长到 2013 年的 3.64，之后波动下降到 2022 年的 0.90，可见中国与老挝的农产品贸易关系出现了先升后降的趋势。在这四个国家中，中国与新加坡农产品 TII 指数最低，平均值只有 1.18，但相对稳定，表明中国与新加坡的农产品贸易虽然在 RCEP 成员国中处于较低水平，但与中国保持了稳定的农产品贸易联系。

中国与印度尼西亚的农产品 TII 指数从 2005 年的 1.94 上升至 2010 年的 2.82，之后缓慢下降到 2022 年的 2.12。这说明，2005 ~ 2010 年中国与印度尼西亚农产品贸易迅速增加，之后农产品贸易有所下降。

中国与日本、韩国、马来西亚、菲律宾、泰国、越南、缅甸的平均农产品 TII 指数均超过 3，说明中国与这些国家的农产品贸易关系非常密切，中国与这些国家贸易联系较为深入，双方农产品贸易具有高度互补性。

中国与新西兰的农产品 TII 指数平均值为 0.8，是 RCEP 成员国中农产品 TII 指数均值最低的国家，但整体呈上升趋势，从 2005 年的 0.65 上升到 2022 年的 0.92，说明虽然中国与新西兰农产品贸易联系不太密切，但呈现加强的趋势。

中国与 RCEP 成员国的农产品 TII 指数在不同国家间存在显著差异，但整体趋势表明，大部分 RCEP 成员国与中国在农产品贸易方面的联系在 RCEP 框架下不断加强，尤其是在泰国、越南等东南亚国家，显示出明显的增长趋势。同时，中国与澳大利亚、日本等国的贸易关系一直保持在较高水平，反映出中国与这些国家农产品贸易关系较为密切且稳定。

4.2.2　产业内贸易指数

产业内贸易指数（Intra-Industry Trade，IIT 指数）通过描述商品的进出口来衡量国家（地区）内部和国家（地区）之间两个行业间的贸易量。IIT 指数主要应用于制造业，也可以扩展应用到农产品分析中。它衡量同一产业内既有出口又有进口的现象，反映产品差异、市场细分和跨国生产网络。本节采用格鲁贝尔和劳埃德（Grubel and Lloyd，1975）提出的 IIT 指数计算公式来衡量中国与 RCEP 成员国之间农产品贸易的产业内及产业间水平。IIT 指数计算公式如下：

$$IIT_{ij} = 1 - \frac{\left| X_{ij}^k - M_{ij}^k \right|}{X_{ij}^k + M_{ij}^k} \tag{4.5}$$

其中，X_{ij} 表示 i 国向 j 国出口 k 类产品的出口额，M_{ij} 表示 i 国从 j 国进口 k 类产品的进口额。IIT 指数表明产业内的分工与合作的程度，间接反映产品贸易的复杂互补关系。产业内贸易类型如表 4 - 19 所示。

表 4 - 19　　　　　　　　　　　　　　IIT 指数区间分类

IIT 指数区间	产业内贸易水平	国际分工模式
0 ≤ IIT ≤ 0.25	很低	高度垂直分工
0.25 < IIT ≤ 0.5	较低	垂直分工
0.5 < IIT ≤ 0.75	较高	水平分工
0.75 < IIT ≤ 1	很高	高度水平分工

当某一产品类型的 IIT 为 1 时，表示所有双边贸易均为产业内贸易。当 0 < IIT ≤ 0.5 时，表明双边贸易以产业间贸易为主，互补性较强。反之，当 0.5 < IIT < 1 时，表明两国主要从事产业内贸易，互补性较弱（刘文丽，2020）。

IIT 指数的引入可从贸易形态和产业结构的角度深化互补性分析。该指数着重考察在相同或相近产业内部，同时发生出口和进口的现象，它不仅是产业成熟度、技术进步和产品多样化的体现，也是双方市场细分和专业分工深化的结果。对中国和 RCEP 成员国而言，应用该指数进行分析能够揭示双方在农产品加工、特色品种培育及高附加值产品开发等方面的潜在合作机会，从而为提升双方农产品产业的国际竞争力提供方向。

（1）整体农产品产业内贸易指数

根据相关农产品贸易数据，采用公式（4.5）计算得出中国与 RCEP 成员国整体农产品 IIT 指数，如图 4 - 3 所示。

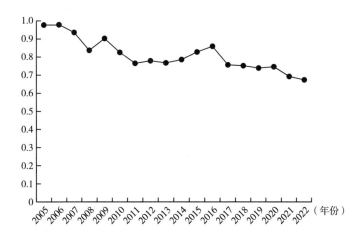

图 4 - 3　2005 ~ 2022 年中国与 RCEP 成员国农产品 IIT 指数
资料来源：根据联合国商品贸易统计数据库（UN Comtrade）的数据计算得到。

从图 4 - 3 可知，2005 ~ 2007 年，产业内贸易指数相对较高，维持在 0.93 ~ 0.97，说明这一阶段中国与 RCEP 成员国之间的农产品产业内贸易水平非常高。2008 年该指数开始下滑，到 2011 年降至 0.76，这可能是由于全球金融危机对双方的产业内贸易产生了负面影响。2011 ~ 2014 年，IIT 指数轻微波动，但总体保持在 0.76 ~ 0.78，变化不大，说明这一阶段农产品产业内贸易相对稳定。2014 ~ 2016 年，IIT 指数略有回升，达到 0.86，说明这一阶段农产品产业内贸易有回暖的趋势。自 2017 年开始，IIT 指数再次呈现下降趋势，到 2022 年降至 0.67，达到了 2005 ~ 2022 年的最低点，说明近年来中国与 RCEP 成员国间农产品的产业内贸易水平有所减弱。

中国与 RCEP 成员国之间农产品 IIT 指数经历了先升后降的过程，特别是 2018 ~ 2022 年下降趋势明显，这可能与全球经济增速放缓、中国与 RCEP 成员国贸易政策调整、双方市场需求变化、新冠疫情以及各国农业发展战略调整等多种因素有关。2005 ~ 2022 年，中国与 RCEP 成员国农产品 IIT 指数平均值为 0.81，且所有年份的农产品 IIT 指数均高于 0.5，说明双方产业内贸易比例较高，双方的国际分工模式属于高度水平分工，互补性较弱。

（2）分类别农产品产业内贸易指数

根据相关农产品贸易数据，采用公式（4.5）计算得出中国与 RCEP 成员国分类别农产品 IIT 指数，如表 4 - 20 所示。

表 4 – 20　　　2005 ~ 2022 年中国与 RCEP 成员国分类别农产品 IIT 指数

年份	农产品种类			
	0 类	1 类	2 类	4 类
2005	0.41	0.20	0.35	0.09
2006	0.43	0.36	0.33	0.06
2007	0.42	0.43	0.31	0.04
2008	0.49	0.51	0.33	0.05
2009	0.57	0.65	0.37	0.04
2010	0.62	0.70	0.28	0.04
2011	0.62	0.71	0.25	0.03
2012	0.74	0.71	0.29	0.04
2013	0.80	0.76	0.26	0.05
2014	0.86	0.83	0.31	0.05
2015	0.84	0.96	0.31	0.05
2016	0.79	0.90	0.30	0.06
2017	0.86	0.75	0.23	0.06
2018	0.92	0.70	0.26	0.09
2019	1.00	0.68	0.28	0.09
2020	0.99	0.62	0.27	0.13
2021	0.92	0.86	0.28	0.14
2022	0.86	0.93	0.33	0.21

资料来源：根据联合国商品贸易统计数据库（UN Comtrade）的数据计算得到。

表 4 – 19 显示了 2005 ~ 2022 年中国与 RCEP 成员国之间分类别农产品 IIT 指数。其中，0 类农产品 IIT 指数从 2005 年的 0.41 逐步上升至 2022 年的 0.86，且在 2019 年达到了峰值（1.00），表明这类农产品在双方的产业内贸易中逐渐增强，尤其是 2015 年以后增长显著，存在较强的互补性和相互依赖性。1 类农产品 IIT 指数从 2005 年的 0.20 增长至 2022 年的 0.93，增长趋势非常明显，且在 2022 年达到次高点，仅略低于 2019 年的 0.96。这表明 1 类农产品在双方的产业内贸易快速提高，可能是因为双方之间更深层次的经济合作或特定政策支持导致的。0 类和 1 类农产品 IIT 指数均高于 0.5，说明双方之间这两类

产品的产业内贸易水平较高，国际分工模式属于水平分工模式，互补性较弱。

2 类农产品 IIT 指数在 2005 年为 0.35，2022 年达到 0.33，整体呈现波动状态，虽比初期略有下降，但总体较为平稳。这表明中国与 RCEP 成员国之间 2 类农产品的产业内贸易相对稳定，但略有下降。2 类农产品 IIT 指数均低于 0.5，说明双方之间在 2 类农产品产业内贸易水平较低，双方的 2 类农产品国际分工模式属于垂直分工，互补性较强。4 类农产品 IIT 指数从 2005 年的 0.09 增长至 2022 年的 0.21，虽然基数较小，但增长率相对较高，特别是在 2020 年之后，增长加速，表明中国与 RCEP 成员国间 4 类农产品的产业内贸易联系有所增强，但总体水平仍然很低，双方农产品贸易模式属于高度垂直分工，4 类农产品互补性潜力极大。

总体来看，中国与 RCEP 成员国在各类农产品贸易中，0 类和 1 类农产品的产业内贸易提升较为显著，而 2 类农产品的产业内贸易状况较为平稳，4 类农产品虽然基数较小但增长潜力较大。0 类和 1 类农产品贸易互补性较弱，2 类和 4 类农产品贸易互补性较强。

（3）分国别农产品产业内贸易指数

根据相关农产品贸易数据①，采用公式（4.5）计算得出中国与 RCEP 成员国分国别农产品 IIT 指数，如表 4-21 所示。

表 4-21　　2005~2022 年中国与 RCEP 成员国分国别农产品 IIT 指数

年份	澳大利亚	柬埔寨	印度尼西亚	日本	老挝	马来西亚	缅甸	新西兰	菲律宾	韩国	新加坡	泰国	越南
2005	0.20	0.71	0.32	0.31	0.17	0.46	0.35	0.10	0.62	0.44	0.48	0.27	0.98
2006	0.26	0.84	0.34	0.32	0.09	0.45	0.55	0.12	0.58	0.45	0.70	0.24	0.81
2007	0.28	0.68	0.42	0.35	0.06	0.39	0.38	0.13	0.49	0.46	0.75	0.29	0.78
2008	0.31	0.95	0.30	0.39	0.07	0.37	0.22	0.13	0.66	0.52	0.77	0.35	0.99
2009	0.34	0.79	0.45	0.38	0.15	0.50	0.34	0.08	0.56	0.56	0.99	0.40	0.98
2010	0.28	0.54	0.49	0.44	0.18	0.52	0.33	0.06	0.80	0.58	0.98	0.37	0.99
2011	0.23	0.43	0.46	0.39	0.07	0.47	0.39	0.06	0.87	0.63	0.86	0.37	0.96

---

①　中国与 RCEP 成员国部分进出口数据缺失，缺失值的处理同第 3 章。

年份	澳大利亚	柬埔寨	印度尼西亚	日本	老挝	马来西亚	缅甸	新西兰	菲律宾	韩国	新加坡	泰国	越南
2012	0.21	0.64	0.43	0.37	0.12	0.56	0.40	0.06	0.66	0.60	0.76	0.41	0.76
2013	0.20	0.52	0.45	0.40	0.08	0.69	0.41	0.04	0.63	0.57	0.73	0.47	0.84
2014	0.21	0.41	0.49	0.38	0.03	0.78	0.62	0.04	0.76	0.51	0.76	0.50	0.94
2015	0.20	0.61	0.45	0.38	0.09	0.85	0.82	0.06	0.64	0.54	0.82	0.61	0.96
2016	0.22	0.55	0.55	0.37	0.10	0.89	0.84	0.06	0.52	0.52	0.83	0.59	0.94
2017	0.18	0.54	0.46	0.41	0.09	0.75	0.97	0.05	0.59	0.54	0.90	0.45	0.97
2018	0.15	0.51	0.46	0.45	0.15	0.81	0.95	0.04	0.68	0.53	0.85	0.47	1.00
2019	0.15	0.55	0.46	0.41	0.09	0.90	0.85	0.04	0.69	0.56	0.79	0.51	0.99
2020	0.17	0.50	0.42	0.40	0.07	0.89	0.83	0.04	0.56	0.57	0.64	0.54	0.94
2021	0.19	0.59	0.34	0.43	0.12	0.96	0.61	0.03	0.58	0.62	0.61	0.46	0.89
2022	0.18	0.63	0.34	0.43	0.09	0.99	0.36	0.04	0.62	0.53	0.58	0.45	0.77
均值	0.22	0.61	0.42	0.39	0.10	0.68	0.57	0.07	0.64	0.54	0.77	0.43	0.92

资料来源：根据联合国商品贸易统计数据库（UN Comtrade）的数据计算得到。

表 4-21 展示了 2005~2022 年中国与不同 RCEP 成员国农产品 IIT 指数的变化情况。从总体上看，中国与不同 RCEP 成员国之间的农产品 IIT 指数波动较大，但没有出现明显的上升或下降趋势。

①对农产品产业内贸易水平很低的国家的分析。在 RCEP 成员国中，与中国农产品 IIT 指数均值低于 0.25，即农产品产业内贸易水平很低的国家有三个，分别是澳大利亚、老挝和新西兰。

中国与澳大利亚农产品 IIT 指数为 0.15~0.34。2005~2009 年，双方 IIT 指数呈上升趋势，从 0.20 上升到 0.34，说明双方农产品产业内贸易水平有所提升。2010~2022 年，双方 IIT 指数基本呈下降趋势，农产品 IIT 指数均值为 0.22，表明中国与澳大利亚的农产品贸易以垂直分工为主，产业内贸易水平很低，互补性较强。

中国与老挝农产品 IIT 指数普遍较低，总体在 0.03~0.18 范围内波动，均值为 0.10，表明产业内贸易水平很低，属于高度垂直分工模式。

中国与新西兰的农产品 IIT 指数为 0.03~0.13，均值为 0.07，表明两国在农产品贸易上主要是产业间贸易，即两国在农产品上多为互补而非直接竞争，显示出较强的互补性。尽管整体水平较低,但 IIT 指数存在一定的波动。例如,2005 年和 2006 年的 IIT 指数分别为 0.10 和 0.12,之后几年有所波动,到 2010 年稳定在 0.06 左右,但在 2013 年降至 0.04,并在随后几年在 0.04 ~ 0.06 范围内轻微波动,这种情况一直持续到 2020 年。虽然 IIT 指数整体较低,但在某些年份(如 2005 ~ 2008 年)出现小幅上升,表明在这几年两国在某些农产品领域的产业内贸易有所增强,这可能与特定产品种类的贸易政策调整或市场需求变动有关。

②对农产品产业内贸易水平较低的国家的分析。在 RCEP 国家中,与中国农产品 IIT 指数均值为 0.25 ~ 0.5,即农产品产业内贸易水平较低的国家有三个,分别是印度尼西亚、日本和泰国。

中国与印度尼西亚的农产品 IIT 指数为 0.30 ~ 0.55,均值为 0.42,表明中国与印度尼西亚的农产品贸易主要体现为较低水平的产业内贸易,分工模式介于垂直与水平之间,互补性较强。

中国与日本农产品 IIT 指数在 0.31 ~ 0.45 的范围内波动,但整体波动较小,表明两国间的农产品贸易以产业间贸易为主,具有较强的互补性。

中国与泰国农产品 IIT 指数为 0.24 ~ 0.61,均值为 0.43,整体波动较大。2005 ~ 2015 年,IIT 指数从 0.27 波动上升到 0.61,在这一时期只有 2006 年和 2010 年 IIT 指数有所下降,其余年份均呈上升趋势,表明在这一时期双方农产品产业内贸易联系加强,双边合作逐步加深。2016 ~ 2022 年,中国与泰国农产品 IIT 指数从 0.59 波动下降到 0.45,除了 2018 ~ 2020 年略有上升外,其余年份均呈下降趋势,表明这一阶段双方农产品产业内贸易水平有所降低。整体来看,中国与泰国的农产品贸易也属于较低水平的产业内贸易,分工模式介于垂直与水平之间,互补性较强。

③对农产品产业内贸易水平较高的国家的分析。在 RCEP 国家中,与中国农产品 IIT 指数均值为 0.5 ~ 0.75,即农产品产业内贸易水平较高的国家有五个,分别是柬埔寨、马来西亚、缅甸、菲律宾和韩国。

中国与柬埔寨农产品 IIT 指数为 0.41 ~ 0.95,除 2011 年和 2014 年之外,其余年份指数值均在 0.5 以上,特别是 2008 年更是高达 0.95,表明两国间存在较高水平的产业内贸易,倾向于水平分工,互补性较弱。

中国与马来西亚农产品 IIT 指数为 0.37 ~ 0.99,均值为 0.68,总体波动范围较大。2005~2011 年，中国与马来西亚农产品 IIT 指数从 0.46 变为 0.47，中间略有波动但基本保持稳定，说明这一阶段双方农产品产业内贸易联系较为稳定。2012~2022 年，IIT 指数从 0.56 上升到 0.99，虽然 2017 年 IIT 指数略有下降，但其余年份均呈上升趋势，说明这一阶段双方农产品产业内贸易联系逐渐加强，总体产业贸易水平较高，国际贸易分工模式属于水平分工，互补潜力较低。

中国与缅甸的农产品 IIT 指数为 0.22~0.97，均值为 0.57，波动范围较大，表明两国农产品贸易的产业内贸易变化较大。2005~2012 年，IIT 指数从 0.35 波动上升到 0.40，总体比较平稳，说明这一阶段双方农产品产业内贸易相对稳定。2013~2017 年，IIT 指数从 0.41 迅速上升到 0.97，上升了一倍多，说明这一阶段双方产业内贸易水平迅速上升，到 2017 年，双方农产品贸易几乎全部为产业内贸易。2018~2022 年，IIT 指数由从 0.95 不断下降到 0.36，说明这一阶段双方农产品产业内贸易水平不断下降。总体来说，双方农产品产品内贸易水平较高，农产品贸易互补潜力较低。

中国与菲律宾的农产品 IIT 指数为 0.49~0.87，均值为 0.64，表明双方农产品产业内贸易水平较高。2005~2007 年，IIT 指数从 0.62 下降到 0.49，表明这一阶段双方农产品产业内贸易呈下降趋势。2008~2011 年，IIT 指数从 0.66 上升到 0.87，表明这一时期中国与菲律宾农产品产业内贸易水平迅速上升。2012~2022 年，IIT 指数从 2012 年的 0.66 波动下降到 2022 年的 0.62，总体相对稳定，表明这一时期双方农产品贸易水平较为稳定。总体而言，中国与菲律宾的农产品 IIT 指数经历了从下降到增长再到波动稳定、略有下降的过程，表明两国在农产品贸易中既有合作的深化阶段，也经历了调整和适应的过程。尽管产业内贸易水平在后期有所下降，但两国在农产品贸易上的互补性依然显著，从而为双方提供了合作的基础。

中国与韩国农产品 IIT 指数为 0.44~0.63，均值为 0.54，总体波动较小，表明中国与韩国农产品产业内贸易联系较为稳定。2005~2007 年，IIT 指数介于 0.44~0.46，表明两国在农产品贸易上初步建立了产业内贸易关系，但水平较低，主要以产业间贸易为主，互补性较强。2008~2011 年，IIT 指数从 0.52 逐年上升到 0.63，表明这一时期双方农产品产业内贸易联系加强，产业内贸易水平较高，互补性减弱。2012~2022 年，IIT 指数从 0.60 波动下降到

0.53，说明这一阶段双方农产品产业内贸易水平虽有波动，但整体呈下降趋势。总体来说，中国与韩国产业内贸易水平较高，有一定的互补性。

④对农产品产业内贸易水平很高的国家的分析。在 RCEP 国家中，与中国农产品 IIT 指数均值高于 0.75，即农产品产业内贸易水平很高的国家有两个，分别是新加坡和越南。

中国与新加坡农产品 IIT 指数为 0.48 ~ 0.99，均值为 0.77，表明双方农产品产业内贸易水平很高，属于高度水平分工。具体来看，2005 年，IIT 指数为 0.48，表明 2005 年双方在农产品领域的产业内贸易水平较低，以产业间贸易为主，互补性较强。2006 ~ 2009 年，IIT 指数从 0.70 上升到 0.99，表明这一阶段双方农产品产业内贸易水平迅速增加。2010 ~ 2013 年，IIT 指数从 0.98 下降到 0.73，表明这一阶段双方农产品产业内贸易水平逐渐下降。2014 ~ 2017 年，IIT 指数从 0.76 上升到 0.90，说明这一阶段双方农产品产业内贸易水平又逐渐上升。2018 ~ 2022 年，IIT 指数从 0.85 逐年下降到 0.58，表明这一阶段双方农产品产业内贸易水平逐渐下降。中国与新加坡的农产品产业内贸易经历了两个先上升后下降的阶段，总体来说，双方的产业内贸易水平很高。

中国与越南农产品 IIT 指数为 0.76 ~ 1，均值为 0.92，表明双方农产品产业内贸易水平很高，属于高度水平分工模式。中国与越南的农产品 IIT 指数全部在 0.75 以上，甚至在 2018 年达到了 1.0，这表明两国在农产品贸易方面主要进行的是产业内贸易；两国在农产品领域内不仅存在互补性的产品交换，还大量交易了相同或相似类型的产品，表明农产品市场深度的整合和高度的水平分工。虽然总体水平较高，但 IIT 指数存在一定的波动。2005 ~ 2022 年，中国与越南的农产品 IIT 指数经历了起伏，在 2005 ~ 2007 年、2008 ~ 2012 年和 2018 ~ 2022 年，IIT 指数均呈现下降趋势。随着时间的推移，尽管有波动，但两国的分工模式从垂直分工逐渐向水平分工转变，表明国际分工的深化。这意味着，双方在农产品生产与出口上的专业化程度不断提高，互相依赖加深，有利于各自优势产业的发展。

4.2.3 贸易互补性指数

贸易互补性指数（Trade Complementarity Index，TCI 指数）用于评价两国

（地区）某种商品进出口之间的互补程度，IIT 指数越大，表明互补性越强
（余妙志等，2016）。该指数反映一个国家（地区）进出口结构的协调程度，
通过综合考虑各国（地区）的出口结构和进口需求结构，衡量两国（地区）
贸易的互补程度。该指数通过对比双方的出口强项与进口需求，帮助识别那些
能够最大化利用两国（地区）资源禀赋、生产技术和市场需求的产品类别，
从而精准定位双边贸易中的互补领域。这种细致入微的分析不仅有助于发现新
的贸易增长点，还能为政策制定者提供依据，促进更具针对性的贸易政策和投
资导向，以增强特定农产品领域的双边合作。

　　本节参考德赖斯代尔和加诺特（Drysdale and Garnaut，1982）提出的 TCI
指数，结合谢逢洁等（2021）关于农产品贸易互补关系的 TCI 指数的研究，
最终构建 TCI 指数公式如下：

$$TCI_{ij} = RCA_{xik} \times RCA_{mjk} \qquad (4.6)$$

$$RCA_{xik} = \frac{X_{ik}/X_i}{X_{wk}/X_w} \qquad (4.7)$$

$$RCA_{mjk} = \frac{M_{jk}/M_j}{X_{wk}/X_w} \qquad (4.8)$$

　　在公式（4.7）和公式（4.8）中，X_{ik} 为 i 国 k 商品出口额，X_i 为所有商
品出口额，X_{wk} 为世界 k 商品出口额，X_w 为世界所有商品出口额，M_{jk} 为 j 国 k
商品进口额，M_j 为 j 国所有商品总进口额。RCA_{xik} 表示 i 国 k 商品的出口比较
优势，RCA_{mjk} 表示 j 国 k 商品进口比较优势。TCI 超过 1，表明两国贸易互补性
较强；TCI 低于 1，表明双边贸易互补性较弱（Suwannee，2020）。通过计算
中国与 RCEP 成员国之间的 TCI 指数，可以评估双方农产品贸易的互补潜
力。相关学者将贸易互补程度分成四个等级：如果 TCI 大于 1，则定义为
"一级互补"；如果 TCI 介于 0.5～1，则定义为"二级互补"；如果 TCI 介于
0.2～0.5，则定义为"三级互补"；如果 TCI 小于 0.2，则定义为"四级互补"
（刘文丽，2020）。

（1）整体农产品贸易互补性指数

　　根据相关农产品贸易数据，采用公式（4.6）～公式（4.8）计算的中国与
RCEP 成员国整体农产品 TCI 指数，如图 4－4 所示。

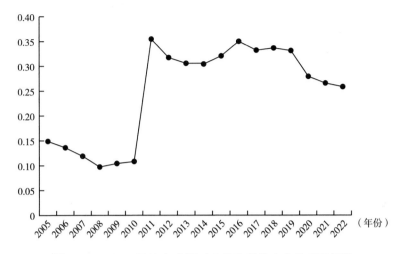

图 4 - 4 2005 ~ 2022 年中国对 RCEP 整体农产品 TCI 指数

资料来源：根据联合国商品贸易统计数据库（UN Comtrade）的数据计算得到。

图 4 - 4 展示了 2005 ~ 2022 年中国对 RCEP 成员国农产品 TCI 指数的变化情况。2005 ~ 2010 年，中国对 RCEP 成员国农产品 TCI 指数持续低于 0. 15，其中最低值为 2008 年的 0. 097。这表明，在这一时期，中国与 RCEP 成员国之间的农产品贸易互补性相对较弱。2011 年，农产品 TCI 指数显著提升，达到 0. 35，相比前一年增长了超过一倍，表明双方农产品贸易的互补性明显增强。2012 ~ 2018 年，农产品 TCI 指数稳定在 0. 30 ~ 0. 35，说明这一阶段双方的贸易互补性维持在一个相对较高的水平，但并没有显著增加。从 2019 年开始，TCI 指数呈现逐年下降的趋势，到 2022 年降至 0. 26，这是自 2011 年以来的最低点，意味着这一时期中国与 RCEP 成员国在农产品贸易方面的互补性有所减弱。虽然中国与 RCEP 成员国之间农产品贸易的互补性在 2011 ~ 2018 年显著提升并维持在较高水平，但之后几年出现了下降趋势，特别是从 2019 年以后 TCI 指数连续下滑，这说明中国与 RCEP 成员国农产品贸易可能需要探索新的合作机制或策略以增强贸易互补性。

（2）分类别农产品贸易互补性指数

根据相关农产品贸易数据，采用公式（4.6）~公式（4.8）计算的中国与 RCEP 成员国分类别农产品 TCI 指数，如表 4 - 22 所示。

表 4 - 22   中国与 RCEP 分类别农产品 TCI 指数

年份	农产品类别			
	0 类	1 类	2 类	4 类
2005	0.15	0.04	0.42	0.01
2006	0.14	0.03	0.37	0.02
2007	0.12	0.03	0.32	0.01
2008	0.09	0.03	0.34	0.01
2009	0.10	0.03	0.31	0.01
2010	0.11	0.03	0.28	0.01
2011	0.44	0.14	0.30	0.03
2012	0.40	0.14	0.25	0.03
2013	0.38	0.13	0.25	0.03
2014	0.36	0.13	0.27	0.03
2015	0.39	0.15	0.27	0.04
2016	0.43	0.18	0.27	0.03
2017	0.41	0.16	0.24	0.04
2018	0.41	0.16	0.25	0.06
2019	0.40	0.14	0.26	0.07
2020	0.35	0.10	0.19	0.07
2021	0.33	0.09	0.20	0.08
2022	0.31	0.09	0.23	0.10

资料来源：根据联合国商品贸易统计数据库（UN Comtrade）的数据计算得到。

表 4 - 22 展示了中国与 RCEP 成员国分类别农产品 TCI 指数的变化情况。2005~2010 年，各类别农产品 TCI 指数普遍较低且呈下降趋势，表明这一时期中国与 RCEP 成员国之间农产品的贸易互补性较弱。但在 2011 年，TCI 指数显著上升，尤其是 0 类和 1 类农产品，表明双方的贸易互补性增强。2012~2022 年，虽然 TCI 指数有所波动，但整体上 0 类农产品 TCI 指数保持在 0.31~0.41，而 4 类农产品 TCI 指数则从极低水平（0.03）逐渐上升至 0.1，说明随着时间的推移，中国与 RCEP 成员国在这些农产品类别上的贸易互补性逐渐提升，尽管仍处于中等或偏下水平。

0 类农产品 TCI 指数总体趋势表现为开始较低，之后增加，最后下降。0 类农产品 TCI 指数在 2005~2010 年保持在较低水平，最高不超过 0.15，表明其贸易互补性较弱。但从 2011 年开始，TCI 指数显著增加到 0. 44，表明这一年出现了较强的互补性。之后，虽然 TCI 指数有所下降，但在 2020 年之前都维持在 0. 35 以上，表明在这一时期，中国与 RCEP 成员国之间 0 类农产品的贸易互补性相对较强。然而，2021 ~ 2022 年，TCI 指数从 0. 33 进一步下滑至 0. 31，表明互补性略有减弱。

1 类农产品 TCI 指数呈现长期低位波动趋势。TCI 指数在整个观察期内的大部分时间都低于 0. 15，除了 2016 年短暂达到 0. 18。这表明，1 类农产品的贸易互补性相对较弱且变化不大，尽管在某些年份有微弱的上升趋势，但整体上并未达到很强互补性的水平。

2 类农产品 TCI 指数总体呈下降趋势。TCI 指数在 2005 ~ 2010 年较高，之后降低至 0. 25 左右。这表明，2 类农产品的贸易互补性在 2011 年后有所减弱，但互补性稳定。

4 类农产品 TCI 指数总体呈现逐步增长趋势。4 类农产品 TCI 指数在初期极低，但在观察期的后期呈现缓慢且稳定的增长趋势，从 2005 年的 0. 01 增长到 2022 年的 0. 10。尽管绝对值仍然不高，但这种增长趋势意味着 4 类农产品的贸易互补性正在逐步增强，可能代表了未来潜在的贸易增长点。

整体来看，中国与 RCEP 成员国之间农产品的贸易互补性呈现出不均衡的特点。0 类农产品在某段时间内表现出较强的互补性，但在后期有所下滑；1 类农产品贸易互补性一直较弱；2 类农产品则在较长时间内保持了适度的互补性；4 类农产品虽然起点较低，但呈现出持续增长的互补潜力。这些差异表明，针对不同类别的农产品，中国与 RCEP 成员国之间的贸易策略和合作重点应有所不同，以更好地利用和增强互补优势，推动农产品贸易进一步发展。

（3）分国别农产品贸易互补性指数

根据相关农产品贸易数据，采用公式（4.6）~ 公式（4.8）计算得到中国对不同 RCEP 成员国农产品 TCI 指数，如表 4 - 23 所示。

在联合国商品统计数据库（UN Comtrade）中，部分 RCEP 成员国从世界进口农产品和进口总额的数据缺失，具体缺失数据如下：印度尼西亚 2007 ~ 2009 年的数据、老挝 2005 ~ 2009 年和 2022 年的数据、缅甸 2005 ~ 2009 年的数据、马来西亚 2007 年和 2008 年的数据、菲律宾 2007 ~ 2016 年的数据，越南 2017 年的数据。本节采用线性插值法对数据进行补全。其中，缅甸和老挝由于 2005 年的数据无法采用线性插值法填充，因此未计算这两个国家 2005～2009 年的 TCI 指数。

表 4 - 23　2005～2022 年中国与 RCEP 成员国分国别农产品 TCI 指数

年份	澳大利亚	印度尼西亚	日本	柬埔寨	韩国	老挝	缅甸	马来西亚	新西兰	新加坡	泰国	越南
2005	0.10	0.20	0.23	0.17	0.11	—	—	0.11	0.15	0.05	0.11	0.18
2006	0.10	0.22	0.20	0.16	0.11	—	—	0.11	0.16	0.05	0.10	0.17
2007	0.09	0.19	0.17	0.12	0.10	—	—	0.12	0.15	0.05	0.09	0.15
2008	0.07	0.15	0.14	0.11	0.08	—	—	0.11	0.13	0.04	0.09	0.13
2009	0.08	0.14	0.15	0.12	0.08	—	—	0.12	0.14	0.04	0.09	0.13
2010	0.08	0.15	0.15	0.11	0.08	0.15	0.10	0.13	0.15	0.05	0.09	0.16
2011	0.24	0.52	0.46	0.32	0.27	0.30	0.39	0.46	0.46	0.15	0.27	0.51
2012	0.22	0.42	0.41	0.31	0.25	0.25	0.51	0.42	0.44	0.14	0.26	0.45
2013	0.24	0.43	0.39	0.29	0.24	0.17	0.33	0.36	0.43	0.14	0.25	0.44
2014	0.25	0.46	0.37	0.32	0.24	0.16	0.34	0.35	0.43	0.14	0.27	0.44
2015	0.25	0.45	0.41	0.34	0.26	0.19	0.39	0.36	0.43	0.15	0.27	0.40
2016	0.28	0.53	0.44	0.33	0.29	0.49	0.69	0.37	0.45	0.16	0.30	0.42
2017	0.26	0.50	0.42	0.37	0.26	0.45	0.54	0.35	0.44	0.15	0.29	0.40
2018	0.28	0.49	0.42	0.37	0.27	0.51	0.52	0.34	0.46	0.15	0.28	0.42
2019	0.28	0.48	0.41	0.32	0.27	0.65	0.44	0.34	0.44	0.14	0.29	0.37
2020	0.23	0.43	0.34	0.28	0.22	0.62	0.39	0.31	0.41	0.12	0.25	0.29
2021	0.20	0.41	0.32	0.22	0.21	0.63	0.52	0.31	0.36	0.11	0.24	0.32
2022	0.20	0.39	0.30	0.22	0.20	0.65	0.37	0.27	0.35	0.11	0.23	0.34
均值	0.19	0.37	0.32	0.25	0.20	0.40	0.43	0.27	0.33	0.11	0.21	0.32

资料来源：根据联合国商品贸易统计数据库（UN Comtrade）的数据计算得到。

2005～2011 年，大多数 RCEP 成员国与中国之间的农产品 TCI 指数较低，普遍处于"三级互补"或"四级互补"的水平，表明双方的农产品出口互补性较弱。例如，2005 年澳大利亚的 TCI 指数为 0.10，越南的 TCI 指数为 0.18，均属于"四级互补"。

但从 2011 年开始，大多数 RCEP 成员国与中国之间的 TCI 指数显著提升，进入了"二级互补"甚至"一级互补"的区间。例如，2011 年澳大利亚的

TCI 指数升至 0.24，印度尼西亚的 TCI 指数更是达到 0.52，进入"一级互补"。这种趋势在随后几年持续，如在 2017 年，澳大利亚的 TCI 指数为 0.26，日本的 TCI 指数为 0.42，韩国的 TCI 指数为 0.29，均属于"二级互补"。这表明，随着时间的推移，中国与 RCEP 成员国之间农产品的互补性逐渐增强。

特别是在 2016 年和 2017 年，一些国家（如老挝、缅甸和新西兰）与中国之间的 TCI 指数较高，如老挝在 2016 年达到了 0.49，缅甸在 2017 年为 0.54，新西兰在 2017 年为 0.44，表明这些国家与中国的农产品具有高度互补性。

然而，到了 2020~2022 年，尽管某些国家与中国的 TCI 指数保持在较高水平，如老挝在 2020 年和 2022 年的 TCI 指数分别为 0.62 和 0.65。但总体来说，中国与 RCEP 成员国的农产品 TCI 指数有轻微下滑趋势，如澳大利亚、日本、韩国等国家的 TCI 指数降低到了"三级互补"范围，表明双方的互补性有所减弱。

综上所述，中国与 RCEP 成员国之间的农产品贸易互补性在 2011 年前后出现显著提升，之后虽然略有波动，但整体保持了较为良好的互补关系，特别是在与老挝、缅甸等特定国家的贸易中表现出较强的互补优势。

4.3　小　　结

本章主要研究了中国与 RCEP 成员国之间农产品贸易的竞争性和互补性。

在竞争性方面，通过显示性比较优势指数（RCA 指数）、出口产品相似度指数（ESI 指数）和贸易竞争力指数（TC 指数）进行评估。结果显示，中国农产品在国际市场的比较优势在 2005~2009 年有所下降，在随后几年虽有一定提升，但整体仍保持在中等水平，表明中国农产品的国际竞争力具有稳定性。中国需要提升农产品品质和品牌影响力，以应对来自澳大利亚、新西兰等国的激烈竞争。

在互补性方面，贸易互补性指数（TCI 指数）揭示了中国与 RCEP 成员国之间农产品出口互补潜力。2005~2011 年，双边农产品出口互补性较弱，大多数 RCEP 成员国与中国处于"三级互补"或"四级互补"。但自 2011 年起，大多数 RCEP 成员国与中国之间的 TCI 指数显著上升，进入"二级互补"甚至

"一级互补"，表明双方农产品出口互补性增强，特别是与老挝、缅甸和新西兰等国，显示出高度互补性。不过，2020~2022 年，虽然个别国家（如老挝）仍与中国维持高互补水平，但总体互补性有轻微下滑的迹象。

研究强调，中国与 RCEP 成员国在农产品贸易方面既有竞争也有互补，这种复杂关系对食品安全、农业产业结构优化和农民生计均有深远影响。深入分析竞争性与互补性有助于深化贸易合作，促进区域农业经济可持续发展。未来，双方应通过优化贸易结构、加强技术交流与标准对接等方式，进一步挖掘贸易潜力，以实现更深层次的合作共赢。

第5章　中国与 RCEP 成员国农产品贸易的潜力

中国与 RCEP 成员国之间的农产品贸易蕴含着巨大的发展潜力。作为全球最大的自由贸易区协定之一，RCEP 涵盖了亚洲多国以及大洋洲和南太平洋地区的多个经济体，这一协定的生效不仅加速了区域内经济一体化进程，而且为中国农产品的进出口打开了新的机遇之门。随着 RCEP 规则逐步落地实施，关税壁垒进一步降低，非关税措施得到协调，市场准入条件改善，以及供应链和物流网络的优化整合，中国与各 RCEP 成员国之间的农产品贸易有望实现更高效的流通与交易。中国作为农业生产大国和消费大国，在保障国内粮食安全的同时，正积极寻求扩大高质量农产品的国际市场，并引进更多优质农产品以满足国民日益增长的多元化的消费需求。

中国和 RCEP 成员国之间在农产品领域具备明显的互补优势和深化合作的空间，但仅仅依赖现有的地区间和企业间的协作尚不足以完全化解由政治博弈、外交动态等多元、复杂因素引发的农产品贸易障碍。为了实质性地推进和稳固中国与 RCEP 成员国之间的农产品贸易，必须深入剖析其背后的驱动因素和潜在的增长点，同时寻找促进充分发挥农产品贸易潜力的方法，拓宽农产品贸易范围，探寻提升中国与 RCEP 成员国农产品贸易路径的有效方法，进而将中国与 RCEP 成员国之间的农产品贸易潜力转化为实际的农产品贸易额。

当前，通过贸易引力模型及其衍生的各种改良模型和效率模型来实证探究国际间贸易关系的研究日渐增加，不过关于中国与 RCEP 成员国之间农产品具体贸易关系的实证分析的研究仍相对不足。研究方法的选择、统计分析工具的使用以及考虑的影响因素差异等都在一定程度上导致了研究成果不一致。

因此，本章节选取 2005～2022 年中国与 RCEP 成员国的农产品贸易数据，借助贸易引力模型进行回归分析，旨在揭示影响中国与 RCEP 成员国之间农产品贸易的关键要素，并在此基础上精确估算中国与 RCEP 成员国之间农产品贸易的实际效率和潜在发展空间。这样的实证研究有助于提供更具针对性的策略指导，助力消除阻碍中国与 RCEP 成员国农产品贸易进一步繁荣的各项不利条件，并通过具体的政策调整和机制创新，推动中国与 RCEP 成员国农产品贸易朝着更加稳健、高效的方向发展。

5.1　研究方法概述

5.1.1　贸易潜力研究方法的种类

贸易潜力的研究方法通常涉及多种经济学模型和统计分析手段，常见的用于评估贸易潜力的方法有以下七种。

（1）引力模型

引力模型（Gravity Model）是一种广泛应用于国际贸易研究的计量经济学模型，它模拟了两国之间贸易流量与其经济大小（通常用 GDP 表示）、距离（包括地理距离和制度距离等）、共同的语言或文化联系以及其他贸易成本等因素之间的关系。通过引力模型可以估算给定条件下两国潜在贸易额与实际贸易额之间的差距，从而推断出贸易潜力。

（2）供需分析

通过分析一国的农产品供应能力、产量、质量和价格竞争力，以及目标市场的消费需求、人口规模、消费习惯和购买力等，评估潜在的供需匹配程度，从而确定贸易潜力。

（3）比较优势分析

基于赫克歇尔－俄林模型（H－O 模型）或者新贸易理论，分析各国的要素禀赋、技术差异和产品差异化所带来的比较优势，以识别特定农产品领域的出口潜力。

（4）政策与制度分析

考察关税政策、非关税壁垒、贸易协定、投资环境、通关便利化等因素对贸易的影响，通过对政策调整后可能释放的贸易空间进行预测，评估贸易潜力。

（5）指数构建法

创造一个综合评价指数，结合多项指标（如市场规模、贸易依存度、产品互补性等），通过定量计算得出贸易潜力指数，以直观反映贸易发展的可能性。

（6）面板数据模型与随机前沿分析

面板数据分析方法可用于探究长期趋势和短期波动对贸易潜力的影响；随机前沿分析则可用来估计有效边界，指出在最优状态下可能达到的最大贸易规模。

（7）情景分析与模拟

根据不同假设情景（如市场开放、技术进步、气候变化等），通过建立数学模型或使用计算机模拟工具预测不同情况下贸易量的变化，以此来评估潜在贸易空间。

贸易潜力的研究是一个多维度、综合考查的过程，需要结合宏观经济、微观经济、政策环境、技术条件等多种因素进行深入分析。

5.1.2　研究方法选择

根据模型特征和数据可得性，本书通过扩展引力模型对中国与 RCEP 成员国农产品贸易潜力进行研究。

（1）贸易引力模型概述

本书借助拓展后的贸易引力模型框架，深度探究中国与 RCEP 成员国之间农产品贸易的潜在规模和发展趋势。贸易引力模型作为一种经典的经济学工具，借鉴了物理学中的万有引力定律，用来模拟并预测不同国家或地区之间贸易流量的大小。该模型的核心逻辑认为，两个经济体之间的贸易流量与其各自的经济规模成正比，与它们之间的地理距离成反比（Tinbergen，1962；Pöyhönen，1963）。

在传统的贸易引力模型基础上，本书进行了适当的扩展和调整，纳入了更多影响农产品贸易的具体因素。例如，除了考虑国内生产总值（GDP）、国家间的地理距离等宏观经济指标外，还加入了农业用地面积、自由贸易协定等因素。本书旨在揭示并量化中国与 RCEP 成员国农产品贸易互动的真实潜力，进而为相关政策制定者提供决策参考依据，助力优化农产品贸易布局，挖掘和利用好 RCEP 区域经济一体化所带来的市场机遇。

（2）贸易引力模型的优点

第一，贸易引力模型能准确、公正地评估两国之间的贸易关系状况。

贸易引力模型作为一个强有力的经济计量工具，能够提供一套严谨且具有普适性的分析框架，以精准、客观地衡量两个国家或地区之间的贸易联系强度和潜力。这一模型借鉴物理学中的引力定律，将国家或地区间的经济规模、地理距离、文化亲密度、政策协同性等诸多因素纳入模型进行综合研究，通过数学表达式模拟贸易流量与这些变量之间的相互作用规律。

在实际应用中，贸易引力模型不仅能够细致地描绘全球经济活动的整体脉络，还能够帮助研究者从宏观层面深度解析国际贸易格局的演进历程，揭示各经济体之间贸易关系的动态变化和发展趋势。通过对双边或多边贸易数据的深入分析，该模型可以有效地揭示贸易流量背后的影响因素权重，预测未来贸易模式的变化，并为政策制定者提供科学依据，以制定更有针对性的贸易政策和战略，促进国际贸易的健康发展和全球资源的有效配置。此外，随着模型的不断丰富和完善，如加入考虑关税、贸易协定、基础设施质量等更多现实约束条件的变量，其对复杂国际贸易体系的理解力和预见性得到了显著增强。

第二，贸易引力模型在推动国际贸易合作及发展方面具有战略指引作用。

贸易引力模型借助其科学严谨的理论基础和广泛的实践适用性，系统性地剖析了决定两国或多国间贸易流量的核心因素。这些因素通常涵盖经济体量、地理位置、经济开放度、文化相近性、政策环境、贸易成本等多个维度，它们共同构成了一个复杂的互动网络，深刻影响着国际贸易的格局与走势。

通过运用贸易引力模型，研究者和决策者都能够深入洞察各种因素如何交互、作用并对贸易产生影响，从而明确哪些因素对于特定贸易关系具有决定性的意义。基于这种深度认知，政策制定者可以根据实际情况设计和微调相应的政策组合，如调整关税水平、签订自由贸易协定、优化营商环境、投资建设物流设施等，以便更有效地调控和引导双边或多边的贸易流量，使之符合国家发展战略和市场需求，促进国际贸易的持续、健康、有序发展。同时，该模型也有助于预防和解决可能出现的贸易失衡问题，增进各方利益共享，强化国际合作纽带，共同推动全球经济繁荣。

第三，贸易引力模型预测性能优良，建模理念简洁。

首先，该模型预测性能出色，能够依据历史数据和相关经济变量，准确捕捉和模拟不同国家或地区间的贸易往来情况，对未来双边或多边贸易水平的变动趋势作出有根据的预估。其次，其设计构造较为直接明了，易于理解和操作，主要聚焦于反映经济体量、地理距离、经济发展水平、文化亲近度、政策协调性等核心要素对国际贸易的影响程度，便于研究者通过量化分析得出直观、深刻的见解。

不仅如此，贸易引力模型在处理大量数据时表现出较高的计算效率，能够迅速完成数据拟合，进而对国际贸易关系的现状和未来发展态势进行实时、动态的分析。这意味着政策制定者可以通过该模型快速响应全球经济形势的变化，及时调整本国对外贸易政策，有效引导和促进国际贸易活动的发展，从而在全球化进程中获取竞争优势，推动经济可持续增长和提升社会福利。同时，模型的便捷性和灵活性也有助于学术界和实务界紧密合作，共同探索解决国际贸易问题的新思路和新方法。因此，贸易引力模型成为经济学界在国际贸易领域的重要分析工具。

5.2 变量选择及模型构建

5.2.1 贸易引力模型的起源

经典的贸易引力模型起源于 19 世纪 60 年代。廷伯根（Tinbergen，1962）和皮耶霍宁（Pöyhönen，1963）率先将其应用于解释和预测国际贸易流量的决定因素。受到牛顿万有引力定律的启发，他们认为两个国家之间的双边贸易流量大小与两国各自的经济规模正相关，并与两国间的地理距离负相关。换言之，较大的经济体由于市场规模大、需求多样，往往更容易吸引其他国家与其进行贸易；相反，较远的地理距离则会因为运输成本上升和其他相关的交易成本增加而抑制贸易活动的发生。

在近几年的国际贸易研究中，有多篇学术论文证实了经济规模对国际贸易的积极促进作用。例如，有学者（Jing et al.，2020）指出，"一带一路"国家的 GDP 是影响中国能源出口的主要因素。这项研究通过严谨的实证分析，揭示了经济规模与贸易量之间的正向关联性，说明了扩大经济规模对于提升国际贸易活跃度的重要性。2020 年，有学者（Leng et al.，2020）通过研究指出进口国的 GDP 对中国风能产品的出口有正向影响。而在 2022 年，乌马尔等（Umair et al.，2022）延续了这一研究方向，进一步确认了经济规模对国际贸易的正面影响。同样，有众多学者确认了地理距离对贸易的负向影响。巴洛格和雷塔奥（Balogh and Leitão，2019）的研究表明地理距离对欧盟与非洲、加勒比和太平洋国家的农产品贸易有负向影响。有学者（Ya and Pei，2022）研究表明，地理距离对中国与非洲农产品贸易有负向影响。

5.2.2　贸易引力模型的扩展及应用

传统的贸易引力模型仅考虑了经济体的经济规模和距离两个变量。随着研究的深入，该模型逐渐扩展了更多影响贸易的因素，如共同的语言、殖民历史、是否共享边界、是否存在自由贸易协定、政治稳定性、制度质量、关税水平、人口、农业用地面积等。自 20 世纪 70 年代以来，贸易引力模型的应用研究迅速发展，学者们不断对其进行改进和完善，使其能够更准确地捕捉现实中决定贸易流量的多元、复杂因素。

贸易引力模型的理论研究不仅验证了经济规模、距离等基本要素的作用，还探讨了全球化、区域经济一体化、技术进步等对贸易模式的影响。在实践中，贸易引力模型被广泛运用于政策制定、国际贸易谈判、区域经济整合效应评估等领域，成为国际经济学和国际贸易学的重要分析工具。

近年来，随着数据科学和计量经济学的进步，贸易引力模型在处理大数据集时能够结合面板数据分析方法和技术，进一步提高模型的解释力和预测准确性。此外，贸易引力模型也被用于探索服务贸易、数字经济、环境商品贸易等方面的规律，持续推动国际贸易理论与实证研究的发展。

5.2.3　贸易引力模型的基本形式

贸易引力模型的基本形式着眼于贸易流量如何受地理距离和经济规模的影响。贸易引力模型具有以下标准形式（Bergstrand，1989；Balogh and Jámbor，2018）：

$$T_{ij} = K \frac{Y_i^\alpha Y_j^\beta}{D_{ij}^\gamma} \xi_{ij} \qquad (5.1)$$

其中，T_{ij} 是国家 i 对国家 j 的贸易总量；Y_i 和 Y_j 分别代表国家 i 和国家 j 的经济规模，通常用国内生产总值（GDP）来衡量；D_{ij} 是两个国家之间的地理距离；α，β，γ 是常数；ξ_{ij} 代表随机误差。

将公式（5.1）两边取自然对数，则贸易引力模型可变形为：

$$\ln T_{ij} = K + \alpha \ln Y_i + \beta \ln Y_j - \gamma \ln D_{ij} + \xi_{ij} \qquad (5.2)$$

在实际模型应用中，贸易引力模型引入了其他贸易变量。一般来说，研究人员经常将文化相似性、国家参与度（Balogh and Aguiar，2022）、自由贸易协定、地理邻近性（Dewitte，2022）、贸易设施（Sakyi and Afesorgbor，2019）、土地禀赋、资本禀赋、劳动力禀赋、人口规模（Umair et al.，2022）、农业用地面积（杜晓燕，2021）、制度安排（赵雨霖、林光华，2008）、商业外交（Afesorgbor，2019）、移民（Gould，1994）、贸易开放度（Irshad et al.，2017）、偏远性（Umair et al.，2022），汇率（Armstrong，2007），卫生和植物检疫（Assoua et al.，2022）等因素纳入引力模型中。

5.2.4　农产品贸易扩展引力模型的变量选择

2005～2022 年，中国与 RCEP 成员国之间的农产品贸易稳步增长。在借鉴以往研究的基础上，本书将中国与 RCEP 成员国农业用地面积、自由贸易区等额外变量纳入贸易引力模型。这些附加变量补充了经济规模和地理距离等基本变量，能够更全面地考察中国与 RCEP 成员国的农产品贸易动态。影响农产品贸易的主要因素有以下几个方面。

（1）经济规模

经典引力模型中的主要变量是经济发展程度。从广义上讲，出口国经济增长程度的提高与资源支持的增加有关，其能够提高农产品产量，从而提高该国的市场供给能力。反之，进口国的经济发展水平则代表其进口需求能力。经济发展水平提高对应进口国进口需求能力增强（杜航程，2022）。总体而言，随着 RCEP 成员国经济发展水平的提高，经济规模会相应增大，从而放大了国内市场农产品的潜在供需能力。这反过来又导致与中国的农产品贸易额增加。

①国内生产总值（GDP）。经济规模通常用 GDP 来衡量，GDP 代表一个国家（或地区）在一定时期（通常为一年）内，按照市场价格计算的生产活动的最终成果。它是世界各国（或地区）普遍用来衡量经济活动总量的基本指标。所有居民生产者贡献的总价值（包括所有产品税，不包括未包含在产品价值中的补贴），就是本章所说的国内生产总值（GDP），数据以现价美元表示。根据市场供求理论，人均 GDP 的增长将会导致农产品需求的增加。根据偏好相似理论，两国人均收入越接近，其消费结构越相似。因此，人均收入相似的国家之间的产业内贸易会增加。

②人口规模。人口规模在扩展引力模型中被视为解释和预测国家间贸易流量的关键变量之一。该模型指出，两国间的贸易量与其各自的人口规模成正比，因为更大的人口基数通常意味着更大的市场规模、更广泛的消费需求以及更强大的内部生产能力。

一方面，随着一个国家人口规模的增加，其总体消费需求会相应提升，尤其是对于基础消费品（如农产品）的需求。这是因为，人口增长意味着更多的人需要食物供给，而在有限的本地资源和生产条件下，国家可能难以完全依靠自身满足这种增长的需求，从而促使进口更多的农产品。例如，当中国这样的大型经济体的人口持续增长时，其对包括玉米在内的多种农产品的进口需求会显著增加，这对全球农产品生产和贸易格局将产生深远影响。

另一方面，较大的人口规模也可能促进形成更完善和多样化的国内产业链，增强一国在特定领域内的自给自足能力。比如，大规模的人口可以支撑起更大规模的制造业和服务业，通过内部市场需求驱动技术创新和产业升级，减少对外部市场的依赖。然而，即便是人口众多的国家，在全球化背景下仍会受益于国际贸易，通过进口那些不适合本地生产或成本较高的商品和服务来优化资源配置，提升国民生活水平（徐成龙，2021）。

总的来说，人口规模对国际贸易产生的双重效应体现在两个方面。第一，需求效应。人口多的国家会因消费需求增大而增加进口需求，尤其体现在农产品等基本生活物资方面。第二，供给效应。大规模的人口有可能带来更完善的产业结构和更强的生产能力，但同时也会引发对特定资源和商品的外部依赖，尤其是在本国资源禀赋不足的情况下。

综合来看，人口规模既促进了国际贸易的发展，又在一定程度上塑造了各国在全球供应链中的位置和对外贸易策略。

③人均国内生产总值（人均 GDP）。人均 GDP 是指一个国家或地区在一定时期（通常为一年）内所生产的按人口平均计算的社会最终产品和劳务的总市场价值。它是将一个国家或地区的年度 GDP 除以其年中或年末的总人口数得到的数值。

这个指标用来衡量一个国家或地区经济整体产出的平均水平，即每个公民平均创造或享用的经济产值。尽管人均 GDP 并不直接等同于个人收入或者生活质量，但它通常被视为衡量一个国家或地区经济发展水平、富裕程度以及人民生活水平的重要宏观经济指标。根据需求相似理论，两国的人均 GDP 影响两国的贸易发展。农产品进口国人均 GDP 的提高会增加产品需求。人均 GDP 的上升与优质农产品需求的增加相关，会对出口国的贸易产生积极影响。

（2）地理距离

地理距离表示两个国家之间的空间距离，通常包括人口最多的城市之间的距离、首都距离和加权距离。贸易成本受地理距离的显著影响。一般来说，贸易成本随着距离的增加而增加，反之亦然。因此，距离越远，两国间贸易的成本越高，进行贸易的可能性越底。在计算与两国之间双边贸易相关的运输成本时，地理距离是一个至关重要的代理变量。在日益成熟的国际贸易体系中，因距离而造成的语言、文化、信息等方面的差异会越来越小。大宗农产品本身价值较低，运输成本占最终销售价格的很大一部分（徐洁，2022）。大量学者研究表明两国的距离阻碍了双边贸易的发展（Abdullahi et al.，2022）。本书使用的地理距离是根据 CEPII 数据确定的中国与 RCEP 成员国首都之间的距离，结合英国布伦特原油价格来衡量运输成本。

（3）农业用地面积

农业用地面积是一个综合性指标，反映了一个国家或地区内可用于农业活动的全部土地资源总量。它涵盖了所有直接服务于农作物种植、畜牧业、林业、渔业等农业生产的土地类型，以及那些间接为农业生产提供支撑的土地资源。

具体来说，农业用地面积主要包括以下几类：①耕地，这是农业生产的基础，包括种植粮食作物、经济作物和蔬菜瓜果的水田、旱地等各种类型的土地。②园地，主要用于种植果树、茶叶、药材、橡胶、咖啡等多年生经济作物的土地。③林地，包括用作木材生产、防护林、经济林、特种用途林等的森林地带，同时也起到生态保障和水源涵养的重要作用。④牧草地，主要是供放牧或者割草（作为饲料来源）的草地，对于发展畜牧业至关重要。⑤宜耕水面，适宜开展水产养殖、稻田养鱼等综合种养模式的水域。⑥宜垦荒地，是尚未被开发利用但具有潜在农业生产能力的土地，通常经过一定的改造后可以转变为耕地或其他类型的农业用地。⑦农田水利建设用地，包括水库、灌溉渠道、排水沟、堤坝等，它们为农业生产提供必要的水资源保障和防洪抗旱条件。⑧农业配套建筑用地，包括农业仓储设施、农机具停放场所、农产品初加工厂房等农业附属设施占地，以及农民住宅、农村集体公共设施用地和田间道路等。

农业用地面积的大小直接影响着一个国家或地区的食物生产能力、农产品多样性以及农业可持续发展的潜力。理论上，随着农业用地面积的增大，农产品的产量会相应增加，这有助于保障食品安全，满足日益增长的市场需求；同时，更大的农业用地也有利于拓展现代农业产业链，促进农产品商业化、产业化进程，带动农村经济全面发展（徐洁，2022）。然而，在实践中，还需要考虑土地的质量、生态环境保护、可持续利用策略以及农业科技的应用等多种因素，从而实现真正意义上的农业增产和高效利用。

农业用地面积及其利用效率对国际农产品贸易的影响主要表现在以下几个方面：①农产品供应能力与出口竞争力。农业用地面积越大，特别是适宜农业生产的面积越大，往往意味着潜在的农产品产出能力越强。充足的农业用地能够保证较大规模的农产品生产，有利于出口贸易的发展。例如，如果一个国家拥有广阔的平原和肥沃的土壤，能够种植大量谷物、油料作物或是饲养家畜，那么这个国家就有可能成为全球农产品的重要供应商，从而在国际市场中占据更多的份额。②农业产业结构与贸易结构。农业用地的不同分配和使用会影响一个国家的农业产业结构，进而影响其国际贸易结构。比如，如果一个国家将更多的土地用于种植水稻，可能会使其在稻米出口方面更具竞争优势，而减少畜牧业用地则可能限制肉类和其他畜产品的出口。③国际市场依赖度与食品安全。若一国农业用地有限，无法满足国内需求，将可能导致高度依赖农产品进口。反之，农业用地充足且能实现高产、高效的国家，则可能在一定程度上降低对外部市场的依赖，提高食品安全水平。④生态环境与可持续发展。农业用地的过度开发或不合理利用会对生态环境造成损害，影响土地生产力和可持续农业生产。这既可能导致某些优质农产品产能下降，影响国际贸易，也可能促使国家转向更环保、可持续的农业发展模式，追求高品质和差异化农产品，从而改变国际贸易格局。⑤农业技术创新与土地利用效率。面积固定的农业用地，通过科技创新和管理方式改进，可以大幅提高单位面积产量，从而增强农产品出口竞争力。例如，推广现代农业技术、精细农业、节水灌溉技术等，可在不增加土地面积的情况下扩大农产品供给，对国际贸易产生积极影响。⑥政策调控与国际规则。各国针对农业用地的政策调控，包括土地制度改革、补贴政策、生态保护政策等，都会间接影响农产品的国际贸易。同时，国际间的贸易规则、关税政策和环境保护协议等也会对农业用地的利用和农产品贸易产生约束以及导向性的影响。

综上所述，农业用地面积及其有效利用是影响一个国家农业生产和国际贸易能力的重要因素之一，它既决定了农产品的供给基础，又受到国内外多种因素的相互作用和制约。

（4）自由贸易协定

自由贸易区是多个国家或地区之间通过签订自由贸易协定（Free Trade Agreement，FTA）构建的一种经济合作形式。在此框架下，成员国彼此同意消除或大幅削减彼此间商品贸易的关税壁垒和数量限制。这意味着，一旦自由贸易协定生效，成员国的商品能够在这些区域内不受阻碍地自由流通，从而极大地促进成员国间的贸易自由化。

在自由贸易区内，不仅关税会被逐步取消（或降至零），而且诸如配额、进口许可证等非关税壁垒也被最大限度地减免，这使得企业能够更加便利地进入对方市场，从而提高商品和服务的可获得性，并鼓励市场竞争，推动价格合理化。通过这种方式，自由贸易区内的成员国能够享受到更低廉的进口成本，进而提高消费者福利和企业的生产效率。

然而，值得注意的是，自由贸易协定只在成员国之间有效。每个国家依然保留针对非成员国商品的独立关税和贸易政策，也就是说，对于来自自由贸易区外的第三方国家的商品，成员国依旧可以执行原有的进口限制和关税措施，以保护本国产业或管理外来竞争压力。

有些自由贸易协定覆盖范围较窄，仅针对某些特定种类的商品，如工业制成品或高科技产品；而还有一些自由贸易区则涵盖了更广泛的商品和服务，包括但不限于农产品、能源产品及各种服务行业，实现了真正意义上的全面自由贸易。

实践证明，自由贸易协定的签署和实施能够显著降低成员国间的贸易成本，包括减少通关时间和简化手续等非关税壁垒带来的成本，以及最直观的关税减免所带来的成本降低。随着这些成本的下降，成员国间的双边贸易流量往往会显著增长，因为更低的交易成本会刺激商品和服务的交换，进一步激发跨国投资和生产网络的形成与发展。总之，自由贸易区已成为全球经济一体化进程中促进区域经济增长和国际合作的重要工具。

5.2.5　农产品贸易扩展引力模型构建

在上述分析的基础上，本书将中国与 13 个 RCEP 成员国农产品贸易额作为研究对象，构建贸易扩展引力模型，并在原有经济规模和地理距离变量的基础上加入农业用地面积、自由贸易区这两个变量，以构建扩展引力模型（见表 5 - 1）。

表 5 - 1　　　　　变量的具体含义、符号预期及说明

变量	具体含义	预期符号	理论依据
$TRAD_{ijt}$	中国对 RCEP 成员国的农产品贸易额	+	双方农产品贸易额，受综合因素影响
EX_{ijt}	中国对 RCEP 成员国的农产品出口额	+	中国对 RCEP 成员国的农产品出口，受综合因素影响
IM_{ijt}	中国从 RCEP 成员国的农产品进口额	+	中国从 RCEP 成员国的农产品进口，受综合因素影响
GDP_{it}	中国人均 GDP	+	中国人均 GDP 越高，经济规模越大，农产品的供给和需求量越大，贸易额越高
GDP_{jt}	RCEP 成员国人均 GDP	+	RCEP 成员国人均 GDP 越高，经济规模越大，农产品的供给和需求量越大，贸易额越高
$DIST_{ijt}$	两国首都之间的距离乘以英国布伦特原油当前价格	−	地理距离和原油价格影响成本，成本越高，贸易额越小

续表

变量	具体含义	预期符号	理论依据
$LAND_{jt}$	RCEP 成员国农业用地面积	+/-	农业用地面积越大，农产品供给越大，出口量增加，进口量减少，对贸易额影响不确定
FTA_{ijt}	如果中国与 RCEP 成员国签署了自由贸易协定，则该值为1；否则，该值为0	+	成立自由贸易区，贸易便利化程度提高，贸易额增加

使用表 5-1 中的解释变量和被解释变量测算农产品贸易潜力时，由于数据差异巨大，存在极值。为了尽量减少数据的绝对差异并提高研究精度，本书对双边农产品贸易额、人均 GDP、农业用地面积变量进行了对数变换。最后，本书构建的农产品贸易扩展引力模型如下：

$$\ln TRAD_{ijt} = \beta_0 + \beta_1 \ln GDP_{it} + \beta_2 \ln GDP_{jt} + \beta_3 \ln DIST_{ijt} + \beta_4 \ln LAND_{jt} + \beta_5 FTA_{ijt} + \xi_{ijt} \quad (5.3)$$

中国对 RCEP 成员国的农产品出口扩展引力模型如下：

$$\ln EX_{ijt} = \beta_0 + \beta_1 \ln GDP_{it} + \beta_2 \ln GDP_{jt} + \beta_3 \ln DIST_{ijt} + \beta_4 \ln LAND_{jt} + \beta_5 FTA_{ijt} + \xi_{ijt} \quad (5.4)$$

中国从 RCEP 成员国的农产品进口扩展引力模型如下：

$$\ln IM_{ijt} = \beta_0 + \beta_1 \ln GDP_{it} + \beta_2 \ln GDP_{jt} + \beta_3 \ln DIST_{ijt} + \beta_4 \ln LAND_{jt} + \beta_5 FTA_{ijt} + \xi_{ijt} \quad (5.5)$$

在公式（5.3）中，$TRAD_{ijt}$ 是中国与 RCEP 成员国 t 年的农产品贸易额；GDP_{it} 是中国 t 年的人均 GDP；GDP_{jt} 是 RCEP 各国 t 年的人均 GDP；$DIST_{ijt}$ 是中国首都北京和 j 国首都之间的距离乘以 t 年英国布伦特原油价格的数值；$LAND_{jt}$ 是 j 国 t 年的农业用地面积；FTA_{ijt} 表示 t 年 i 国与 j 国之间是否签订自由贸易协定、存在自由贸易区（这是一个虚拟变量。如果 i 国和 j 国之间有自由贸易区，则取值为 1，否则为 0）；β_0，β_1，β_2，β_3，β_4，β_5 是需要估计的参数；i 代表中国；j 代表 RCEP 成员国；t 代表年份；ξ_{ij} 代表随机误差。在公式（5.4）中，EX_{ijt} 是中国对 RCEP 成员国 t 年的农产品出口额；其余变量与公式（5.3）含义相同。在公式（5.5）中，IM_{ijt} 是中国自 RCEP 成员国 t 年的农产品进口额；其余变量与公式（5.3）含义相同。

5.3 数据来源及说明

本书选取了 2005～2022 年中国与 13 个 RCEP 成员国之间的农产品贸易面板数据作为实证分析的研究样本。RCEP 涵盖了东亚、东南亚以及大洋洲等多个地区的重要经济体，这些经济体包括但不限于中国、日本、韩国这三个国家，以及南半球的发达农业国家（澳大利亚和新西兰）。此外，本书研究中，RCEP 还包括东盟的九个成员国，即新加坡、菲律宾、老挝、马来西亚、越南、印度尼西亚、泰国、柬埔寨和缅甸。

为了确保数据的准确性和可比性，本书采用的是联合国商品贸易统计数据库（UN Comtrade）所采用的标准国际贸易分类体系第三版（SITC Revision 3）分类标准下的农产品范畴。纳入分析的数据覆盖了绝大多数农产品类别，如粮食作物、经济作物、动物产品、食用蔬菜、水果、饮料、油脂及其制品等各类初级产品和加工农产品。以这些数据为基础，深入探究中国与 RCEP 成员国间的农产品贸易动态、结构变化、互补性和相互依存关系，以及 RCEP 对中国与各 RCEP 成员国农产品贸易的影响机制和效应。通过这样的大样本数据分析，可以更精确地描绘出中国与 RCEP 成员国农产品贸易的发展轨迹、合作潜力与挑战，并为制定相关政策提供有力的实证支持。本书的数据来源如表 5-2 所示。

表 5-2　　　　　　　　　　　变量的数据来

变量	数据来源
$TRAD_{ijt}$	联合国商品贸易数据库
EX_{ijt}	联合国商品贸易数据库
IM_{ijt}	联合国商品贸易数据库
GDP_{it}	世界银行数据库
GDP_{jt}	世界银行数据库
$DIST_{ijt}$	CEPII 数据库、联合国贸易和发展会议数据库
$LAND_{jt}$	世界银行数据库
FTA_{ijt}	中国自由贸易区服务网

之后，我们将对所涉及的各个关键变量进行描述性统计分析，这是理解中国与 13 个 RCEP 成员国之间农产品贸易基本特征及分布状况的重要步骤。描述性统计旨在揭示各个变量的基本数值特性。各变量的描述性统计结果如表 5 - 3 所示。

表 5 - 3　　　　　　　　　　　　　各变量的描述性统计

变量	观测值	平均值	标准差	最小值	最大值
$\ln TRAD_{ijt}$	234	21.73	1.510	16.77	23.85
$\ln EX_{ijt}$	234	20.36	1.907	14.33	23.23
$\ln IM_{ijt}$	234	21.14	1.506	16.38	23.59
$\ln GDP_{it}$	234	8.700	0.590	7.470	9.450
$\ln GDP_{jt}$	234	8.870	1.560	5.400	11.32
$\ln DIST_{ijt}$	234	12.45	0.680	10.61	14.03
$\ln LAND_{jt}$	234	10.93	2.920	1.890	15.23
FTA_{ijt}	234	0.620	0.490	0	1

表 5 - 3 列出了每个变量的最大值和最小值，说明了每个变量的变化范围。平均值均落在最大值和最小值中间，表明描述性统计结果的可信度和准确性较高。标准差是衡量数据离散程度的指标，能反映变量数据的相对集中度（Benton，2022）。在各个变量中，标准差数值较小，说明变量数据相对集中。

5.4　模型检验及实证分析

5.4.1　平稳性检验

为了解决模型中可能存在的伪回归问题，本书首先对面板数据进行平稳性检验，即单位根检验。本书数据为长面板数据，因此采用 LLC 检验进行时序平稳性检验，检验结果如表 5 - 4 所示。

表 5 - 4   各变量的平稳性检验

变量	LLC 测试值	p 值	结论
$\ln TRAD_{ijt}$	-4.0716	0.0000	平稳
$\ln EX_{ijt}$	-5.4111	0.0000	平稳
$\ln IM_{ijt}$	-3.2177	0.0006	平稳
$\ln GDP_{it}$	-13.5509	0.0000	平稳
$\ln GDP_{jt}$	-6.1618	0.0000	平稳
$\ln LAND_{jt}$	-3.0808	0.0010	平稳
$\ln DIST_{ijt}$	-3.9640	0.0000	平稳
FTA_{ijt}	-3.1883	0.0007	平稳

从表 5 - 4 的结果可以看出，在 0.001 显著性水平下，每个变量的 LLC 检验的 p 值均小于 0.001。因此，拒绝原假设，这意味着不存在单位根，面板数据是平稳序列。

5.4.2 实证结果分析

(1) 中国与 RCEP 成员国农产品贸易回归结果分析

根据公式（5.3）设定的农产品贸易引力模型，运用计量经济学分析软件 Stata 17 对 2005 ~ 2022 年中国与 13 个 RCEP 成员国的农产品贸易相关面板数据进行回归分析与模型估计。固定效应回归模型中 F 检验中 P 值为 0.0000，因此固定效应模型优于混合回归，这意味着每个国家都拥有自己的截距项。豪斯曼检验结果显示 P 值为 0.0876，且随机效应回归模型结果显著性更好，因此采用随机模型进行估计，回归结果如表 5 - 5 所示。

表 5 - 5   中国与 RCEP 成员国农产品贸易引力模型回归结果

变量	模型 1	模型 2
$\ln GDP_{it}$	0.498 ** (2.66)	0.552 ** (2.93)
$\ln GDP_{jt}$	0.902 ** (2.79)	0.937 ** (2.87)
$\ln DIST_{ijt}$	0.058 (1.31)	

变量	模型 1	模型 2
$\ln LAND_{jt}$	0.240 * (1.98)	0.245 * (2.00)
FTA_{ijt}	0.120 (1.44)	
_cons	5.973 * (2.35)	5.929 * (2.30)
N	234	234

注：括号内为 t 统计量；* 表示 p < 0.05，** 表示 p < 0.01，*** 表示 p < 0.001。

表 5 – 5 中，模型 1 为所有变量的回归结果，R^2 为 0.8281，模型整体的拟合效果较好。根据模型 1 可以得到公式（5.6）。

$$\ln TRAD_{ijt} = 5.973 + 0.498\ln GDP_{it} + 0.902\ln GDP_{jt} + 0.058\ln DIST_{ijt}$$
$$+ 0.24\ln LAND_{jt} + 0.12FTA_{ijt} + \xi_{ijt} \qquad (5.6)$$

根据农产品贸易引力模型回归结果，可得出以下结论：

第一，$\ln GDP_{it}$ 的系数为 0.498，通过了 0.01 水平的显著性检验，表明 $\ln GDP_{it}$ 对 $\ln TRAD_{ijt}$ 具有显著的正向影响。这表明中国人均 GDP 促进了双边农产品贸易的提升，中国人均 GDP 越高，双边农产品贸易额越高。实证结果表明，中国人均 GDP 每增长 1%，农产品贸易额相应增长 0.498%，实证结果与预期一致。

第二，$\ln GDP_{jt}$ 的系数为 0.902，通过了 0.01 水平的显著性检验，表明 $\ln GDP_{jt}$ 对 $\ln TRAD_{ijt}$ 具有显著的正向影响。这表明 RCEP 成员国的人均 GDP 对双边农产品贸易的提升有显著贡献，其中较高的 RCEP 成员国人均 GDP 与贸易量的增加相关。RCEP 成员国人均 GDP 每增加 1%，农产品贸易量相应增加 0.902%，实证结果与预期一致。

第三，$\ln DIST_{ijt}$ 的系数为 0.058，没有通过显著性检验，表明 $\ln DIST_{ijt}$ 对 $\ln TRAD_{ijt}$ 的影响不显著，实证结果表明中国与 RCEP 成员国之间的距离具有正向关系。中国与 RCEP 成员国的距离每增加 1%，农产品贸易额就增加 0.058%，实证结果与预期不一致。造成这一结果的原因有三个。一是随着跨境运输基础设施逐步完善以及中国与 RCEP 成员国班轮运输班次增加，贸易便利化程度提升，从而导致距离带来的成本增加影响大幅降低。二是 RCEP 成员国的经济水平和人口规模比地理距离的影响更大，如澳大利亚、新西兰等国家距离较远，但由于经济水平高、贸易量大，因此运输成本更低。三是中国与 RCEP 成员国农产品贸易结构存在差异，距离成本不再是阻碍中国农产品向 RCEP 成员国出口的主要因素。

第四，$\ln LAND_{jt}$ 的系数为 0.24，通过了 0.05 水平的显著性检验，表明 RCEP 成员国农业用地面积对双边农业贸易产生正向影响。也就是说，双边贸易量随着 RCEP 成员国农业用地面积的增加而增加。RCEP 成员国农业面积每增加 1%，双边农业贸易额相应增长 0.24%。

第五，FTA_{ijt} 的系数为 0.120，通过了 0.05 水平的显著性检验。这说明自由贸易区有利于增加中国与 RCEP 成员国农产品贸易额。与中国签订自由贸易协定的国家农产品贸易额比未签订自由贸易协定的国家高出 0.120%，实证结果与预期一致。

（2）中国与 RCEP 成员国的农产品出口回归结果分析

根据公式（5.4）设定的中国对 RCEP 成员国农产品出口引力模型，运用计量经济学分析软件 Stata 17 对 2005～2022 年中国与 13 个 RCEP 成员国的农产品出口有关的面板数据进行回归分析与模型估计。固定效应回归模型中 F 检验中 p 值为 0.0000，因此固定效应模型优于混合回归，这意味着每个国家都拥有自己的截距项。豪斯曼检验结果显示 p 值为 0.0904，且随机效应回归模型结果显著性更好，因此采用随机模型进行估计，回归结果如表 5－6 所示。

表 5－6　　　　　中国与 RCEP 成员国农产品出口引力模型回归结果

变量	模型 3	模型 4
$\ln GDP_{it}$	0.386 ** (2.79)	0.420 ** (3.13)
$\ln GDP_{jt}$	1.165 *** (5.22)	1.179 *** (5.15)
$\ln DIST_{ijt}$	-0.124 * (-2.32)	-0.125 * (-2.36)
$\ln LAND_{jt}$	0.300 * (2.23)	0.295 * (2.26)

变量	模型 3	模型 4
FTA_{ijt}	0.068 (0.88)	
_cons	4.886* (2.26)	4.581* (2.06)
N	234	234

注：括号内为 t 统计量；* 表示 p < 0.05，** 表示 p < 0.01，*** 表示 p < 0.001。

表 5 - 6 中，模型 3 为所有变量的回归结果，R^2 为 0.872，模型整体的拟合效果较好。根据模型 3 可以得到公式（5.7）。

$$\ln EX_{ijt} = 4.886 + 0.386\ln GDP_{it} + 1.165\ln GDP_{jt} - 0.124\ln DIST_{ijt}$$
$$+ 0.3\ln LAND_{jt} + 0.068FTA_{ijt} + \xi_{ijt} \tag{5.7}$$

$\ln GDP_{it}$ 的系数为 0.386，通过了 0.01 水平的显著性检验，表明 $\ln GDP_{it}$ 对 $\ln EX_{ijt}$ 具有显著的正向影响。这表明中国人均 GDP 促进了中国对 RCEP 成员国的农产品出口。中国人均 GDP 越高，中国对 RCEP 成员国的农产品出口额越高。实证结果表明，中国人均 GDP 每增长 1%，中国对该国的农产品出口额相应增长 0.386%，实证结果与预期一致。

$\ln GDP_{jt}$ 的系数为 1.165，通过了 0.001 水平的显著性检验，表明 $\ln GDP_{jt}$ 对 $\ln EX_{ijt}$ 具有显著的正向影响。这表明 RCEP 成员国的人均 GDP 对中国农产品出口的提升有显著贡献，即人均 GDP 越高的 RCEP 成员国进口中国农产品的数量也越多。实证结果表明，RCEP 成员国的人均 GDP 每增加 1%，中国对该国农产品出口额相应增加 1.165%，实证结果与预期一致。

$\ln DIST_{ijt}$ 的系数为 -0.124，通过了 0.05 水平的显著性检验，表明 $\ln DIST_{ijt}$ 对 $\ln EX_{ijt}$ 具有显著的负向影响。实证结果表明，中国农产品出口与 RCEP 成员国之间的距离负相关，即中国与 RCEP 成员国的距离每增加 1%，中国对该国的农产品出口额就减少 0.124%，实证结果与预期一致。

$\ln LAND_{jt}$ 的系数为 0.300，通过了 0.05 水平的显著性检验，表明 RCEP 成员国农业用地面积对从中国进口的农产品数量产生正向影响。也就是说，中国对 RCEP 成员国的农产品出口额随着农业用地面积的增加而增加。RCEP 成员国农业面积每增长 1%，中国对其的农产品出口额将增加 0.3%。这与预期不符，原因可能在于以下几个方面：①互补性农产品结构。某一国家农业用地面积增加，但是其农产品与中国的互补性较强，中国还是能出口那些对方需要且自身具有竞争优势的农产品。②生产成本比较优势。即便在土地面积增加的情况下，不同国家的生产成本、技术水平、劳动效率等方面依然存在差异。中国在某些农产品上可能凭借规模化生产、完善的产业链和低成本劳动力等优势，保持较强的出口竞争力。③消费需求增长。RCEP 成员国农业用地增加、农产品产量提升可能带动当地经济增长和消费水平提升，对中国农产品的需求也随之增长，特别是对高品质、特色农产品的需求增加，刺激了中国的农产品出口。④供应链整合。区域一体化进程促进供应链的整合和优化，中国农产品可以通过更高效的物流网络和分销渠道进入更广阔的市场，从而提升出口额。总之，RCEP 成员国农业用地面积增加带来的产能提升和市场变化，会通过各种方式间接或直接影响中国农产品对其他成员国的出口情况。

FTA_{ijt} 的系数为 0.068，且没有通过显著性检验。这说明是否签订自由贸易协定与中国对 RCEP 成员国农产品出口有正向影响，但影响并不显著。中国对与中国签订自由贸易协定的国家的农产品出口额比未签订自由贸易协定的国家高出 0.068%，实证结果与预期一致。

（3）中国与 RCEP 成员国的农产品进口回归结果分析

根据公式（5.5）设定的中国从 RCEP 成员国的农产品进口引力模型，运用计量经济学分析软件 Stata 17 对 2005～2022 年中国从 13 个 RCEP 成员国的农产品进口有关的面板数据进行回归分析与模型估计。进口引力模型固定效应回归中 F 检验中 p 值为 0.0000，因此固定效应模型优于混合回归，这意味着每个国家都拥有自己的截距项。豪斯曼检验结果显示 p 值为 0.0302，且随机效应回归模型结果显著性更好，因此采用随机模型进行估计，回归结果如表 5－7 所示。

表 5－7　　　中国与 RCEP 成员国的农产品进口引力模型回归结果

变量	模型 5	模型 6
$\ln GDP_{it}$	0.561 ** (3.24)	0.629 *** (3.39)
$\ln GDP_{jt}$	0.761 * (2.37)	0.798 * (2.37)

续表

变量	模型 5	模型 6
$\ln DIST_{ijt}$	0.171 ** (2.85)	0.171 ** (2.76)
$\ln LAND_{jt}$	0.279 ** (2.85)	0.278 ** (2.61)
FTA_{ijt}	0.143 (1.64)	
_cons	4.242 (1.76)	3.426 (1.32)
N	234	234

注：括号内为 t 统计量；* 表示 p < 0.05，** 表示 p < 0.01，*** 表示 p < 0.001。

表 5 - 7 中，模型 5 为所有变量的回归结果，R^2 为 0.78，模型整体的拟合效果较好。根据模型 5 可以得到公式 (5.8)。

$$\ln IM_{ijt} = 4.242 + 0.561\ln GDP_{it} + 0.761\ln GDP_{jt} + 0.171\ln DIST_{ijt}$$
$$+ 0.279\ln LAND_{jt} + 0.143 FTA_{ijt} + \xi_{ijt} \tag{5.8}$$

$\ln GDP_{it}$ 的系数为 0.561，通过了 0.01 水平的显著性检验，表明 $\ln GDP_{it}$ 对 $\ln IM_{ijt}$ 具有显著的正向影响。这表明中国人均 GDP 促进了中国从 RCEP 成员国进口农产品；中国人均 GDP 越高，中国从 RCEP 成员国的农产品进口额越高。实证结果表明，中国人均 GDP 每增长 1%，中国自该国的农产品进口额相应增长 0.561%，实证结果与预期一致。

$\ln GDP_{jt}$ 的系数为 0.761，通过了 0.05 水平的显著性检验，表明 $\ln GDP_{jt}$ 对 $\ln IM_{ijt}$ 具有显著的正向影响。这表明 RCEP 成员国的人均 GDP 对中国农产品进口额的提升有显著贡献；人均 GDP 较高的 RCEP 成员国，中国从该国进口农产品的数量也较多。实证结果表明，RCEP 成员国的人均 GDP 每增加 1%，中国从该国进口农产品相应增加 0.761%，实证结果与预期一致。

$\ln DIST_{ijt}$ 的系数为 0.171，通过了 0.01 水平的显著性检验，表明 $\ln DIST_{ijt}$ 对 $\ln IM_{ijt}$ 具有显著正向影响。实证结果表明，中国与 RCEP 成员国之间的距离具有正向关系；中国与 RCEP 成员国的距离每增加 1%，中国从该国的农产品进口额就增加 0.171%，实证结果与预期不符。其原因可能在于以下几个方面：①资源禀赋差异。地理位置较远的 RCEP 成员国，如澳大利亚或新西兰，可能拥有与中国截然不同的自然资源和农业生产条件，比如独特的农产品种类、优质安全的食品认证体系或是季节互补的优势，这些因素使它们能够提供中国市场有需求但中国国内难以大量生产的高价值农产品。②市场需求层次。中国的消费者对进口农产品的需求呈现多元化和高端化趋势，对于距离较远国家的高质量、特色或稀缺农产品有较高的支付意愿，因此进口额较高。③物流和供应链优化。尽管地理距离远，但随着现代化冷链物流技术和国际运输网络的发展，长距离运输的成本和效率问题得到改善，从而使远距离国家的农产品得以进入中国市场并保持竞争力。④战略储备和多样化采购。为了保障食品安全和供应稳定，中国可能会从多个地区和距离较远的国家进口农产品以实现来源多样化，预防过度依赖单一市场带来的风险。中国与 RCEP 成员国距离越远，中国自该国的农产品进口额越高的现象可能是多种复杂因素相互作用的结果，并不单纯因为距离本身，而是更多地与产品特性、市场需求、政策支持以及供应链管理水平等因素相关。

$\ln LAND_{jt}$ 的系数为 0.279，通过了 0.01 水平的显著性检验，表明 RCEP 成员国农业用地面积对中国从该国进口的农产品数量产生正向影响。也就是说，中国对 RCEP 成员国农产品进口额随着其农业用地面积的增加而增加。不同国家间由于气候、土壤、技术等方面的差异，农产品结构有所不同。当某一个 RCEP 成员国农业用地增加，可能意味着该国某种或某类农产品产量上升，如果这些农产品是中国不擅长生产或者产量相对有限的，那么两国间可以形成互补，从而增加了中国进口该国产品的可能性。实证结果表明，RCEP 成员国农业面积每增长 1%，中国自该国农产品进口额将增长 0.279%，这与预期相符。

FTA_{ijt} 的系数为 0.143，且没有通过显著性检验。这说明是否签订自由贸易协定对中国自 RCEP 成员国农产品进口有正向影响，但影响并不显著。中国从与中国签订自由贸易协定的国家进口农产品的进口额比未签订自由贸易协定的国家高出 0.143%，实证结果与预期一致。

5.5　中国与 RCEP 成员国农产品贸易潜力测算

引力模型是评估各国之间贸易潜力的预测工具。贸易潜力的计算首先使用引力模型计算理论贸易值，然后将实际贸易量除以理论贸易量，计算得出双边农产品贸易潜力（陈继勇、李知睿，2019）。当两国的理论值小于实际贸易额时，表明两国农产品贸易比较密切。反之，如果计算得到的理论值超过实际贸易额，则表明两国之间的贸易关系不够密切，存在大量尚未开发的贸易潜力。

贸易潜力一般分为三类（Jing et al.，2020）：第一类是贸易潜力再造型。双方贸易关系紧密，其特征是贸易潜力超过 1.20，这标志着双方拥有比较成熟的农产品贸易关系，潜力被充分挖掘，农产品贸易的增长需要培养新的增长要素。第二类是贸易潜力开拓型。这一类型贸易潜力为 0.80~1.20，表明两国之间的贸易关系稳定，贸易联系正在逐步加强，贸易潜力还存在一定的增长空间。第三类是潜力巨大型。这一类型贸易潜力低于 0.8，表明两国之间的贸易关系松散，有大量未开发的贸易潜力。

5.5.1　中国与 RCEP 成员国农产品进出口总额潜力

在农产品贸易引力模型 1 中，变量 $\ln DIST_{ijt}$ 和 FTA_{ijt} 没有通过显著性检验，因此剔除。模型 2 显示的是去除不显著变量后获得的回归结果。由模型 2 推导出的公式如下：

$$\ln TRAD_{ijt} = 5.929 + 0.552 \ln GDP_{it} + 0.937 \ln GDP_{jt}$$
$$+ 0.245 \ln LAND_{jt} + \xi_{ijt} \qquad (5.9)$$

利用公式（5.9）计算得出中国与 RCEP 成员国理论农产品贸易额。贸易潜力值 = 实际贸易额/理论贸易额。较高的比率表明双方农产品贸易联系比较密切，进一步发展的潜力较低。中国与 RCEP 成员国农产品贸易潜力计算结果如表 5 - 8 所示。

表 5 - 8　　　　　　　中国与 RCEP 成员国农产品贸易潜力

年份	澳大利亚	印度尼西亚	日本	柬埔寨	韩国	老挝	缅甸	马来西亚	新西兰	菲律宾	新加坡	泰国	越南
2005	0.17	5.72	1.52	0.34	1.40	0.23	4.43	2.65	0.17	1.43	0.66	2.83	3.50
2006	0.14	5.44	1.51	0.31	1.15	0.38	3.74	2.75	0.17	1.55	0.61	2.98	4.20
2007	0.13	4.96	1.36	0.33	1.17	0.37	3.14	2.91	0.15	1.28	0.56	2.57	4.45

年份	澳大利亚	印度尼西亚	日本	柬埔寨	韩国	老挝	缅甸	马来西亚	新西兰	菲律宾	新加坡	泰国	越南
2008	0.11	4.72	1.01	0.21	1.04	0.33	3.05	2.65	0.16	1.08	0.63	2.41	3.56
2009	0.10	3.73	0.91	0.16	1.00	0.33	1.81	2.20	0.22	1.32	0.76	2.44	4.12
2010	0.12	3.81	0.95	0.30	0.98	0.50	1.80	2.18	0.28	1.33	0.69	2.90	4.14
2011	0.14	4.15	0.92	0.40	1.01	0.67	1.24	2.39	0.30	1.42	0.58	3.58	5.16
2012	0.14	3.67	0.91	0.28	0.90	0.64	1.24	1.80	0.32	1.32	0.50	3.26	5.03
2013	0.15	2.93	0.98	0.50	0.81	0.89	1.70	1.63	0.40	1.36	0.58	3.17	4.71
2014	0.15	3.00	0.96	0.57	0.78	1.62	1.85	1.39	0.43	1.42	0.69	3.20	4.74
2015	0.16	2.95	0.95	0.33	0.70	0.83	1.07	1.27	0.33	1.42	0.71	3.39	4.90
2016	0.16	2.66	0.82	0.29	0.73	0.54	1.28	1.26	0.33	1.48	0.63	3.20	5.34
2017	0.18	3.18	0.83	0.28	0.66	0.57	1.25	1.27	0.39	1.55	0.54	3.29	5.52
2018	0.19	2.89	0.82	0.35	0.65	0.69	1.24	1.01	0.44	1.52	0.47	2.85	5.30
2019	0.20	2.85	0.75	0.43	0.65	0.84	1.70	1.10	0.51	1.43	0.47	2.71	5.02
2020	0.18	2.89	0.69	0.57	0.65	0.86	1.77	1.40	0.50	1.47	0.53	3.15	5.28
2021	0.13	3.33	0.68	0.72	0.60	0.71	1.78	1.37	0.50	1.52	0.42	3.68	4.90
2022	0.15	3.29	0.81	0.72	0.65	1.28	3.19	1.43	0.51	1.54	0.46	4.02	5.26
均值	0.15	3.68	0.97	0.39	0.86	0.68	2.07	1.82	0.34	1.41	0.58	3.09	4.73

　　根据贸易潜力值公式计算得出平均贸易潜力值。中国与 RCEP 成员国农产品贸易潜力分类如表 5 - 9 所示。

表 5 - 9　　　　　　　中国与 RCEP 成员国农产品贸易潜力分类

贸易潜力分类	对应的 RCEP 成员国
潜力再造型 贸易潜力 >1.2	印度尼西亚、缅甸、马来西亚、菲律宾、泰国、越南
潜力开拓型 0.8 ≤ 贸易潜力 ≤1.2	日本、韩国
潜力巨大型 贸易潜力 <0.8	澳大利亚、柬埔寨、老挝、新西兰、新加坡

（1）贸易潜力再造型国家分析

　　中国与印度尼西亚、缅甸、马来西亚、菲律宾、泰国、越南农产品贸易潜力值超过 1.2，属于贸易潜力再造型。这表明中国与这六个国家的农产品贸易关系密切。

2010 年中国—东盟自由贸易区正式全面启动，2013 年"一带一路"倡议提出，随后中国与周边国家贸易总额呈现持续增长的态势。

以印度尼西亚为例，自两国建交以来，双方贸易关系一直比较密切，农产品贸易始终在两国经济合作中占据突出地位。此外，2014 年印度尼西亚政府对棕榈油、椰子油等农产品实施"零关税"政策，进一步提升了两国农产品贸易的紧密度。

1999 年，马来西亚和中国签署了一份联合声明，概述了未来双边合作的框架。随后，2004 年两国领导人就加强战略合作达成共识，2013 年两国建立全面战略伙伴关系。

菲律宾的主要农产品包括香蕉、椰子油、鱼、虾、椰丝、糖及糖制品、未加工烟草、菠萝汁、菠萝、天然橡胶和海藻。越南在向中国出口植物产品（主要是水果），以及原材料、矿产品和能源（包括天然橡胶、木制品、化肥、原油、金属、煤炭和皮革）方面具有比较优势。菲律宾以及越南与中国之间的农产品贸易呈现出高度的互补性。

随着泰国加入世界贸易组织，泰国逐渐降低农产品税率，积极发展与中国的农业合作。

进一步开拓中国与这六国的农产品贸易需要采取差异化策略，加强合作与交流。

（2）贸易潜力开拓型国家分析

中国与日本、韩国的平均贸易潜力为 0.8~1.2，且农产品潜力不断缩小，表明中国与这两个国家之间的农产品贸易关系密切程度下降。

中国与日本、韩国的农产品贸易潜力大小与变化方向较为类似。这两个国家属于高收入国家，对农产品质量要求较为严格，这对中国农产品出口构成了贸易壁垒。值得注意的是，日本 2006 年实施的"肯定列表制度"对残留农药、标签和其他制度提出了更高的标准。此外，日本还通过《技术性贸易壁垒协议》（TBT 协议）和《实施卫生与植物卫生措施协定》（SPS 协定）来规范农产品进口。在未来的双边贸易中，中国应积极学习其他国家的质量监管体系，借鉴先进的农产品质量监管流程，以提高检验项目和标准的精准度。

中国与韩国农产品贸易主要集中在食品和活畜类别。为了进一步加强中国与韩国农产品贸易合作，近年来双方在各方面开展合作，具体表现为：①企业间的战略合作，如北京农伯汇集团与韩国水产食品流通公社（AT）代理公司韩国九拵集团达成战略合作，这体现了两国在农产品贸易商的深化合作。通过此类合作，中国能够向韩国市场提供更多优质农产品，满足其市场需求，也能有助于提升中国农产品企业在国际市场的地位。②文化交流与合作，中韩在农业文化方面进行了交流合作，如中国农科院与韩国农村振兴厅等机构推动了智慧农业合作以及现代农业合作平台的建设等。

（3）贸易潜力巨大型国家分析

中国与澳大利亚、新西兰、老挝、新加坡、柬埔寨的平均农产品贸易潜力值均低于 0.8，表明中国与这几个国家的农产品贸易发展潜力巨大。

中国与澳大利亚农产品贸易面临非关税壁垒、巨额贸易逆差、物流运输效率低下等挑战（Feng et al.，2022）。由于政治分歧较大，两国贸易摩擦较大。中国对原木、葡萄酒、大麦、牛肉、龙虾和煤炭等多种澳大利亚产品实施进口禁令，发起反倾销调查或延迟清关。澳大利亚长期以来对投资活动实施限制，包括中国的 5G 网络建设、农地收购等。目前，中国是澳大利亚农产品出口的主要目的地。然而，中国农产品难以大量出口至澳大利亚，造成大量贸易逆差。中澳两国农产品贸易的发展需要减少贸易壁垒，提高中国农产品出口质量，提高物流运输效率。

中国与新西兰双边农产品贸易增长的主要动力是中国从新西兰进口农产品。但新西兰农产品出口增速放缓，导致贸易逆差持续扩大。值得注意的是，新西兰农产品进口存在大量技术壁垒。中国农产品在新西兰市场的占比较小，缺乏知名品牌。中国想要开拓新西兰农产品市场，需要准确了解新西兰的市场需求和技术标准；此外，还需要提高对农产品包装和广告的认识，促进农业提质增效，增加农产品附加值。

中国与老挝的农产品贸易潜力较大。老挝主要种植水稻、玉米、木薯和其他农作物。老挝可出口的农产品共有 13 类，包括大米、香蕉、土豆、玉米等。目前，中国主要从老挝进口大米、木薯淀粉、香蕉等农产品，同时向老挝出口制粉工业品、水产品、烟草及烟草制品。在 RCEP 框架内，老挝承诺维持或立即对中国约 10% 的农产品实施零关税，其余农产品逐步向零关税过渡。自提出"一带一路"倡议以来，中老两国双边农产品贸易合作成效显著，互补性不断增强。尽管如此,贸易总量仍然不大,产品类型集中度较小,凸显了提升贸易自由化、便利化的必要性。在 RCEP 框架内,中老两国政府应坚持"共商、共建、共享"原则,增进战略互信。双方应深化农业领域合作,进一步挖掘农产品贸易潜力,推动双边农业贸易合作持续健康发展。

中国与新加坡的农产品贸易规模总体保持稳定增长,且中国通常处于贸易顺差状态,但是双方的进出口结构仍有优化空间。近年来,中国积极开展与新加坡在农业领域的合作,如 2021 年中国重庆与新加坡在农业领域达成了"双百"合作计划,通过线上线下相结合的方式推动重庆及中国西部地区农特产品出口到新加坡等海外市场。

中国和柬埔寨农产品贸易具有较高的互补性。《中华人民共和国政府和柬埔寨王国政府自由贸易协定》(以下简称《中柬自由贸易协定》)于 2011 年 1 月 1 日正式生效,根据该协定的规定,中国和柬埔寨双方货物贸易零关税比例将达到90%以上[1]。但柬埔寨对部分产品,如卷心菜、番茄、西瓜、砂糖、烟草等实施例外处理,不完全开放市场;中国对大米、小麦、玉米、棉花、羊毛、食糖等敏感农产品以及部分食用植物油和烟草等维持关税配额管理,不进行关税削减。而且由于柬埔寨人均 GDP 较低,市场规模有限,导致双方农产品贸易额较低。但是,随着 RCEP 和《中柬自由贸易协定》的深入实施,柬埔寨农产品在中国市场的潜力巨大。未来,中柬两国农产品贸易有望持续增长,柬埔寨可能成为中国优质农产品来源地之一。

5.5.2　中国与 RCEP 成员国农产品出口潜力

在中国与 RCEP 成员国农产品出口引力模型 3 中,变量 FTA_{ijt} 没有通过显著性检验,因此剔除。而模型 4 显示的是去除不显著变量后获得的回归结果。由模型 4 推导出如下公式:

$$\ln EX_{ijt} = 4.581 + 0.42\ln GDP_{it} + 1.179\ln GDP_{jt} - 0.125\ln DIST_{ijt}$$
$$+ 0.295\ln LAND_{jt} + \xi_{ijt} \tag{5.10}$$

---

[1]　中国—柬埔寨自由贸易协定正式生效[EB/OL]. http://fta.mofcom.gov.cn/article/chinacambodia/chinacambodiaxwfb/202201/46938_1.html.

利用公式（5.10）计算得出中国与 RCEP 成员国理论农产品出口额。出口潜力值＝实际出口额/理论出口额。较高的比率表明中国与该国农产品出口关系密切，出口潜力较低。中国与 RCEP 成员国农产品出口潜力计算结果如表 5 - 10 所示。

表 5 - 10　　　　　　　　　　中国与 RCEP 成员国农产品出口潜力

年份	澳大利亚	印度尼西亚	日本	柬埔寨	韩国	老挝	缅甸	马来西亚	新西兰	菲律宾	新加坡	泰国	越南
2005	0.03	4.19	2.58	1.35	2.45	0.13	5.53	2.11	0.02	4.51	1.84	1.38	9.20
2006	0.04	4.25	2.70	0.81	2.05	0.11	7.42	2.18	0.03	5.09	1.46	1.31	8.96
2007	0.04	4.70	2.51	0.71	2.11	0.07	4.25	2.03	0.03	4.44	1.31	1.41	9.18
2008	0.04	3.37	1.90	0.65	2.00	0.08	2.32	1.78	0.03	3.48	1.55	1.67	9.69
2009	0.04	3.77	1.64	0.39	1.84	0.15	1.89	1.99	0.03	4.41	1.45	1.86	10.62
2010	0.04	4.10	1.70	0.53	1.79	0.27	1.82	2.06	0.03	3.77	1.36	2.06	10.31
2011	0.04	4.27	1.78	0.58	1.87	0.14	1.47	2.13	0.03	3.97	1.32	2.65	12.64
2012	0.03	3.58	1.82	0.59	1.72	0.23	1.50	1.92	0.03	4.33	1.25	2.72	9.70
2013	0.03	3.04	2.02	0.85	1.58	0.22	2.12	2.15	0.03	4.56	1.52	3.00	9.97
2014	0.03	3.39	2.05	0.76	1.55	0.15	3.46	2.06	0.03	4.27	1.76	3.22	10.90
2015	0.03	2.90	1.91	0.61	1.27	0.19	2.48	1.95	0.03	4.33	1.60	3.93	10.68
2016	0.04	3.08	1.59	0.46	1.30	0.14	3.02	2.00	0.03	4.80	1.38	3.49	11.00
2017	0.04	3.10	1.64	0.45	1.20	0.13	3.75	1.75	0.03	4.94	1.14	2.75	11.88
2018	0.03	2.98	1.65	0.53	1.23	0.28	3.88	1.54	0.03	4.71	1.05	2.57	12.07
2019	0.03	2.86	1.53	0.68	1.20	0.22	4.49	1.82	0.03	4.28	1.09	2.56	11.25
2020	0.03	2.54	1.35	0.79	1.09	0.16	4.00	2.25	0.03	4.72	1.35	3.07	10.43
2021	0.03	2.51	1.42	1.29	1.08	0.24	3.36	2.53	0.02	5.14	1.13	3.34	9.93
2022	0.03	2.57	1.84	1.41	1.34	0.35	3.84	2.82	0.03	5.28	1.30	3.77	9.47
均值	0.03	3.40	1.87	0.75	1.59	0.18	3.37	2.06	0.03	4.50	1.38	2.60	10.44

根据出口潜力值公式计算得出平均中国农产品出口潜力值。中国与 RCEP 成员国农产品出口潜力分类如表 5 - 11 所示。

表 5 – 11　　　　　　　　中国与 RCEP 成员国农产品出口潜力分类

出口潜力分类	对应的 RCEP 成员国
潜力再造型 出口潜力 >1.2	印度尼西亚、日本、韩国、缅甸、马来西亚、菲律宾、新加坡、泰国、越南
潜力开拓型 0.8≤出口潜力≤1.2	—
潜力巨大型 出口潜力 <0.8	澳大利亚、柬埔寨、老挝、新西兰

（1）出口潜力再造型国家分析

中国对印度尼西亚、日本、韩国、缅甸、马来西亚、菲律宾、新加坡、泰国、越南的农产品出口潜力值超过 1.2，属于出口潜力再造型。这表明中国对这九个国家的农产品出口市场比较成熟，市场占有率较高，可开拓的出口潜力较低。

这九个国家由于地理环境、经济状况、饮食习惯、农业产业结构和贸易政策的不同，中国对其出口的农产品类型、规模和策略也会有所区别。

①印度尼西亚是一个穆斯林人口众多的国家，对清真认证的农产品有特定需求，如水稻、水果（如榴莲、龙眼）、海鲜和清真肉类产品。对于印度尼西亚农产品市场，中国可以利用本国丰富的农产品资源和生产能力，满足印度尼西亚市场对农产品的特定需求。

②日本市场对农产品质量要求极高，偏好新鲜、有机、高端的农产品，如高质量的水果（如樱桃、苹果）、茶叶、调味品等。中国需要注重农产品的品质和包装，以及考虑符合日本严格的食品安全标准。

③韩国市场与中国相近，对中式调料、蔬菜、水果（如梨、苹果）有稳定需求。同时，韩国消费者对健康食品的兴趣更高，如功能性食品，这是中国农产品出口的潜在增长点。

④缅甸与中国的边境贸易频繁，中国可出口大米、蔬菜、化肥等。同时，由于缅甸农业较为传统，中国技术密集型的农产品和农业机械也有出口空间。

⑤马来西亚的多元文化背景导致其农产品需求多样化，中国可以出口除热带水果以外的特色水果、茶叶、加工食品等。此外，马来西亚华人社区对中式食品有特殊偏好。

⑥菲律宾对海鲜、水果（尤其是非本地种植的品种）、谷物等有需求，中

国可以凭借其供应链优势，提供这些产品。同时，农产品出口要考虑菲律宾对价格的敏感性，因此中国农产品出口应具备较高的性价比。

⑦新加坡是一个高度发达的城市国家，对高品质、新颖的农产品有较高需求，如精品水果、有机蔬菜、特色调味品等。新加坡也是中国农产品进入其他东南亚国家的转口地。中国对新加坡出口的农产品要确保符合新加坡的检验检疫要求，获取必要的认证，如 HACCP、ISO 等。农产品企业应注意在新加坡市场建立良好的品牌形象并进行有效的市场营销，同时还要考虑出口农产品的文化适宜性。

⑧泰国是农产品出口大国，但中国与泰国的农产品贸易具有一定的互补性。中国可以考虑出口某些高端水果、加工农产品和特色食品等农产品。同时，两国在农业技术和经验交流上也有合作空间。

⑨越南与中国农产品结构相似，但中国可针对越南的特定需求出口诸如种子、化肥、农业机械等生产资料，以及越南不大量生产的水果和蔬菜。

总的来说，中国需要根据不同国家的市场需求、消费习惯和贸易政策，调整出口产品结构，优化出口策略；同时，加强品牌建设，提升产品质量和服务，以最大限度激发农产品出口潜力。

（2）出口潜力巨大型国家分析

中国对澳大利亚、柬埔寨、老挝、新西兰农产品出口潜力值低于 0.8，属于出口潜力巨大型。这表明中国对这几个国家农产品出口联系较为松散，市场占有率不高，具有较高的市场开拓潜力。

澳大利亚是农产品出口大国，尤其是在牛肉、小麦、乳制品等方面，与中国在某些农产品上可能存在直接竞争。中澳两国之间存在一些贸易政策波动（如关税、非关税壁垒），以及澳大利亚对食品安全和质量的高标准等，这些因素都可能导致中国农产品出口澳大利亚面临较大挑战。新西兰同样是一个农产品出口强国，尤其在乳制品、肉类和水果等领域具有全球竞争优势。中国出口到新西兰的农产品可能面临激烈的本土竞争和高标准的市场准入要求。因此，出口潜力值较低可能是由于市场饱和度高和竞争门槛高所致。对这两个国家出口农产品，中国出口商应更加精细化地研究市场，寻找特定的细分市场或产品类别，避免与当地强势产品直接竞争；提升产品质量，确保符合甚至超越进口国的食品安全和质量标准，增强竞争力。

柬埔寨作为发展中国家，其国内对进口农产品的需求相对有限，且可能偏好低成本产品。中国出口商可能需要在价格和产品差异化上下功夫，寻找特定市场缝隙，如提供技术含量较高或特定种类的农产品。

老挝市场规模较小，经济发展水平和基础设施相对落后，对高端或高价值农产品的需求有限。中国出口商需要考虑老挝的实际消费能力和市场需求，寻找适合当地消费水平的产品出口，或者通过技术转移、农业合作项目等形式加深合作。

5.5.3　中国与 RCEP 成员国农产品进口潜力

在中国与 RCEP 成员国农产品进口引力模型 5 中，变量 FTA_{ijt} 没有通过显著性检验，因此剔除。模型 6 显示的是去除不显著变量后获得的回归结果。由模型 6 推导出如下公式：

$$\ln IM_{ijt} = 3.426 + 0.629\ln GDP_{it} + 0.798\ln GDP_{jt} + 0.171\ln DIST_{ijt}$$
$$+ 0.278\ln LAND_{jt} + \xi_{ijt} \tag{5.11}$$

利用公式（5.11）计算得出中国与 RCEP 成员国理论农产品进口额。进口潜力值 = 实际进口额/理论进口额。较高的比率表明中国与该国农产品进口关系密切，进口潜力较低。中国与 RCEP 成员国农产品进口潜力计算结果如表 5 - 12 所示。

表 5 - 12　　　　　　　中国与 RCEP 成员国农产品进口潜力

年份	澳大利亚	印度尼西亚	日本	柬埔寨	韩国	老挝	缅甸	马来西亚	新西兰	菲律宾	新加坡	泰国	越南
2005	0.28	6.74	0.67	0.17	0.95	0.32	4.58	3.87	0.32	0.72	0.51	4.29	2.70
2006	0.23	6.22	0.66	0.25	0.77	0.54	3.30	3.93	0.30	0.72	0.67	4.49	3.79
2007	0.20	5.34	0.62	0.30	0.78	0.53	3.09	4.24	0.26	0.50	0.65	3.69	4.07
2008	0.16	5.19	0.48	0.15	0.71	0.45	3.24	3.74	0.26	0.53	0.70	3.15	2.54
2009	0.16	4.03	0.45	0.13	0.79	0.46	2.00	3.00	0.39	0.58	1.18	3.30	3.16
2010	0.18	3.96	0.52	0.29	0.78	0.67	1.95	2.86	0.48	0.81	1.01	3.88	3.17
2011	0.21	4.20	0.43	0.39	0.82	0.92	1.26	3.06	0.49	0.89	0.71	4.51	3.93

年份	澳大利亚	印度尼西亚	日本	柬埔寨	韩国	老挝	缅甸	马来西亚	新西兰	菲律宾	新加坡	泰国	越南
2012	0.20	3.74	0.40	0.24	0.69	0.85	1.25	2.14	0.52	0.63	0.53	3.98	4.57
2013	0.23	2.94	0.44	0.46	0.59	1.24	1.72	1.77	0.67	0.62	0.61	3.75	4.02
2014	0.23	2.94	0.42	0.59	0.52	2.36	1.64	1.42	0.73	0.80	0.75	3.74	3.80
2015	0.27	3.28	0.46	0.34	0.55	1.32	0.89	1.34	0.60	0.75	0.92	4.05	4.25
2016	0.27	2.87	0.41	0.32	0.57	0.89	1.08	1.31	0.63	0.66	0.87	4.02	4.91
2017	0.30	3.53	0.42	0.30	0.52	0.91	0.84	1.44	0.74	0.74	0.77	4.41	4.79
2018	0.29	3.03	0.44	0.36	0.48	1.01	0.78	1.04	0.77	0.80	0.60	3.62	4.29
2019	0.32	3.07	0.37	0.45	0.50	1.31	1.27	1.08	0.90	0.79	0.57	3.44	4.12
2020	0.29	3.40	0.36	0.65	0.53	1.46	1.53	1.45	0.94	0.69	0.55	4.15	4.98
2021	0.29	3.76	0.35	0.70	0.51	1.04	1.62	1.22	0.89	0.68	0.39	4.61	4.40
2022	0.22	3.54	0.38	0.66	0.44	1.77	3.16	1.17	0.84	0.70	0.38	4.75	4.97
均值	0.23	3.99	0.46	0.37	0.64	1.00	1.96	2.23	0.59	0.70	0.69	3.99	4.03

根据进口潜力值公式计算得出平均中国农产品进口潜力值。中国与 RCEP 成员国农产品进口潜力分类如表 5-13 所示。

表 5-13　　　　　中国与 RCEP 成员国农产品进口潜力分类

进口潜力分类	对应的 RCEP 成员国
潜力再造型 进口潜力 > 1.2	印度尼西亚、缅甸、马来西亚、 泰国、越南
潜力开拓型 0.8 ≤ 进口潜力 ≤ 1.2	老挝
潜力巨大型 进口潜力 < 0.8	澳大利亚、日本、柬埔寨、韩国、 新西兰、菲律宾、新加坡

（1）进口潜力再造型国家分析

中国与印度尼西亚、缅甸、马来西亚、泰国、越南这五个国家的农产品进口潜力值超过 1.2，属于进口潜力再造型。这表明中国从这五个国家进口的农产品较多，可开拓的进口潜力较低。

印度尼西亚具有丰富的热带农产品资源，如棕榈油、橡胶、热带水果（如榴莲、山竹）、咖啡和香料，对中国市场具有很强的吸引力。中国可以从印度尼西亚进口更多的特色农产品，从而满足国内对多样化、高质量食品的需求。

缅甸是中国的重要邻国，以其丰富的自然资源著称，包括稻米、豆类、水果（如芒果、龙眼）、木材和渔业产品。中国可以从缅甸进口大量农产品；同时，通过投资和技术援助，帮助缅甸提升农业生产力，实现"双赢"。

马来西亚以其优质的棕榈油、热带水果（如榴莲、菠萝）、可可和橡胶等而闻名。中国可以进一步增加从马来西亚的进口，特别是在高端食品和特色农产品方面，以丰富国内市场供给。

泰国是世界上重要的粮食出口国之一，其大米、水果（如榴莲、龙眼、芒果）、海鲜和冷冻食品在中国市场享有很高声誉。中国与泰国的农产品贸易历史悠久，双方还有进一步扩大合作的可能，尤其是在提升供应链效率和产品多样性方面。

越南是世界第二大稻米出口国，同时也是热带水果（如火龙果、荔枝、龙眼）、咖啡、腰果和水产品的出口大国。中国与越南接壤，地理上的优势使得两国农产品贸易尤为密切，可以进一步挖掘双边贸易的潜力，优化贸易结构。

综上所述，中国从这五个国家进口农产品可以通过优化贸易结构、提高进口效率、增强供应链合作等措施，进一步提升进口量和多样性，以满足国内消费升级的需求，同时也能促进区域内的农业合作与经济发展。

（2）进口潜力开拓型国家分析

中国与老挝的农产品进口潜力值超过 0.8 但低于 1.2，属于进口潜力开拓型，表明中国从老挝进口农产品有一定的增长潜力。

老挝是中国重要的农产品进口来源之一，特别是老挝的大米、玉米、香蕉、西瓜、木薯干、红薯等产品在中国市场上占有一定份额。这意味着中老两国之间在农产品贸易方面已建立起较为稳定的供需关系。进口潜力值的评估显示，尽管中国从老挝进口农产品已有一定基础，但老挝的农产品在中国市场仍有进一步渗透的空间。这可能需要通过增加引进新品种、提升现有品种质量与数量，或是通过改善物流效率、降低贸易成本等方式来刺激增长。

双方在农业领域的技术合作与投资被视为提升进口潜力的关键。通过中老铁路等基础设施，物流成本将进一步降低，从而加速农产品的流通。同时，技术转移和培训项目可以帮助老挝提高农产品的生产效率和品质，以满足中国市场更高的标准。《中老贸易协定》及"一带一路"倡议等框架下的合作为农产品贸易提供了政策支持。进一步优化贸易条款、简化通关流程，以及实施更优惠的关税政策，将有助于激发更大的进口潜力。

中国与老挝的农产品进口潜力属于开拓型，意味着双方需要通过深化合作、技术创新和调整市场策略，把握既有基础，持续拓展新的增长点，以实现互利共赢的贸易发展。

（3）进口潜力巨大型国家分析

中国与澳大利亚、日本、柬埔寨、韩国、新西兰、菲律宾、新加坡这七个国家的农产品进口潜力值低于 0.8，属于进口潜力巨大型。这表明中国从这七个国家进口的农产品较少，可开拓的进口潜力较高。

①澳大利亚。尽管澳大利亚是农产品出口大国，与中国有紧密的贸易联系，但进口潜力值低可能是因为特定农产品领域尚未得到充分开发，或是受到贸易政策、成本等因素的限制。未来可探索更多元化的农产品进口，如高端肉类、乳制品和特色农产品。

②日本。日本以其高质量的农产品而闻名，进口潜力值低可能反映了价格敏感性和市场准入限制。但鉴于中国消费者对日本食品的偏好，可增加进口日本的有机食品、特色水果和加工食品等，以提升进口潜力。

③柬埔寨。柬埔寨农业资源丰富，但出口到中国的农产品种类和规模可能受限于生产能力和出口基础设施。加大投资合作，提升柬埔寨生产能力，有助于挖掘其农产品进口潜力。

④韩国。在韩国与中国农产品贸易中，可能因价格、竞争和偏好等而导致进口潜力未完全释放。开发韩国的健康食品、高端调味品和特色农作物进口可能是未来发展方向。

⑤新西兰。作为乳制品和肉类的主要出口国，新西兰对中国的出口已相当成熟，但进口潜力值低可能源于特定产品类别未充分利用。探索新西兰的有机农产品、特种乳制品进口，可能有助于开拓新市场。

⑥菲律宾。菲律宾的水果和海产品在中国市场有巨大需求，进口潜力低可能是因为供应链不稳定或市场认知不足。加强供应链管理，提升菲律宾农产品在中国的品牌影响力是激发潜力的途径。

⑦新加坡。新加坡自身农产品产量有限，但作为转口中心，可能未充分发

挥其作为特色农产品和高端食品进入中国市场的门户作用。通过新加坡引进其他国家的特色农产品是开拓进口潜力的有效方式。

总体来看，尽管这些国家的进口潜力值较低，但并不意味着没有机会。相反，这表明中国可以重新审视与这些国家的农产品贸易关系，通过优化贸易结构、增强供应链合作、开拓特色产品进口等方式，深入挖掘并提升进口潜力。同时，利用自由贸易协定、技术合作与市场推广策略也是提升进口量和多样性的重要手段。

5.6　小　　结

本章分析了中国与 RCEP 成员国农产品贸易的潜力，指出 RCEP 作为大型自由贸易区，对深化区域经济一体化和促进农产品贸易的积极作用。在研究方法上，选取了 2005 ~ 2022 年的数据，使用扩展的贸易引力模型，考虑了经济规模、地理距离、农业用地面积、自由贸易区等因素。

对原始数据进行了对数变换以减少极端值影响，增强了模型的稳定性和精确性。对长面板数据进行了 LLC 检验，结果显示所有变量序列均为平稳序列，表明时间序列数据适合进行回归分析，避免了伪回归问题。

研究结果表明，经济规模、自由贸易协定等因素对农产品贸易有显著的正向影响，而地理距离对贸易有负向影响，农业用地面积对贸易的影响则视具体情况而定。随机效应模型普遍优于固定效应模型，意味着个体间差异对贸易量有重要影响。

贸易引力模型为分析中国与 RCEP 成员国的农产品贸易提供了有力工具，能够揭示贸易潜力并指导政策制定。模型预测显示，通过政策调整和机制创新，可以显著提升贸易效率和扩大贸易规模，促进双方农产品贸易朝向更稳健、高效的方向发展。

综上所述，本章通过综合运用经济学模型和实证分析方法，深入剖析了中国与 RCEP 成员国之间农产品贸易潜力，为推动区域经济一体化进程中的农产品贸易合作提供了理论依据和实践指导。

第 6 章　中国与 RCEP 国家农产品
出口质量测算

中国是一个农业大国，农产品出口质量不仅反映了国家的经济发展水平和品牌信誉，还直接关系着中国农业产业链的转型升级与农民增收，是国家综合实力的象征。RCEP 的生效使中国农产品出口到 RCEP 成员国的市场准入门槛降低，关税壁垒减少。因此，中国农产品能够更加方便地进入 RCEP 市场，这为中国农产品出口创造了良好的契机，对于中国扩大农产品出口规模、促进农业产业升级意义非凡。

RCEP 成员国之间互相开放意味着市场竞争更加激烈，各国农产品供应在 RCEP 区域内实现贸易自由化，消费者对农产品品质、安全、健康的要求日益提升。因此，如何在激烈的市场竞争环境中脱颖而出，成为中国能否在这一轮区域经济合作中占据主动权的关键一环。提升农产品质量不仅需要引入现代农业技术，提高种植养殖效率等先进农业科技手段，还需要建立健全的农产品质量追溯体系，强化从田间到餐桌每一个环节的监管，从而确保食品安全。

此外，绿色环保型农业的发展也很重要。世界各国越来越重视可持续发展策略，消费者也越来越青睐绿色、有机、低碳的农产品。中国在 RCEP 框架下的农产品出口战略应当既要注重提升农产品质量与价值，又要通过国际合作与市场机制的优化，实现农产品出口的高质量发展，从而在全球农业竞争中站稳脚跟，并逐步提升中国的农业大国地位。

6.1　模型构建

考虑到数据的可得性及测算的方便性，本章采用单位价值法测算中国对

RCEP 成员国农产品出口质量。农产品种类见表 6 - 1。

出口产品的单位价值是指出口产品出口额与出口数量相除得到的每单位的产品价值。单位价值法将出口产品的单位价值作为出口产品质量的代理变量，产品的单位价值越高，则产品质量越高。具体公式如下：

$$Qual_{it} = \sum_j \frac{Evalue_{ijt}}{\sum_j Evalue_{ijt}} \frac{Evalue_{ijt}}{Quan_{ijt}} \tag{6.1}$$

其中，i 代表 RCEP 成员国，j 代表农产品种类，t 代表年份。$Qual_{it}$ 代表中国对 i 国 t 年的农产品出口质量；$Evalue_{ijt}$ 代表中国对 i 国 t 年 j 类农产品出口额；$Quan_{ijt}$ 代表中国对 i 国 t 年 j 类农产品出口数量。

6.2 数据来源与处理

考虑到数据的可得性，本章选择的样本区间为 2015～2023 年，研究对象是中国出口到澳大利亚、新西兰、日本、韩国、印度尼西亚、柬埔寨、老挝、缅甸、马来西亚、菲律宾、新加坡、泰国、越南 13 个 RCEP 成员国 HS 编码为 01～24 的农产品。本章农产品相关数据来源于海关总署①。通过查到的中国对 RCEP 成员国农产品出口数量（出口数量采用第一计量单位：千克）、出口额，根据公式（6.1）计算得到产品的单位价值。

HS 编码中前两位数值为 01～24 之间的是农产品，因此对于所得数据，首先删除 HS 八位数编码前两位高于 24 的数据。然后，参考施炳展等（2014）的数据处理方法，删除中国对 RCEP 成员国出口数量为 0 的数据，再删除出口额小于 400 元人民币的数据，最终得到 43395 个农产品样本。

6.3 中国与 RCEP 成员国农产品出口总体质量测算

根据公式（6.1），对 2015～2023 年中国对 RCEP 成员国农产品出口质量

---

① 参见 http：//stats. customs. gov. cn/。

进行测算，结果如图 6 - 1 所示。

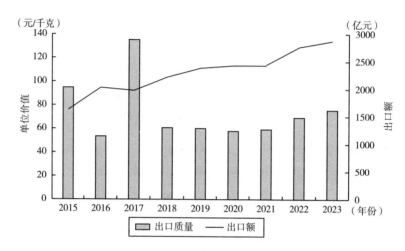

图 6 - 1　2015 ~ 2023 年中国对 RCEP 成员国农产品出口单位价值和出口额
资料来源：根据海关总署公布的数据计算所得。

从图 6 - 1 可以看出，中国对 RCEP 成员国农产品出口额除了在 2017 年略有下降之外，总体呈上升趋势，从 2015 年的 1627. 79 亿元增长到 2023 年的 2874. 02 亿元。其中，2015 ~ 2016 年出口额增幅较大，从 1627. 79 亿元增加到 2028. 65 亿元，年增长率为 24. 62% ；2016 ~ 2017 年，出口额下降到 1976. 67 亿元，降低了 2. 56% ；2017 ~ 2023 年，出口额持续增长。

2015 ~ 2018 年，中国对 RCEP 成员国农产品出口单位价值波动较大，从 2015 年的 94. 75 元/千克下降到 2016 年的 53. 41 元/千克，然后在 2017 年又迅速上升到 135. 06 元/千克，之后在 2018 年又大幅度下降到 60. 67 元/千克。2019 ~ 2020 年，农产品出口单位价值缓慢波动下降，在 2020 年达到最低点（57. 87 元/千克）。2020 ~ 2023 年，农产品出口单位价值逐年增加，2023 年达到 75. 52 元/千克。总体来看，中国对 RCEP 成员国农产品的质量呈现先升后降再升的趋势。

虽然中国对 RCEP 成员国农产品的出口质量有波动，但是出口额总体上是增加的。这说明，虽然某些年份农产品出口平均质量有所下降，但是因为市场需求增加、市场规模扩大等因素，中国农产品出口收入保持增长趋势。

6.4　中国与 RCEP 成员国不同类别农产品出口质量测算

按照 HS 编码对农产品进行分类，参考方慧和赵甜（2018）的分类标准，将农产品分为四大类。第 1 类为活动物和动物产品，包含 HS 编码中从第 1 章到第 5 章的农产品。第 2 类为植物产品，包含 HS 编码中从第 6 章到第 14 章的农产品。第 3 类为动植物油脂及其分解产品，包含 HS 编码中第 15 章的产品。第 4 类为食品、饮料和烟酒产品，包含 HS 编码中从第 16 章到第 24 章的产品。

表 6 -1   HS 编码农产品类别

农产品类别	HS 编码	商品名称
第 1 类：活动物和动物产品	01	活动物
	02	肉及食用杂碎
	03	鱼、甲壳动物、软体动物及其他水生无脊椎动物
	04	乳品、蛋品、天然蜂蜜及其他食用动物产品
	05	其他动物产品
第 2 类：植物产品	06	活树及其他活植物，鳞茎、根及类似品，插花及装饰用簇叶
	07	食用蔬菜、根及块茎
	08	食用水果及坚果，甜瓜或柑橘属水果的果皮
	09	咖啡、茶、马黛茶及调味香料
	10	谷物
	11	制粉工业产品，麦芽，淀粉，菊粉，面筋
	12	含油子仁及果实，杂项子仁及果仁，工业用植物，稻草、秸秆及饲料
	13	虫胶，树胶、树脂及其他植物液、汁
	14	编结用植物材料，其他植物产品
第 3 类：动植物油脂及分解产品	15	动、植物或微生物油、脂及其分解产品，精制的食用油脂，动、植物蜡

续表

农产品类别	HS 编码	商品名称
第 4 类：食品、饮料和烟酒	16	肉、鱼、甲壳动物、软体动物及其他水生无脊椎动物、昆虫的制品
	17	糖及糖食
	18	可可及可可制品
	19	谷物、粮食粉、淀粉或乳的制品，糕饼点心
	20	蔬菜、水果、坚果或植物其他部分的制品
	21	杂项食品
	22	饮料、酒及醋
	23	食品工业的残渣及废料，配制的动物饲料
	24	烟草、烟草及烟草代用品的制品，非经燃烧吸用的产品，其他供人体摄入尼古丁的含尼古丁的产品

根据公式（6.1），对 2015～2023 年中国对 RCEP 成员国四大类农产品出口质量进行测算，结果如图 6-2 所示。

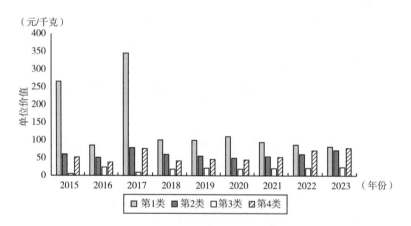

图 6-2 2015～2023 年中国对 RCEP 成员国四类农产品出口单位价值

资料来源：根据海关总署公布的数据计算所得。

从图 6-2 可以看出，中国对 RCEP 成员国出口的第 1 类农产品平均质量最高，但波动较大。2015 年，单位价值为 265.65 元/千克，2016 年下降为 85.75 元/千克，之后在 2017 年回升到最高点，达到 345.40 元/千克；2017 年之后，第 1 类农产品单位价值持续下降，2023 年下降到 82.08 元/千克。第 3 类农产品出口平均质量最低，波动也比较大，但总体呈上升趋势。上升幅度最大的阶段是 2015 ~ 2016 年，农产品单位价值从 5.09 元/千克上升到 23.58 元/千克，之后在 2016 年迅速下降到 9.26 元/千克；2016 年之后，第 3 类农产品单位价值总体呈现上升趋势，2023 年上升到 23.65 元/千克。

中国对 RCEP 成员国出口的第 2 类和第 4 类农产品单位价值介于第 1 类和第 3 类之间，波动较为平缓。第 2 类农产品出口单位价值经历了两个先降后升的阶段，但总体呈现上升趋势。第一阶段从 2015 年的 60.75 元/千克下降到 2016 年的 51.59 元/千克，然后在 2017 年又上升到 79.08 元/千克；第二阶段从 2018 年的 60.28 元/千克下降到 2020 年的 50.11 元/千克，然后又上升到 2023 年的 72.16 元/千克。第 4 类农产品出口单位价值经历了先降后升，然后下降再上升的阶段，总体也呈现上升趋势。第 4 类农产品单位价值从 2015 年的 52.40 元/千克下降到 2016 年的 38.06 元/千克，然后上升到 2017 年的 76.58 元/千克，之后下降到 2018 年的 41.48 元/千克，在 2018 年之后持续上升，2023 年达到 78.18 元/千克。

总的来说，2015 ~ 2023 年，中国对 RCEP 成员国出口的第 4 类农产品质量呈现了不同的波动趋势，但第 2 类、第 3 类、第 4 类农产品单位价值在 2023 年均比 2015 年要高，第 1 类农产品单位价值在 2023 年也呈现出增长态势。

6.5　中国与 RCEP 成员国分国别农产品出口质量测算

根据公式（6.1），对 2015 ~ 2023 年中国对不同 RCEP 成员国农产品出口质量进行测算。

6.5.1　中国与澳大利亚农产品出口质量测算

2015 ~ 2023 年中国与澳大利亚农产品出口质量测算结果如图 6 - 3 所示。

从图 6 - 3 可知，中国对澳大利亚农产品出口单位价值在 2015 ~ 2023 年波动较大。2015 年是农产品出口单位价值最高的一年，达到 159.72 元/千克，但 2016 年却大幅度下降至 54.53 元/千克，单位价值下降了 65.86%。2016 ~

2021 年，农产品出口单位价值在 54.53 元/千克～78.48 元/千克范围内浮动，但波动相对较小。2021～2022 年，农产品出口单位价值从 56.47 元/千克迅速上升到 119.83 元/千克，上升幅度高达 112.20%。2022～2023 年，农产品出口单位价值变化不大。2015～2023 年中国对澳大利亚农产品出口单位价值略有下降，但总体保持在较高水平。

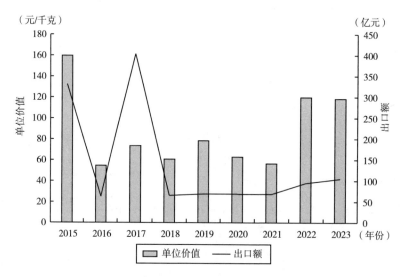

图 6-3　2015～2023 年中国对澳大利亚农产品出口单位价值和出口额

资料来源：根据海关总署公布的数据计算所得。

中国对澳大利亚农产品出口额的波动与农产品出口单位价值波动趋势相似。2015～2017 年，农产品出口额波动剧烈，从 2015 年的 330.9 亿元下降到 2016 年的 62.59 亿元，然后又迅速上升到 2017 年的 403.8 亿元。2018～2021 年，波动相对平缓，在 65.31 亿元～68.88 亿元范围内浮动。之后，中国对澳大利亚农产品出口额从 2021 年的 68.14 亿元上升到 2023 年的 104.9 亿元，农产品出口额呈现较快的上升趋势。这一时期农产品贸易额上升可能是得益于 RCEP 的生效实施和新冠疫情得到有效控制。

6.5.2　中国与新西兰农产品出口质量测算

2015～2023 年中国与新西兰农产品出口质量测算结果如图 6-4 所示。

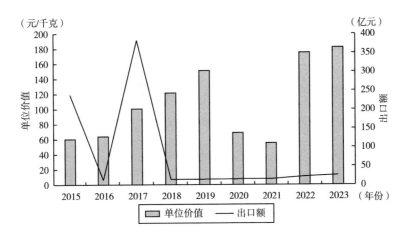

图 6 - 4　2015 ~ 2023 年中国对新西兰农产品出口单位价值和出口额

资料来源：根据海关总署公布的数据计算所得。

从图 6 - 4 可知，2015 ~ 2023 年中国对新西兰出口农产品的单位价值呈现波动上升的趋势。农产品单位价值从 2015 年的 60. 23 元/千克上升到 2023 年的 182. 07 元/千克。2015 ~ 2019 年，农产品出口单位价值持续上升，并且在 2017 年大幅度增长，从 2016 年的 63. 75 元/千克增长到 100. 58 元/千克。之后农产品出口单位价值持续上升，并在 2019 年达到这一阶段的峰值（151. 07 元/千克）。2020 年，农产品出口单位价值断崖式下降到 68. 71 元/千克，2021 年继续下降至 55. 17 元/千克。2022 年，农产品出口单位价值强劲反弹至 175. 21 元/千克，2023 年继续上升到 182. 07 元/千克。这充分显示出市场的不稳定性以及价格剧烈波动。

与农产品出口单位价值的波动幅度相比，中国对新西兰农产品的出口额整体呈现较为平稳的增长态势。2015 ~ 2017 年，出口额波动剧烈，从 2015 年的 238. 5 亿元下降到 2016 年的 12. 13 亿元，再上升到 2017 年的 383. 1 亿元。这一阶段出口额数据较为异常，其背后的原因可能是对某类商品出现临时大批量的需求等。2018 ~ 2023 年，中国对新西兰的农产品出口额基本维持在一个相对稳定的水平（14 亿元 ~ 26 亿元）。

综合来看，中国对新西兰的农产品出口单位价值存在较大的波动，但出口额则表现出较为稳定的趋势。值得注意的是，2023 年农产品单位价值显著提高，但出口额增加并不太多，这表明中国对新西兰农产品出口量可能并未同步增加。

6.5.3 中国与日本农产品出口质量测算

2015～2023 年中国对日本农产品出口质量测算结果如图 6-5 所示。

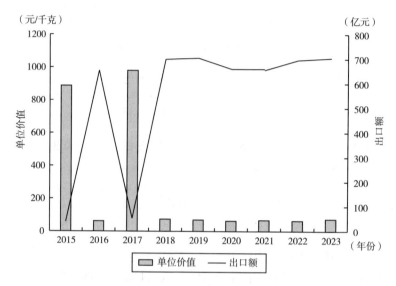

图 6-5 2015～2023 年中国对日本农产品出口单位价值和出口额

资料来源：根据海关总署公布的数据计算所得。

从图 6-5 可知，2015～2017 年中国对日本农产品出口单位价值波动幅度非常大，农产品出口单位价值从 2015 年的 887.92 元/千克急剧下降到 2016 年的 62.11 元/千克，然后在 2017 年又迅速上升至 980.00 元/千克。2018～2023 年，农产品出口单位价值处于 63 元/千克～75 元/千克的区间，总体相对稳定。

中国对日本农产品出口额整体呈现波动上升的趋势。2015～2017 年，波动剧烈，农产品出口额从 2015 年的 38.66 亿元迅速增长到 2016 年的 653.97 亿元，到 2017 年又下降到 52.16 亿元。2018～2023 年，农产品出口额略有起伏，总体呈现上升趋势，表明中国农产品对日本出口具有一定的增长潜力。

2015 年和 2017 年的农产品单位价值和出口额都较为异常，这可能是由于两国间的价格谈判、质量调整或者其他原因造成的。

6.5.4　中国与韩国农产品出口质量测算

2015～2023 年中国与韩国农产品出口质量测算结果如图 6-6 所示。

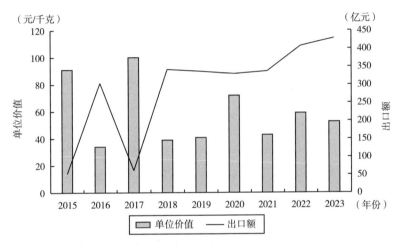

图 6-6　2015～2023 年中国对韩国农产品出口单位价值和出口额

资料来源：根据海关总署公布的数据计算所得。

从图 6-6 可知，2015～2023 年中国对韩国农产品出口单位价值波动较大。其中，2015～2017 年波动尤为剧烈：2015 年农产品出口单位价值高达90.99 元/千克，2016 年大幅下降至34.03 元/千克，2017 年又上升到100.10元/千克。2018～2023 年，农产品出口价值相对较小，在 38.92 元/千克～71.83 元/千克范围内浮动。农产品出口单位价值在这一时期没有明显的上升或下降趋势，而是呈现出了较为复杂的波动模式。

中国对韩国农产品出口额总体呈增长趋势，从 2015 年的 52.89 亿元逐渐增加到 2023 年的 428.52 亿元。2015～2017 年，农产品出口额变化较为剧烈，从 2015 年的 52.89 亿元增加到 2016 年的 304.29 亿元，增长幅度高达475.33%；之后，在 2017 年又迅速下降为 61.97 亿元，下降幅度为 86.96%。2018～2020 年，农产品出口额呈现下降趋势，从 2018 年的 341.92 亿元下降到2020 年的 329.97 亿元。2021～2023 年，农产品出口额呈现上升趋势，从 2021年的 337.26 亿元增加到 2023 年的 428.52 亿元。

总体来看，农产品出口单位价值波动较大，但中国对韩国农产品出口总额持续增长，这表明中国对韩国农产品出口市场具有较强的增长潜力。

6.5.5　中国与印度尼西亚农产品出口质量测算

2015～2023 年中国与印度尼西亚农产品出口质量测算结果如图 6 - 7 所示。

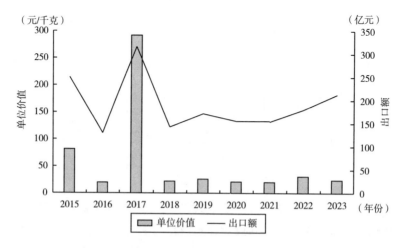

图 6 - 7　2015～2023 年中国对印度尼西亚农产品出口单位价值和出口额
资料来源：根据海关总署公布的数据计算所得。

从图 6 - 7 可知，中国对印度尼西亚农产品出口单位价值呈下降趋势。2015～2017 年，农产品出口单位价值从 2015 年的 81.41 元/千克大幅下降至 2016 年的 19.87 元/千克，2017 年上升到 291.98 元/千克。2018～2023 年，农产品出口单位价值相对稳定，保持在 20 元/千克～32 元/千克的区间，其中 2020 年农产品单位价值最低（20.11 元/千克），2022 年农产品单位价值最高（31.04 元/千克）。可见，这一时期出口的产品类型或品质较为一致。

中国对印度尼西亚农产品出口额同样在 2015～2017 年剧烈波动，从 2015 年的 250.58 亿元下降至 2016 年的 129.40 亿元，2017 年上升至 315.61 亿元。2018～2023 年，农产品出口额总体呈上升趋势，从 2018 年的 142.61 亿元上升到 2023 年的 212.71 亿元，只在 2020 年略有下降，从 2019 年的 171.27 亿元下降到 2020 年的 155.21 亿元。可见，2018～2023 年中国对印度尼西亚的农产品出口市场在逐步扩大。

中国对印度尼西亚农产品出口单位价值的波动较大，尤其是 2017 年，这可能是受特殊事件或者特殊产品的影响。农产品出口额有一定的波动，但总体上呈现上升趋势。总的来看，中国对印度尼西亚的农产品出口市场是稳定的，并且有增长潜力。

6.5.6　中国与柬埔寨农产品出口质量测算

2015 ~ 2023 年中国与柬埔寨农产品出口质量测算结果如图 6 - 8 所示。

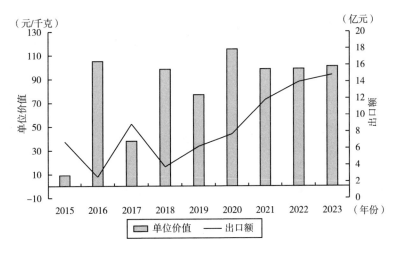

图 6 - 8　2015 ~ 2023 年中国对柬埔寨农产品出口单位价值和出口额

资料来源：根据海关总署公布的数据计算所得。

从图 6 - 8 可知，中国对柬埔寨农产品出口单位价值呈上升趋势。2015 ~ 2017 年，农产品出口单位价值波动剧烈，从 2015 年的 9.18 元/千克大幅上升至 2016 年的 105.03 元/千克，2017 年又迅速下降到 37.98 元/千克。这一时期的剧烈波动可能与市场供求变化、两国货币汇率变动以及政府政策调整等因素有关。2018 ~ 2023 年，农产品出口单位价值波动较为温和。其中，2018 ~ 2019 年，农产品单位价值有所下降，从 2018 年的 98.34 元/千克下降到 2019 年的 76.93 元/千克，到 2020 年又上升到 115.13 元/千克。2021 ~ 2023 年，农产品单位价值逐年上升，从 2021 年的 98.50 元/千克上升到 2023 年的 100.74 元/

千克。农产品出口单位价值在初期有一定的波动，但在后期趋于稳定，这表明中柬农产品贸易已经适应当时的环境，并进入了较为平稳的发展时期。

中国对柬埔寨农产品出口额总体呈现增长趋势。2015～2017 年农产品出口额波动较大，从 2015 年的 6.78 亿元下降至 2016 年的 2.55 亿元，2017 年上升至 8.90 亿元。2018～2023 年，农产品出口额逐年上升，从 2018 年的 3.76 亿元上升到 2023 年的 14.82 亿元。可见，中国对柬埔寨农产品出口额显示尽管有波动，但总体呈现出增长趋势，表明中柬之间农产品贸易有较大的增长潜力。

6.5.7　中国与老挝农产品出口质量测算

2015～2023 年中国与老挝农产品出口质量测算结果如图 6 - 9 所示。

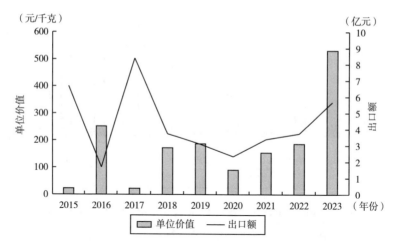

图 6 - 9　2015～2023 年中国对老挝农产品出口单位价值和出口额

资料来源：根据海关总署公布的数据计算所得。

从图 6 - 9 可知，中国对老挝农产品出口单位价值呈上升趋势。2015～2017 年，农产品出口单位价值波动较大，从 2015 年的 22.60 元/千克大幅上升至 2016 年的 251.98 元/千克，2017 年又迅速下降到 21.96 元/千克。2018～2019 年，农产品出口单位价值从 172.10 元/千克上升到 186.73 元/千克，到 2020 年下降到 90.09 元/千克。2020～2023 年，农产品出口单位价值逐年上升，2023 年上升到 531.74 元/千克，与 2022 年的 186.34 元/千克相比，上升幅度高达 185.36%。2016 年和 2023 年的单位价值明显高于其他年份,这可能是因为某些高价值农产品出口增加或者其他因素造成的。

中国对老挝农产品出口额在 2015~2017 年波动较大,农产品出口额从 2015 年的 6.68 亿元下降至 2016 年的 1.67 亿元,2017 年上升至 8.39 亿元。2018~2020 年,农产品出口额逐年下降,从 2018 年的 3.73 亿元下降到 2020 年的 2.33 亿元。2021~2023 年,农产品出口额逐年上升,从 2021 年的 3.39 亿元上升到 2023 年的 5.68 亿元。中国与老挝的农产品出口额在不同年份之间差异较大,反映出中国对老挝农产品出口市场的不确定性。农产品出口额明显波动,说明双方农产品贸易受外部环境影响较大。

6.5.8 中国与缅甸农产品出口质量测算

2015~2023 年中国与缅甸农产品出口质量测算结果如图 6-10 所示。

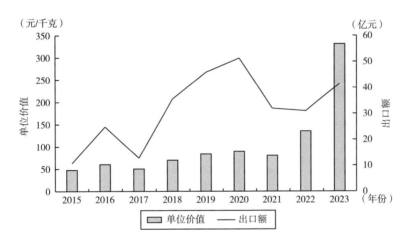

图 6-10 2015~2023 年中国对缅甸农产品出口单位价值和出口额

资料来源:根据海关总署公布的数据计算所得。

从图 6-10 可知,中国对缅甸农产品出口单位价值呈波动上升趋势。农产品单位价值从 2015 年的 47.58 元/千克上升到 2023 年的 331.09 元/千克。在这一时期,农产品单位价值出现了两次下降,第一次是在 2017 年,农产品出口单位价值从 2016 年的 60.21 元/千克下降到 2017 年的 50.19 元/千克;第二次是在 2021 年,从 2020 年的 89.82 元/千克下降到 2021 年的 80.30 元/千克。

2022~2023 年，农产品出口单位价值迅速上升，从 135.35 元/千克上升到 331.09 元/千克，上升幅度高达 144.62% 。

中国对缅甸农产品出口额从 2015 年的 10.72 亿元增加到 2023 年的 41.49 亿元，同样呈现波动上升趋势，并在某些年份有较大幅度的增长。2015~2017 年，农产品出口额波动较大，从 2015 年的 10.72 亿元上升至 2016 年的 24.83 亿元，2017 年下降至 12.80 亿元。2018~2020 年，农产品出口额逐年上升，从 2018 年的 35.54 亿元上升到 2020 年的 51.28 亿元。之后，在 2021 年又下降到 31.94 亿元。2022 年的农产品出口额比 2021 年略有下降，但在 2023 年再次上升到 41.49 亿元。

中国对缅甸农产品出口单位价值和出口额均呈现波动增长趋势，农产品单位价值的提升可能是受中国对缅甸出口农产品质量提升、产品结构变化或其他市场因素的影响。农产品出口额的增长则可能是因为农产品出口量增加、缅甸市场需求变化、双方贸易政策调整或者汇率变动等因素造成的。两者均呈现增长趋势，说明中国对缅甸农产品出口不仅出口量增加，出口品质也明显提升。

6.5.9　中国与马来西亚农产品出口质量测算

2015~2023 年中国与马来西亚农产品出口质量测算结果如图 6-11 所示。

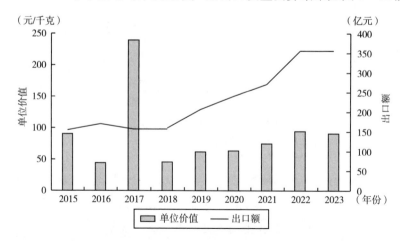

图 6-11　2015~2023 年中国对马来西亚农产品出口单位价值和出口额

资料来源：根据海关总署公布的数据计算所得。

从图 6-11 可知,中国对马来西亚农产品出口单位价值存在波动,但总体变化不大。2015～2017 年,农产品单位价值波动尤为剧烈:2015 年农产品单位价值是 90.43 元/千克,到 2016 年下降到 44.32 元/千克,但到 2017 年又迅速上升到 239.38 元/千克,上升幅度高达 440.12%。2018～2022 年,农产品单位价值逐年上升,从 2018 年的 45.58 元/千克上升到 2022 年的 94.59 元/千克。2023 年,农产品单位价值又略有下降,下降到 91.00 元/千克,但总体还是保持在较高水平。农产品出口单位价值的显著变化可能与市场需求以及贸易政策等因素有关。

中国对马来西亚农产品出口额整体呈现逐年增长趋势。从 2015 年的 154.46 亿元增加到了 2023 年的 355.91 亿元。在这一时期,只有 2017 年农产品出口额出现了下降,从 2016 年的 169.99 亿元下降到 2017 年的 156.77 亿元。2018～2022 年,农产品出口额上升幅度较大,从 2018 年的 159.28 亿元上升到 2022 年的 355.88 亿元,增长了 123.43%。2023 年,农产品出口额为 355.91 亿元,比 2022 年略有增加。虽然中国对马来西亚农产品出口单位价值波动较大,但是出口额呈现明显的增长趋势,这说明中国农产品对马来西亚出口具有较大的增长潜力。

6.5.10　中国与菲律宾农产品出口质量测算

2015～2023 年中国与菲律宾农产品出口质量测算结果如图 6-12 所示。

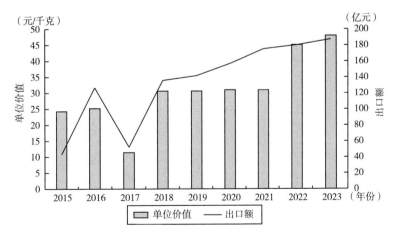

图 6-12　2015～2023 年中国对菲律宾农产品出口单位价值和出口额

资料来源:根据海关总署公布的数据计算所得。

　　从图 6 - 12 可知，中国对菲律宾农产品出口单位价值呈上升趋势。农产品单位价值从 2015 年的 24. 26 元/千克上升到了 2023 年的 47. 97 元/千克。在这一时期，只有 2017 年农产品出口单位价值有所下降，从 2016 年的 25. 18 元/千克下降到 2017 年的 30. 58 元/千克。2021 年的农产品出口单位价值比 2020 年略有下降，从 30. 98 元/千克下降到 30. 96 元/千克，其余年份农产品出口单位价值逐年上升。

　　中国对菲律宾农产品出口额呈现稳定增长的趋势，从 2015 年的 43. 12 亿元增加到 2023 年的 187. 43 亿元。其中，有两次增长幅度较大。第一次是 2016 年，中国对菲律宾农产品出口额从 2015 年的 43. 12 亿元大幅增长到 2016 年的 126. 60 亿元，增长幅度高达 193. 60%。第二次是 2018 年，农产品出口额从 2017 年的 52. 45 亿元增加到 2018 年的 135. 88 亿元，增幅高达 155. 25%。2018 年之后，农产品出口额的增长则较为平稳。

　　总体而言，中国对菲律宾的农产品出口额呈现出稳步增长的态势，而单位价值则经历了先降后升的过程，最终在 2023 年达到较高水平。这说明中国农产品在菲律宾市场的竞争力增强以及价格水平提升。

6. 5. 11　中国与新加坡农产品出口质量测算

　　2015 ~ 2023 年中国与新加坡农产品出口质量测算结果如图 6 - 13 所示。

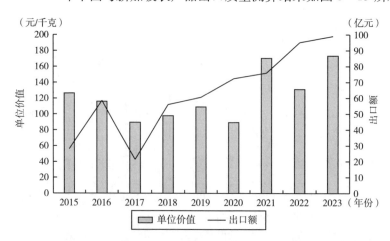

图 6 - 13　2015 ~ 2023 年中国对新加坡农产品出口单位价值和出口额

资料来源：根据海关总署公布的数据计算所得。

从图 6 - 13 可知，2015～2023 年中国对新加坡农产品出口单位价值呈波动上升趋势。具体来说，这一时期中国对新加坡农产品出口单位价值经历了三个先下降后上升的阶段。第一个阶段是 2015～2019 年，农产品出口单位价值从 2015 年的 126.40 元/千克下降到 2017 年的 89.46 元/千克，然后又逐年上升到 2019 年的 108.91 元/千克。第二个阶段是 2019～2021 年，2020 年农产品单位价值下降到 89.32 元/千克，2021 年又上升到 170.36 元/千克。第三个阶段是 2021～2023 年，2022 年农产品单位价值下降到 131.30 元/千克，2023 年又上升到 173.36 元/千克。农产品单位价值的最终增长可能是中国对新加坡农产品出口质量提升或者是新加坡对中国农产品需求量增加从而导致价格上涨造成的。

2015～2023 年，中国对新加坡农产品出口额呈现前期波动、后期稳定增长趋势。2015～2017 年，农产品出口额波动较大，从 2015 年的 28.00 亿元增加到 2016 年的 58.44 亿元，增幅高达 108.71%，2017 年农产品出口额又降低到 21.40 亿元，下降幅度达到 63.38%。2018～2023 年，农产品出口额逐年增长，从 2018 年的 55.90 亿元增长到 2023 年的 98.96 亿元。尽管略有波动，但总的来看，中国对新加坡的农产品出口额呈现明显的增长趋势，说明双方贸易关系稳健发展，未来有一定增长潜力。

6.5.12　中国与泰国农产品出口质量测算

2015～2023 年中国与泰国农产品出口质量测算结果如图 6 - 14 所示。

从图 6 - 14 可知，2015～2023 年中国对泰国农产品出口单位价值呈波动上升趋势。其中，2015～2017 年，农产品出口单位价值波动较大，从 2015 年的 22.47 元/千克大幅上升至 2016 年的 71.50 元/千克，2017 年又迅速下降到 20.46 元/千克。2018～2023 年，农产品出口单位价值波动较为温和，呈现先下降后上升的趋势，从 2018 年的 74.69 元/千克下降到 2020 年的 64.71 元/千克，2023 年又上升到 82.20 元/千克。

中国对泰国农产品出口额在 2015～2017 年波动较大，从 2015 年的 300.16 亿元下降至 2016 年的 229.50 亿元，2017 年又上升至 305.26 亿元。2018～2023 年，中国对泰国农产品出口额逐年上升，从 2018 年的 217.95 亿元上升到

2023 年的 321.88 亿元。双方农产品出口额虽然存在波动，但总体呈上升趋势。

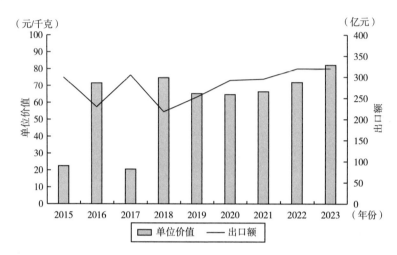

图 6 – 14　2015～2023 年中国对泰国农产品出口单位价值和出口额

资料来源：根据海关总署公布的数据计算所得。

中国对泰国农产品出口虽然存在波动，但从长期来看，无论是农产品出口单位价值还是农产品出口额，都呈现上升趋势，这说明中泰之间的农产品贸易量在增加，同时农产品出口的平均价格也在提高。中国对泰国农产品出口的单位价值与出口额之间并没有表现出直接的正相关或负相关关系，这表明双方农产品贸易受多种因素影响。

6.5.13　中国与越南农产品出口质量测算

2015～2023 年中国与越南农产品出口质量测算结果如图 6 – 15 所示。

从图 6 – 15 可知，中国对越南农产品出口单位价值呈现复杂的波动趋势。2015～2017 年，农产品出口单位价值波动剧烈，从 2015 年的 8.82 元/千克大幅上升至 2016 年的 57.54 元/千克，2017 年又迅速下降到 9.47 元/千克。这一时期的剧烈波动可能与产品出口种类变化、市场供求关系、两国贸易政策等因素有关。2018～2022 年，农产品出口单位价值呈现先下降后上升的趋势，从 2018 年的 69.30 元/千克下降到 2020 年的 40.14 元/千克，2022 年又上升到

50.71 元/千克。但是，2023 年中国对越南农产品出口单位价值下降到 44.99
元/千克。

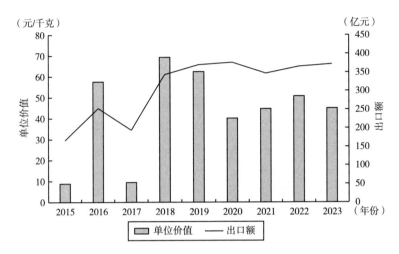

图 6 – 15　2015 ~ 2023 年中国对越南农产品出口单位价值和出口额

资料来源：根据海关总署公布的数据计算所得。

　　中国对越南农产品出口额总体呈上升趋势。2015 ~ 2017 年，农产品出口
额波动幅度较大，从 2015 年的 166.37 亿元增长到 2016 年的 252.30 亿元，
2017 年又迅速下降到 194.07 亿元。2018 ~ 2020 年，中国对越南农产品出口额
逐年递增，从 2018 年的 343.72 亿元增长到 2020 年的 376.20 亿元。2021 年，
农产品出口额有所下降，只有 346.96 亿元，之后农产品出口额继续上升，
2023 年上升到 372.03 亿元。农产品出口额的上升趋势表明中国对越南农产品
市场持续增长，中越之间的农产品贸易保持积极的发展态势。

6.6　中国与 RCEP 成员国分国别平均
农产品出口质量测算

　　为比较中国出口到不同 RCEP 成员国农产品的单位价值差异，将 2015 ~
2023 年中国对 RCEP 成员国农产品出口单位价值取平均值。中国出口到不同
RCEP 成员国的农产品单位价值均值如图 6 – 16 所示。

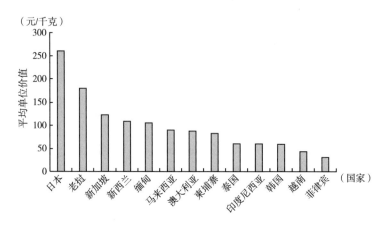

图 6 - 16　2015 ~ 2023 年中国对 RCEP 成员国农产品出口平均单位价值

资料来源：根据海关总署公布的数据计算所得。

从图 6 - 16 可知，按照中国对 RCEP 成员国农产品出口的平均单位价值，可以将 RCEP 成员国分成三个层次：高价位层次、中等价位层次和低价位层次。

高价位层次指的是农产品出口平均单位价值高于 100 元/千克，包含五个国家：日本、老挝、新加坡、新西兰和缅甸。出口到日本的农产品平均单位价值最高，达到 260.46 元/千克，这反映了日本对高品质或特殊种类产品的市场需求。其次是老挝和新加坡，农产品出口平均单位价值分别为 179.68 元/千克和 122.51 元/千克。出口到新西兰和缅甸的农产品平均单位价值较为接近，分别是 108.70 元/千克和 105.34 元/千克。

中等价位层次指的是农产品出口平均单位价值介于 50 ~ 100 元/千克，包含六个国家：马来西亚、澳大利亚、柬埔寨、泰国、印度尼西亚和韩国。这一层次的国家中，马来西亚、澳大利亚和柬埔寨的农产品平均单位价值较高，均高于 80 元/千克，显示出这些市场对于中高端农产品的需求。而泰国、印度尼西亚和韩国则处于该层次的较低端，农产品出口平均单位价值均低于 60 元/千克，这可能是由于出口产品种类不同，或是受市场竞争情况的影响。

低价位层次指的是农产品出口平均单位价值低于 50 元/千克，包含两个国家：越南和菲律宾，其平均单位价值分别为 43.13 元/千克和 30.78 元/千克。中国对越南和菲律宾农产品出口平均单位价值较低，可能是因为对这两个国家出口的农产品以初级产品为主，或者是产品的目标消费者对价格敏感。

通过农产品出口单位价值，对 RCEP 成员国进行农产品出口价位层次划分，可以看出不同 RCEP 成员国对中国农产品的需求和支付能力之间的差异。中国农产品出口企业可以参考该层次划分，制定相应的市场策略或价格策略。

6.7　小　　结

本章利用 2015～2023 年中国对 RCEP 成员国农产品出口的相关数据，基于单位价值法研究了中国对 RCEP 成员国农产品出口的质量。研究结论如下：

中国对 RCEP 成员国农产品出口额整体呈上升趋势，而农产品出口质量具有波动性，经历了先升后降再升的过程。农产品单位价值测算结果表明，2015～2023 年，中国对 RCEP 成员国的农产品出口单位价值经历了较大的起伏，但 2023 年保持在较高的水平。

不同种类农产品出口质量表现出不同的变化趋势。1 类农产品出口质量最高，3 类最低。同时，按照对不同 RCEP 成员国的出口农产品单位价值，将 RCEP 成员国分为三个层次。其中，出口到日本、老挝、新加坡、新西兰和缅甸的农产品单位价值较高，而出口到越南和菲律宾的农产品单位价值较低，其余国家农产品单位价值为中等水平。

进一步提升中国农产品出口质量需要继续加强农业科技的应用，提高农业生产效率，同时建立完善的农产品质量追溯体系，确保食品安全。此外，发展绿色环保型农业，满足国际市场对绿色、有机、低碳农产品日益增长的需求也非常重要。

第7章　中国与 RCEP 成员国农产品贸易研究结论及发展的对策建议

在全球化不断深入以及区域经济一体化进程加速的背景下，中国与 RCEP 成员国之间的农产品贸易关系逐渐成为推动农业发展与国际合作的重要力量。本章将基于中国与 RCEP 成员国农产品贸易的现状分析，围绕显示性比较优势指数、贸易竞争力指数和出口相似度指数等关键指标，探讨双方在农产品贸易领域的竞争格局与互补空间。在深入分析中国与 RCEP 成员国农产品贸易潜力、中国农产品出口质量提升路径的基础上，提出一系列旨在增强中国农产品国际竞争力、促进与 RCEP 成员国互利共赢的对策建议。这些建议将涵盖优化农产品结构、提升产品质量与品牌建设、加强技术革新与标准对接、深化农业产业链合作、充分利用 RCEP 带来的贸易便利化措施等多个维度，旨在为中国农业产业升级与区域经济一体化进程注入新动力。

7.1　主要研究结论

7.1.1　中国与 RCEP 成员国农产品贸易现状研究结论

在中国与 RCEP 成员国农产品贸易的现状方面，主要研究了 2005~2022 年中国与 RCEP 成员国之间农产品贸易的发展情况，包含中国与 RCEP 成员国农产品出口与进口的两个维度。

(1) 中国与 RCEP 成员国农产品出口现状研究结论

中国与 RCEP 成员国农产品出口现状的研究主要从出口额、出口产品结构、出口市场结构三个方面进行。

①中国与 RCEP 成员国农产品出口额虽然不断上升,但占中国农产品总出口额的比重较为稳定。中国与 RCEP 成员国农产品出口额从 2005 年的 139.98亿美元飙升至 2022 年的 426.67 亿美元,平均年增长率达 6.78%。中国与RCEP 成员国的农产品出口额占总出口额的比重平均为 43.28%。研究期内,中国与 RCEP 成员国的农产品出口额占中国农产品出口总额的比重多数在 40%以上,表明中国与 RCEP 成员国间紧密的贸易联系。

②中国对 RCEP 成员国出口的农产品以 0 类和 2 类农产品为主。0 类和 2类农产品是中国对 RCEP 成员国出口的主要类型,占比分别为 84.72% 和12.1%,而 1 类和 4 类农产品占比较小。其中,0 类农产品主要包括食品及主要供食用的活动物等,2 类农产品则涉及饮料、烟叶制品等。

③中国与 RCEP 成员国农产品出口市场结构随时间的变化而动态调整。日本长期是中国最大的农产品出口市场,而澳大利亚、印度尼西亚、韩国和越南等也是中国重要的贸易伙伴。各 RCEP 成员国占中国与 RCEP 成员国农产品出口的份额随时间的变化而有所变动,反映了这些国家市场的需求变化及贸易关系的动态调整。

(2) 中国与 RCEP 成员国农产品进口现状研究结论

中国与 RCEP 成员国农产品进口现状的研究主要从进口额、进口产品结构、进口市场结构三个方面进行。

①中国与 RCEP 成员国农产品进口额虽然不断上升,但占中国农产品总进口额的比重较为稳定。中国与 RCEP 成员国农产品进口额从 2005 年的 132.82亿美元增加到 2022 年的 843.44 亿美元,平均年增长率达 11.49%。中国与RCEP 成员国的农产品进口额占总进口额的比重平均为 28.91%。研究期内,中国与 RCEP 成员国的农产品进口额占中国农产品进口总额的比重为 26.64% ~30.68%,波动幅度不大,表明中国与 RCEP 国家农产品进口较为稳定。

②中国从 RCEP 成员国进口的农产品也以 0 类和 2 类农产品为主。其中,2 类农产品的占比最高,约为 47.99%,而 0 类农产品的占比为 35.88%。随着时间的推移,0 类和 1 类农产品的份额增加,而 2 类和 4 类农产品的份额下降。

③马来西亚、泰国、新西兰和澳大利亚是中国从 RCEP 成员国进口农产品的主要来源国。这些国家的农产品在中国进口市场中占有重要份额,表明中国与这些国家在农产品贸易方面有密切合作。

中国与 RCEP 成员国之间的农产品贸易呈现出多元化、互补性强的特点，且在不同的农产品类别和目标市场上存在显著差异。研究结果表明，进一步提升中国农产品的国际竞争力和贸易布局需要优化农产品出口产品结构与市场结构。

7.1.2　中国与 RCEP 成员国农产品贸易竞争性与互补性研究结论

在中国与 RCEP 成员国农产品贸易的竞争性和互补性方面，主要分析了中国与 RCEP 成员国之间在农产品贸易上的竞争态势与互补机会，主要研究结论如下。

（1）中国与 RCEP 成员国农产品贸易竞争性分析

澳大利亚、新西兰等国在农产品贸易上显示出显著的比较优势，尤其是新西兰在乳制品和肉类上具有全球领先地位，而中国在农产品出口方面的比较优势相对较弱。中国与泰国、越南等东南亚国家在农产品出口上存在竞争，这些国家在特定农产品（如稻米、水果、海鲜）上的出口竞争力较强，RCEP 可能促进了区域内这部分贸易的增长。日本、韩国和新加坡的农产品出口比较优势较弱，更侧重于高科技制造业和服务业。中国农产品贸易竞争力指数自 2005 年以来总体呈下降趋势，2022 年达到 - 0.33，表明中国在农产品贸易中面临的竞争劣势加大，特别是 2 类和 4 类农产品的进口压力大，出口竞争力弱。在澳大利亚与中国之间的农产品贸易中，澳大利亚拥有更强的竞争力，中国在多数年份处于相对劣势地位。

（2）中国与 RCEP 成员国农产品贸易互补性分析

中国与 RCEP 成员国在农产品种类、生产季节上的互补特性为双方提供了扩大贸易的机会，如与泰国在热带水果、与澳大利亚在畜牧业产品上都存在互补。出口相似度指数（ESI 指数）显示，中国与 RCEP 成员国之间农产品出口的相似度在 2005～2022 年保持较高水平，均值为 82，说明双方出口结构有较高程度的重叠，既有竞争，也有互补。中国与 RCEP 成员国的整体农产品贸易结合度指数在研究期间虽呈现出波动性变化，但保持相对稳定，表明双方农产品贸易关系稳固。其中，0 类和 1 类农产品的贸易结合度在不同年份有所波动，而 2 类和 4 类农产品则相对稳定或略微增长。

综上所述，中国与 RCEP 成员国在农产品贸易上呈现复杂且动态的竞争与互补关系。中国需要应对来自部分 RCEP 成员国的激烈竞争，同时利用与 RCEP 成员国之间存在的季节性互补优势和 RCEP 带来的贸易便利化，优化自身产业结构，提升产品质量和品牌影响力，以增强在全球农产品市场的竞争力。此外，通过加强与 RCEP 成员国的技术交流、标准对接及农业合作，中国能更好地利用区域内的互补性，实现农产品贸易的共赢发展。

7.1.3　中国与 RCEP 成员国农产品贸易潜力研究结论

中国与 RCEP 成员国农产品贸易潜力的研究采用扩展的贸易引力模型，全面考察了影响中国与 RCEP 成员国农产品贸易的多种因素。研究发现，中国与 RCEP 成员国之间的农产品贸易存在巨大潜力，这得益于 RCEP 带来的市场开放、关税降低、非关税措施协调以及供应链优化等积极影响。分析结果显示，经济规模、人口规模、人均 GDP、农业用地面积、自由贸易协定的存在与否等因素对中国与 RCEP 成员国之间的农产品贸易具有显著影响。这些因素共同决定了贸易流量的大小和方向。

该部分研究不仅量化了中国与 RCEP 成员国之间农产品贸易的潜在价值，还为促进双方贸易合作提供了实证依据和政策建议，有助于决策者更好地把握未来合作方向，促进区域农产品贸易的繁荣发展。

7.2　中国与 RCEP 成员国农产品贸易发展的对策建议

促进中国与 RCEP 成员国农产品贸易发展的对策建议主要从政府、农业行业、农产品企业和农户四个层面进行。

7.2.1　政府层面

（1）加强多部门协作，推动 RCEP 优惠政策落实

政府应建立涵盖农业农村部、商务部、海关总署等多部门的协作框架，打造覆盖生产、运输、通关等一体化的服务体系，简化贸易流程。同时，政府需要加大对企业的宣传和培训力度。这包括促进对 RCEP 原产地规则、关税减让和其他累积优惠政策的快速了解，支持企业了解 RCEP 成员国农产品进口相关绿色壁垒措施、外贸动态等专业知识。此外，还应帮助企业开发 RCEP 成员国农产品市场。

考虑到全球海关对持有经认证的经营者（AEO）认证的企业实施更加便利的管理措施，建议政府设立专项资金，支持符合条件的农产品出口企业获得 AEO 资格。此举旨在让更多农产品出口企业享受通关便利。此外，获得 AEO 认证还可以提升企业信誉，有利于更好地开拓 RCEP 成员国农产品市场。

（2）制定和完善农产品质量标准体系

政府应制定与 RCEP 成员国标准相接轨的农产品质量与安全监管体系，以确保出口农产品符合进口国的要求。

①制定统一农产品质量标准体系。食品行业更易受到新冠疫情等外部因素的影响（Xiong et al.，2021），因此建立健全农产品质量安全标准体系，与 RCEP 成员国制定的标准相一致，以满足各 RCEP 成员国农产品市场的要求（王纪元、肖海峰，2018）。这包括统一的质量检测标准、食品安全标准和农产品认证制度等，以确保农产品在出口过程中符合进口国的要求。

②加强农产品生产源头控制。从源头控制农药、化肥的使用，严厉打击农药、化肥、添加剂等违法使用行为（耿献辉、江妮，2017）。加强农药和化肥的使用管理，通过提供培训和指导，帮助农民正确、安全地使用农药和化肥，减少对环境和农产品质量的负面影响。此外，推广有机农业和可持续农业实践，减少对化学农药和化肥的依赖，以提高农产品的内在质量和安全性。

③加强监管和检测。加大对农产品质量和安全的监管力度，加强农产品质量检测和风险评估工作。建立健全农产品抽检制度，确保农产品在生产、加工和流通环节中符合相关标准和规定。

④促进信息共享和合作。加强与 RCEP 成员国之间的信息共享和合作，包括农产品质量和安全信息的交流、经验分享和技术合作等。通过建立联合研究项目、举办培训交流活动等方式，提高在农产品质量与安全监管方面的能力和水平。

这些措施可以帮助政府加强农产品质量与安全监管，提高农产品的内在质量和安全性，减少绿色贸易壁垒的阻碍，促进与 RCEP 成员国的农产品贸易合作。同时，这也有助于提升中国农产品在国际市场的竞争力和形象。

(3) 强化贸易便利化措施

政府应积极推动与 RCEP 成员国的海关合作，简化通关程序，缩短通关时间，降低通关成本。具体可以采取的措施有以下几个方面：

①简化与统一海关程序。推进海关程序的标准化和简化，包括采用统一的货物分类和估价规则，以及实施预清关和无纸化通关流程。这不仅能显著缩短货物在边境的停留时间，还能减轻企业的行政负担和成本。

②建立绿色通关通道。针对农产品，特别是易腐品，如水果、蔬菜和海鲜等，设立专门的"绿色通道"，优先处理这类商品的通关手续。通过预先通知、预约检查、快速检验检疫等机制，确保产品能够迅速通关，从而保持农产品的最佳新鲜度并减少损失。

③推广电子证书和数据交换。建立和完善中国与 RCEP 成员国之间的电子数据交换平台，实现原产地证明、卫生与植物检疫证书等贸易文件的电子化，以提高信息交换的速度和安全性。这有助于减少纸质文件的使用，加快验证过程，同时增强防伪和追踪能力。

④加强跨境监管合作。促进中国与 RCEP 成员国之间海关与相关部门（如农业、卫生检疫机构）的跨境合作，实施联合检查、认可彼此的检验结果和认证体系，避免重复检验，提高监管效率。此外，通过共享风险管理和最佳实践，进一步提升食品安全和生物安全水平。

⑤提供贸易便利化培训和技术支持。为中小企业和农户提供关于国际贸易规则、海关程序、电子报关系统操作等方面的培训，帮助他们更好地利用贸易便利化措施。同时，投资现代信息技术基础设施，如云计算、大数据分析等，以支持高效的信息处理和风险管理。

⑥建立争端解决和咨询机制。建立快速响应的贸易争端解决机制，为农产品贸易中可能出现的问题提供及时有效的解决方案。同时，设立咨询服务窗口，为出口商和进口商提供关于关税优惠、原产地规则等方面的指导和帮助。

通过上述措施，不仅可以提升中国与 RCEP 成员国之间农产品贸易的便利性，还能增强成员国之间的经济联系，促进区域供应链的深度融合，最终实现互利共赢。

（4）加大农业科研投入与国际合作

政府应增加对农业科研的投入，特别是在生物技术、智能农业、绿色农业技术等方面，以提升农产品的品质、产量和可持续性。同时，鼓励和支持国内科研机构、高校与 RCEP 成员国的农业科研单位进行技术交流与合作，引进先进技术，共同研发适应市场需求的新品种、新技术。具体可从以下几个方面进行：

①建设现代农业科技创新体系。政府应构建以企业为主体、市场为导向、产学研深度融合的农业科技创新体系。支持建立农业科技园区、研发中心和重点实验室，为科研人员提供良好的研究环境和条件，加速科技成果转化应用。

加大对农业基础设施和生态农业的补贴力度，培育农业基础设施和生态农业，发展优质、环保农产品。中国农产品出口经常面临绿色贸易壁垒，其中一个因素是中国农产品出口企业对国外农产品检验检疫标准缺乏了解。因此，政府应加大对特定农产品的财政投入，及时将 RCEP 成员国农产品检疫标准传达给中国农产品出口企业和相关外贸部门，以减少因对这些标准缺乏了解而产生的障碍（肖伟，2022）。

②聚焦关键农业技术突破。为了提高农产品质量和附加值，政府加大了对农产品研发的投入，包括产品类型和加工（乔礼先，2019）。在生物技术领域，重点支持基因编辑、生物育种等前沿技术的研究，以培育高产、抗逆、优质的作物新品种。在智能农业方面，推动物联网、大数据、人工智能等技术在精准农业、智能监控、病虫害预测防治中的应用。同时，加大对生态农业、循环农业、有机农业等绿色农业技术的研发力度，促进农业绿色发展。

③构建国际农业科研合作平台。积极构建跨国农业科研合作网络，参与或发起国际农业科技合作项目，如共建海外农业研发中心、实验站等，促进技术、人才、信息的国际交流。利用 RCEP 框架下的合作机制，定期举办农业科技论坛、研讨会，分享研究成果，探讨合作机会。

④人才培养与交流。加强与 RCEP 成员国在农业科技人才培养方面的合作，通过互派访问学者、联合培养研究生、举办专业培训等方式，提升农业科技人才的国际化水平和创新能力。同时，吸引海外高层次农业科技人才回国或来华工作，充实科研队伍。

⑤知识产权保护与技术转移。建立健全农业科技成果的知识产权保护机

制，鼓励创新和公平竞争。同时，建立高效的技术转移平台和机制，促进科研成果的商业化应用，尤其是在新品种、新型肥料、生物农药、智能化农机装备等方面，推动国内外技术的有效对接和转让。

⑥关注小农户和农村发展。在推进农业科技国际合作的过程中，政府还需要重视小农户的利益和农村地区的整体发展。通过技术普及、政策扶持等措施帮助小农户采用先进适用技术，提高生产效率和收入水平，促进农村经济多元化和农民增收。

政府采取这些措施可以提升本国农业的竞争力和可持续发展能力，还能加深中国与 RCEP 成员国在农业领域的互信与合作，以应对粮食安全挑战，推动农业现代化、全球化进程。

（5）构建多元化融资体系

为解决农产品企业，尤其是中小企业融资难的问题，政府应构建多层次的金融服务体系，包括但不限于政策性银行贷款、信用保险、农业担保基金等，为农产品出口企业提供更多的融资渠道和信贷支持。具体可从以下几个方面进行拓展和深化：

①优化政策性金融支持。政府应进一步细化政策性银行的贷款条件和审批流程，确保资金能更精准地流向有潜力、有需求的农产品出口企业，尤其是那些从事高新技术研发、绿色农业转型的企业。同时，通过财政补贴、税收减免等手段，降低企业融资成本。

②扩大农业信贷担保体系。增强农业信贷担保基金的实力，扩大担保范围，提高担保额度，降低中小农产品企业的信贷门槛。探索建立多层次的农业信贷风险分担机制，引入更多社会资本参与，分散金融机构风险，增强其放贷意愿。

③创新金融产品和服务。鼓励商业银行、农村信用社等金融机构开发适合农产品企业的金融产品，如基于订单、存货、应收账款等资产的供应链融资产品，以及适应农产品价格波动特性的期货、期权等衍生品，为企业提供灵活多样的融资选择和风险对冲工具。

④推动金融科技的应用。利用大数据、区块链等现代信息技术，改善信用评估体系，提高融资效率。建立农产品贸易融资的数字化平台，实现融资申请、审批、放款、还款等流程的线上化、便捷化，尤其要注重为偏远地区的小

微农产品企业提供便捷的金融服务。

⑤加强金融教育与辅导。加强对农产品企业，特别是中小企业的金融知识培训，提高其财务管理能力和对金融产品的认知，使企业能更有效地利用金融工具。同时，提供一对一的金融顾问服务，帮助企业制定合理的融资策略。

⑥深化国际合作，拓宽融资渠道。借助 RCEP 等区域合作框架，促进与成员国在农业金融领域的合作，探索跨境融资、共同投资基金等合作模式，为农产品出口企业提供更多国际资本市场的融资机会。

通过这些举措，可以有效缓解农产品企业融资难题，促进其健康快速发展；还能够通过提升企业国际竞争力，推动农业产业的转型升级，增加农民收入；同时，能够深化与 RCEP 成员国在农业金融领域的合作，实现互利共赢。

(6) 政府支持农产品企业打造中国特色农产品品牌

政府在助力打造中国特色农产品品牌方面扮演着至关重要的角色，通过制定政策、提供资金支持、优化市场环境等多种措施，可推动农产品品牌建设。以下是一些具体措施：

①农产品品牌政策制定与规划。政府出台相关政策文件，明确农产品品牌建设的目标、任务和路径，如制定农产品品牌发展战略，提出品牌培育、保护和推广的具体措施。

②财政资金支持农产品品牌发展。设立专项基金或制定政策，以支持农产品品牌注册、认证、宣传推广及市场营销等活动。例如，江西省政府整合财政专项补助资金支持"赣鄱正品"等品牌认证[1]；酒泉市政府整合资源，支持农产品品牌发展[2]。

③推进品牌体系建设，加强品牌保护。构建多层次、多维度的农产品品牌体系，包括区域公用品牌、企业商标品牌等，如酒泉市推行的"市级公用品牌 + 县级公用品牌 + 地理标志 + 企业商标"的模式[3]，旨在形成协同效应，提升品牌整体实力。

完善农产品品牌知识产权保护制度，严厉打击侵犯品牌权益的行为，保护

---

① 参见 https：//www. jiangxi. gov. cn/art/2021/9/15/art_61129_3590864. html。

② 参见 https：//www. jiuquan. gov. cn/jiuquan/c100035/202306/4cc5278fced04bdbafc9533781f46098. shtml。

③ 参见 https：//www. jiuquan. gov. cn/jiuquan/c100170/202012/9c2321fefcd047dfbac4451170767206. shtml。

品牌所有者的合法权益,增强品牌的公信力和持久性。

④促进三产融合,强化品牌教育。推动农产品深加工和冷链物流建设,延长产业链,提升价值链,打造供应链,通过产业融合发展模式,提升农产品附加值,增强品牌竞争力。对农民、合作社和企业进行品牌意识、市场营销、电子商务等方面的培训,提高其品牌建设和管理能力。

通过这些综合措施,政府可为中国特色农产品品牌建设创造良好环境,促进农业产业升级和乡村振兴,提升中国农产品在全球市场的竞争力。

(7) 政府与企业合作建立跨境农产品电商平台,拓宽农产品出口渠道

政府与企业合作建立专门的农产品国际电子商务平台或对接现有的大型国际电子商务网络。重点建设中国国际电子商务中心,助力农产品贸易与国际电子商务融合。突出大数据、云计算等电子信息工具在跨境电子商务中的运用。其目标是为中国农产品国际电子商务提供可靠的信息支持,包括第三方农产品交易平台和贸易信息平台。通过国际电子商务网络为国内信息传播、农产品展示销售、市场开发等提供延伸服务。

在跨境电商平台打造具有中国优势的鲜明品牌,将有助于促进中国农产品向各 RCEP 成员国市场出口。政府应与企业合作建设农产品国际电子商务示范基地,建设特色农产品国际电子商务园区,培育各类农产品国际电子商务贸易。鉴于农业在 RCEP 谈判中的重要地位,该协议明确强调各方加强电子商务合作,利用国际电子商务提升农业领域开放程度。因此,政府必须制定必要的指导方针和法规,以尽快实施 RCEP 相关条款。

7.2.2 农业行业层面

(1) 优化产业结构,提升产品附加值

农业行业应积极调整农产品种植结构,侧重于培育优质、特色、环保的农产品,满足 RCEP 成员国多样化的需求。通过技术创新,发展农产品深加工,从而提高产品附加值,增强出口竞争力。

农业行业需要深入调研 RCEP 成员国的市场需求和消费偏好,了解不同国家和地区对农产品种类、品质、包装及认证标准的具体要求,据此调整国内种植结构和养殖模式,优先发展符合国际市场需求的特色农产品,如有机食品、

地理标志产品和功能性食品等。

鼓励和支持农产品加工企业引进和自主研发先进加工技术，开发高附加值的加工产品，如功能食品、即食产品、保健品等，以满足国际市场上对方便、健康食品日益增长的需求。通过延长产业链，将初级农产品转化为具有更高附加值的终端消费品，以提升整体利润空间。

（2）强化农业产业链整合与协同

借鉴卢中华（2023）提出的乡村产业融合"点—链—群"模型，农业行业应加强上下游产业链的整合，从种植、加工到销售，形成完整的价值链体系。通过建立紧密的供应链合作关系，提高效率，降低成本。同时，加强与RCEP 成员国的产业链合作，共享技术、资源与市场信息，实现从生产到销售的全链条合作，提升整体产业链的效率和竞争力。通过跨境合作，实现资源共享和优势互补。

①发展智能化供应链管理。利用物联网、大数据、云计算等现代信息技术，构建智能化供应链管理系统，实现从原料采购、种植养殖、加工包装到物流配送、终端销售的全链条信息透明化和流程优化。这不仅能提高运营效率，减少中间环节损耗，还能根据市场需求快速响应，灵活调整供应链。

②发挥农民合作社与龙头企业的引领作用。鼓励和支持农民合作社、大型农业企业和农产品加工企业发挥龙头作用，通过"公司 + 基地 + 农户"的经营模式，带动小农户进入大市场。这种模式能有效整合资源，提高农产品的标准化、规模化生产水平，同时保障农民收益，实现共赢。

③强化国际合作，共建产业链。在 RCEP 框架下，加强与 RCEP 成员国在农业科技、优良品种、加工技术、市场开拓等方面的深度合作。通过共同研发、技术转移、人员培训等形式，共享农业产业链的先进技术和管理经验，促进区域内的农业产业升级。同时，探索共建跨境产业链，如在 RCEP 成员国建立农产品加工区，以实现资源优化配置和成本降低。

④建立绿色低碳与可持续供应链。顺应全球绿色发展趋势，推动农业产业链向绿色、低碳、环保方向转型。鼓励采用环保材料进行包装，推广节能减排的加工技术，加强农业废弃物资源化利用，构建可持续发展的供应链体系，提升整个产业链的国际竞争力和社会责任感。

综上所述，农业行业通过加强上下游产业链整合，不仅能够提高自身效率和竞争力，还能通过跨境合作，实现资源与市场的有效对接，共同推动区域农业经济的繁荣发展。

（3）推动农业技术革新与应用

鼓励农业行业采用现代农业技术，如精准农业、智慧农业、生物技术等，提升农业生产效率和产品品质。加强农业科技研发和成果转化，支持企业引进和自主研发先进农业机械、生物肥料、绿色农药等方面的技术，以科技提升农产品的国际竞争力。

依托现代农业科技，加强农作物和畜禽良种的选育工作，提高农产品的产量、品质和抗逆性。通过建立种子繁育基地，推广使用优质种子和种苗，提升农产品的内在价值。同时，鼓励农民采用现代种植技术和管理方法，如精准农业、智慧农业，提高生产效率和产品一致性。

发展绿色生态农业。积极响应国际市场对绿色、环保、可持续发展的要求，推广生态种植和养殖模式，减少化肥、农药使用，发展有机农业、循环农业。获取国际认可的环保和有机认证，如欧盟有机认证、美国国家有机计划（NOP）有机认证等，提高产品的国际市场准入性和竞争力。

7.2.3　农产品贸易企业层面

（1）利用 RCEP，发挥区位优势，拓宽农产品出口市场

农产品贸易企业应充分研究 RCEP 成员国的市场需求，利用关税减免和投资开放政策，有针对性地开发新市场，如日本、韩国等高价值市场。RCEP 的签署大幅增加了中国和日本之间贸易的关税优惠，为双方贸易企业提供了优惠待遇。此外，韩国一直是中国的主要出口目的地。中国企业可以利用地缘优势，最大限度地利用 RCEP 带来的利益，战略性地组织和开展农产品贸易展览，积极开拓日本、韩国市场。

在 RCEP 成员国中，澳大利亚、日本、文莱、马来西亚、新加坡、韩国和印度尼西亚采取了负面清单方式，开放所有行业的投资；其余八个成员国专门在制造业、农业、林业、渔业和采矿业采用负面清单方法。东盟十国劳动力成本较低，热带水果资源丰富。澳大利亚、新西兰农业资源丰富，牛羊肉生产具有成本优势。与此同时，日本、韩国和中国提供了广阔的消费市场。中国企业可以结合各个市场的鲜明特点，积极开展跨境产业链整合，增强市场竞争力，争取更大的市场份额。

（2）提升自身竞争力和合规性

提升企业自身竞争力与产品合规性是在全球市场中站稳脚跟、持续发展的关键。首先，企业应重视优化内部管理系统，引入现代化企业管理理念和工具，如企业资源规划（ERP）系统，实现生产、库存、销售等各个环节的高效协同，降低成本，提高运营效率。同时，建立严格的质量管理体系，确保从原材料采购到成品出库的每一个环节都符合国际质量标准，提升产品一致性和安全性。

技术革新是提升产品竞争力的核心驱动力。企业应加大对农业科技的投入，如应用智能农业技术提升作物种植效率和精准管理，采用生物技术改良作物品种，提高抗病虫害能力和营养价值。此外，发展农产品深加工技术，开发高附加值产品，以差异化的产品满足国际市场的多元化需求。

获取国际认证是增强国际信任度的有效途径。企业应积极申请并维持全球认可的质量与安全管理标准认证，如全球良好农业规范（GAP）、ISO 22000 食品安全管理体系认证等，这些认证不仅能提升产品的国际市场准入机会，也是对产品质量和企业品牌的有力背书。

同时，深入了解并严格遵守目标市场的法律法规至关重要。例如，深入了解进口国关于食品的安全法规、标签规定、关税政策等，避免因不合规而导致的退货、罚款乃至法律诉讼，维护企业信誉。企业应设立专门的合规部门或外聘专业顾问，实时跟踪国际法规动态，为产品出口扫清障碍。

此外，强化企业社会责任（CSR），关注环境保护、员工福利和社会贡献，不仅符合国际商业伦理趋势，也有助于树立正面品牌形象，增强消费者及合作伙伴的长期信任和支持。

综上所述，通过内部管理优化、技术创新、国际认证获取、合规经营以及履行社会责任，农产品贸易企业能够显著提升自身竞争力，有效规避贸易风险，实现在全球市场的稳定增长。

（3）加强市场调研与产品定位

加强市场调研与精准产品定位是农业企业拓展 RCEP 成员国市场的重要策略。首先，企业需要构建一套系统化的市场情报收集与分析机制，通过线上数据挖掘、线下实地考察、参与国际展会、建立跨国市场研究合作等方式，全方位、多角度地掌握各成员国的经济发展水平、人口结构、饮食文化、消费趋势等关键信息。特别是要关注年轻消费群体的偏好变化，因为他们往往引领着新的消费潮流。

在充分调研的基础上，企业应进行细致的市场细分，以识别各细分市场的特殊需求与潜在机会。例如，东南亚国家可能对价格敏感且对新鲜度要求极高；日本、韩国则更看重农产品的品质、安全认证以及包装的精致程度；而澳大利亚、新西兰等国则偏好具有异国风情的特色农产品及加工食品。

基于细分市场的洞察，农业企业需要灵活调整产品结构和出口策略。这意味着不仅要提升农产品的品质，还要注重差异化和创新，如开发适应特定市场口味的调味品、即食食品，或针对健康意识强烈的消费者推出低糖、低脂、无添加的产品。同时，强化产品的文化和品牌故事，利用 RCEP 成员国之间的文化共通点和差异性，设计具有吸引力的营销策略，以提升产品的市场接受度和品牌忠诚度。

此外，建立灵活高效的供应链体系，确保产品能够快速响应市场需求变化，缩短从生产到消费的周期，是提升客户满意度和市场竞争力的关键。在这一过程中，企业还应关注出口目的地的政策法规变动，确保产品合规，避免贸易壁垒，实现稳定出口和长期合作。

总之，通过深入的市场调研、精准的产品定位和灵活的市场策略，农业企业能在 RCEP 框架内精准捕捉商机，有效提升国际市场份额，实现可持续发展。

（4）实施农产品品牌战略

农产品企业应实施农产品品牌战略，打造具有中国特色的农产品品牌。可采取的措施如下：

①挖掘地域特色与文化内涵。深入挖掘各地独特的自然资源优势和农业文化遗产，如地理标志产品、传统农耕技艺等，将这些特色元素融入品牌建设中，打造具有地方特色的农产品品牌，如西湖龙井茶、烟台苹果等。

②加强品牌设计与包装创新。聘请专业团队进行品牌命名、标志设计、包装设计等工作，强调将中国文化与现代审美相结合，提高产品的辨识度和吸引力。同时，注重环保材料的使用，体现绿色发展理念。

③实施品牌认证与保护。积极申请国家地理标志产品、绿色食品、有机产品等认证，增强品牌公信力。同时，加强品牌知识产权保护，打击假冒伪劣产品，维护品牌形象和消费者权益。

④开展品牌营销与宣传。利用线上线下多种渠道进行品牌推广，如参加国内外农产品博览会，利用社交媒体、电商平台等新媒体进行精准营销。讲述品牌故事，传播品牌文化，增强消费者的情感认同。

⑤推动品牌国际合作。积极参与国际农产品展会，寻求与海外销售渠道的合作，将中国特色农产品推向国际市场。同时，学习借鉴国际先进的品牌管理经验，提升品牌国际化水平。

⑥建立消费者反馈机制。建立完善的客户服务和反馈系统，重视消费者的评价和建议，不断优化产品和服务，提升顾客满意度和忠诚度。

⑦优化品牌传播与营销。利用媒体资源和数字平台，加大对特色农产品品牌的宣传力度，组织品牌推广活动，如参加国内外农产品展销会，利用电子商务平台拓宽销售渠道，提升品牌知名度和影响力。

（5）提升供应链管理与物流效率

农产品贸易企业应优化农产品贸易供应链管理流程，加强与 RCEP 成员国的物流合作，构建高效、稳定的农产品物流体系。利用现代信息技术，如物联网、区块链等，实现从生产、加工、存储到运输的全程追溯，提高供应链透明度，减少物流成本和时间，确保农产品的新鲜度和安全性。可以采取的措施如下：

①智能仓储与冷链物流。建立智能仓储管理系统，通过自动化设备和算法优化库存布局，减少损耗，提高存储效率。针对易腐农产品，构建覆盖全程的冷链物流体系，使用带有 GPS 追踪和温湿度监控的冷藏运输车辆，确保产品能够在适宜的条件下快速抵达目的地，从而保证食品的新鲜度和安全性。

②强化物流合作与网络布局。与 RCEP 成员国的物流公司、港口、机场等关键物流节点建立战略联盟，共享资源，协同规划物流路径，减少中转环节，缩短物流时间。同时，利用 RCEP 的优惠政策，探索多边或多式联运合作，如海运与陆运的结合，降低运输成本，提升物流效率。

③供应链风险管理。建立供应链风险预警系统，对自然灾害、政治变动、贸易政策调整等外部风险进行实时监控和评估，制订应急响应计划，如备选物

流方案、紧急库存调配机制等，以降低供应链中断的风险。

通过这些综合措施，农产品贸易企业能够构建一个高效、稳定、透明的供应链体系，确保农产品的新鲜度和安全性，提高农产品贸易企业的国际竞争力，为拓展 RCEP 市场奠定坚实的基础。

（6）数字化转型与利用跨境电商平台

农产品贸易企业应积极进行数字化转型，利用跨境电商平台，拓宽国际市场渠道，简化出口流程。建立企业官网和社交媒体账号，利用大数据分析目标市场趋势，精准投放广告，提升品牌知名度。同时，利用电商平台提供的数据分析工具，及时调整销售策略，提升客户满意度。

（7）参与国际合作项目与技术交流

主动参与 RCEP 框架下的农业合作项目和技术交流活动，与 RCEP 成员国企业建立长期合作关系。通过技术引进、共同研发等方式，提升自身的技术水平和创新能力。参与国际农业展会和论坛，展示企业特色农产品，了解行业最新动态，寻找合作机会，扩大国际合作网络。

7.2.4　农户层面

（1）提升种植技术和管理

农户应学习和采用现代化的种植技术和管理方法，提高农作物的产量和质量，同时减少对环境的负面影响。参与培训和教育项目，提高自身的农业技能和市场意识。

（2）提升农产品标准化种植与管理

农户应积极参与农业标准化生产培训，学习国际认可的种植标准和操作规程，如实施良好农业规范（GAP），以提高农产品的质量和安全性。通过标准化生产，确保农产品符合 RCEP 成员国的进口标准，增加出口竞争力。

（3）参与合作社或农业联合体

鼓励农户加入农民合作社或农产品行业协会，通过联合体的力量获取市场信息、技术指导和金融服务，实现规模化、专业化生产。合作社可以统一采购农资、组织技术培训、共享市场渠道，帮助农户降低生产成本，提高市场议价能力。

(4) 发展特色农产品并进行品牌化经营

鼓励农户根据本地资源优势，发展具有地域特色的农产品，如地理标志产品，通过品牌化运营提高产品附加值。利用互联网平台和社交媒体进行品牌宣传，增强消费者对品牌的认知，拓宽销售渠道，以吸引 RCEP 成员国的消费者。

(5) 加强环保意识与可持续农业实践

农户应增强环保意识，采用生态友好型农业技术，如减少化肥和农药的使用，实施轮作和休耕制度，保护土壤和水资源。可持续的农业实践不仅有助于提升农产品品质，也是满足 RCEP 成员国消费者对绿色、健康农产品需求的重要途径，有助于开拓更广阔的国际市场。

综上所述，政府、农业行业、农产品企业以及农户各层面应形成合力，通过政策支持、产业升级、市场拓展、技术创新和合规经营等多方面的措施，共同推动中国与 RCEP 成员国之间农产品贸易的可持续发展与互利共赢。

7.3 小　结

中国与 RCEP 成员国的农产品贸易在过去十年间显著增长，农产品出口额从 2005 年的 139.98 亿美元增长至 2022 年的 426.67 亿美元，农产品进口额从 132.82 亿美元攀升至 843.44 亿美元，显示出双方农产品贸易的巨大潜力。中国出口 RCEP 成员国的农产品以食品和饮料为主，而进口也主要集中在类似品类，表明中国与 RCEP 成员国农产品贸易竞争与互补并存。澳大利亚、新西兰等国在特定农产品上具有竞争优势，而中国则面对来自泰国、越南等国的竞争压力，特别是在稻米、水果、海鲜等领域。

为更好地应对挑战并促进中国与 RCEP 成员国农产品贸易，本书从四个层面提出对策建议。一是政府应加强农产品质量监管，简化贸易流程，增加科研投入，构建多元化融资体系；二是农业行业应优化产品结构，提升品质，加强品牌建设与国际合作；三是企业层面应注重市场调研，精准定位，实施品牌战略，提升供应链效率；四是农户应关注技术革新，参与合作社，发展特色农业。通过这些策略，中国可增强其农产品的国际竞争力，实现与 RCEP 成员国的互利共赢，推动农业现代化与区域经济一体化进程。

附　　录

附表 1

2005～2022 年中国与 RCEP 成员国农产品出口总额及四类农产品出口额

单位：美元

年份	国家	分类别农产品出口额				出口总额
		0 类	1 类	2 类	4 类	
2005	澳大利亚	236054774	22120739	26053447	3433691	287662651
2006	澳大利亚	321309858	21590980	33375270	3021157	379297265
2007	澳大利亚	396415563	22386376	45794850	4185936	468782725
2008	澳大利亚	504318614	25963405	56926773	4561559	591770351
2009	澳大利亚	485517491	25999692	56893841	5310945	573721969
2010	澳大利亚	602333161	28021120	62603906	5275145	698233332
2011	澳大利亚	799316661	32424418	85096552	9281244	926118875
2012	澳大利亚	788937651	35509358	93521024	11756327	929724360
2013	澳大利亚	870583204	36016926	100394450	13784704	1020779284
2014	澳大利亚	876376608	44359714	111736375	12554772	1045027469
2015	澳大利亚	807205079	45623379	110698334	16079713	979606505
2016	澳大利亚	825822419	52918512	103674972	13374841	995790744
2017	澳大利亚	852731079	60032026	89995654	12821926	1015580685
2018	澳大利亚	844215930	65431769	85251851	16278814	1011178364
2019	澳大利亚	873527940	51883659	81673880	18678134	1025763613
2020	澳大利亚	847175128	39072869	84423866	22093988	992765851
2021	澳大利亚	888944165	44589288	107941744	28031171	1069506368
2022	澳大利亚	989292423	63318947	137131703	41641526	1231384599
2005	印度尼西亚	341041566	41338008	42662197	1958194	426999965
2006	印度尼西亚	504285814	55992787	40736545	617818	601632964
2007	印度尼西亚	721342230	101640927	58703378	1373885	883060420
2008	印度尼西亚	589896370	130879148	90776415	2506058	814057991

续表

年份	国家	分类别农产品出口额				出口总额
		0 类	1 类	2 类	4 类	
2009	印度尼西亚	816449349	134279404	110922279	1797574	1063448606
2010	印度尼西亚	1421951356	186885852	150330986	2417934	1761586128
2011	印度尼西亚	1722240080	255564702	337364890	5192773	2320362445
2012	印度尼西亚	1443879427	280257291	348261218	6636696	2079034632
2013	印度尼西亚	1305322268	246614780	257014742	8272836	1817224626
2014	印度尼西亚	1451420444	266244836	311494570	12843931	2042003781
2015	印度尼西亚	1348524800	207203656	274043570	7574803	1837346829
2016	印度尼西亚	1668566495	192582059	321277973	7243169	2189669696
2017	印度尼西亚	1864107024	229971275	370180120	11751129	2476009548
2018	印度尼西亚	1754099762	167412138	535032129	12687233	2469231262
2019	印度尼西亚	2004612457	229346749	361957684	13723504	2609640394
2020	印度尼西亚	1893696818	163967500	221897881	11678066	2291240265
2021	印度尼西亚	2047016233	206449786	352818010	13969602	2620253631
2022	印度尼西亚	2220796744	203665839	402647106	64239353	2891349042
2005	日本	7179217469	59868756	996499447	33041313	8268626985
2006	日本	7438842110	66194919	1024257893	39803201	8569098123
2007	日本	7582033509	83140831	952121537	32806927	8650102804
2008	日本	6825477990	62570556	1017220402	58347301	7963616249
2009	日本	6883078803	66882437	948314064	33473045	7931748349
2010	日本	8252252317	61170967	1073841654	25578549	9412843487
2011	日本	9883273493	64147686	1347035894	30560415	11325017488
2012	日本	10767191444	79462037	1376116849	40891938	12263662268
2013	日本	10097918220	74213040	1304776992	58471692	11535379944
2014	日本	9971834681	57607407	1339530888	31088631	11400061607
2015	日本	9194027336	60095470	1151375530	35894988	10441393324
2016	日本	9043363749	60946908	1133850441	29362574	10267523672
2017	日本	9439960751	39775196	953311458	26054029	10459101434
2018	日本	9894399401	55446620	988721884	34420312	10972988217
2019	日本	9469664928	59486045	1015611322	39847821	10584610116
2020	日本	8810996354	51964435	898717459	34344537	9796022785
2021	日本	9398596642	56495870	961698840	47945258	10464736610

年份	国家	分类别农产品出口额				出口总额
		0 类	1 类	2 类	4 类	
2022	日本	9404406839	43752791	1234392864	56119852	10738672346
2005	柬埔寨	17161831	6471890	170177	2266	23806164
2006	柬埔寨	6093542	10984042	314846	412	17392842
2007	柬埔寨	4291189	15336274	362075	128	19989666
2008	柬埔寨	6919681	16554137	519095	4398	23997311
2009	柬埔寨	6219857	6946613	2323627	2029	15492126
2010	柬埔寨	12469844	8559193	2853387	290	23882714
2011	柬埔寨	17818943	9266741	4699555	325	31785564
2012	柬埔寨	18614058	11591122	7095653	2140	37302973
2013	柬埔寨	38408817	14775760	7781642	4460	60970679
2014	柬埔寨	35677646	18948209	7844568	28476	62498899
2015	柬埔寨	33297017	14487219	11912721	33985	59730942
2016	柬埔寨	24926647	10993371	15630362	52212	51602592
2017	柬埔寨	26045817	11541366	19227685	24561	56839429
2018	柬埔寨	38110236	14847262	22634162	14200	75605860
2019	柬埔寨	68404695	15680358	27867471	35818	111988342
2020	柬埔寨	82734657	15083696	31994510	29445	129842308
2021	柬埔寨	136546198	22090138	63808130	33002	222477468
2022	柬埔寨	158050664	17837822	84871203	39285	260798974
2005	韩国	2524081400	28427817	366441259	20933903	2939884379
2006	韩国	2447675396	23791778	462401774	15831138	2949700086
2007	韩国	3134503151	27279665	564596118	16416662	3742795596
2008	韩国	2547271488	27013326	692525483	20257612	3287067909
2009	韩国	2289159664	31870694	592861903	18907726	2932799987
2010	韩国	2974350959	32658350	644913085	27942022	3679864416
2011	韩国	3531680356	28535780	867177706	21394573	4448788415
2012	韩国	3395495272	39779551	911753654	19685633	4366714110
2013	韩国	3611862737	49714172	879717057	17947926	4559241892
2014	韩国	3973181023	71789768	1022999093	17984310	5085954194
2015	韩国	3670017947	72356005	745169156	14866114	4502409222
2016	韩国	3988172928	112460531	689022254	27723123	4817378836

年份	国家	分类别农产品出口额				出口总额
		0 类	1 类	2 类	4 类	
2017	韩国	4157470153	111482069	592729320	31368770	4893050312
2018	韩国	4559898946	141810140	669135418	27089355	5397933859
2019	韩国	4233446967	147384145	685830119	27943240	5094604471
2020	韩国	4105585009	110679923	619835075	45870702	4881970709
2021	韩国	4474636161	112013643	806732698	92672805	5486055307
2022	韩国	4716467147	143316491	1037918546	79085348	5976787532
2005	老挝	605573	888199	184697	1163	1679632
2006	老挝	513383	760086	660671	1233	1935373
2007	老挝	540405	497968	782208	1308	1821889
2008	老挝	1499601	723301	482514	1387	2706803
2009	老挝	1860470	4338535	94718	1471	6295194
2010	老挝	3925078	10740778	349322	1560	15016738
2011	老挝	2729476	7097002	274451	1655	10102584
2012	老挝	4296263	14878452	1643299	1755	20819769
2013	老挝	2549097	21213131	734220	1861	24498309
2014	老挝	2063464	17577685	337060	1974	19980183
2015	老挝	5536090	24237971	161992	2093	29938146
2016	老挝	2503810	22496581	7429	2220	25010040
2017	老挝	7947838	14141121	2972458	2355	25063772
2018	老挝	33179488	17130724	6746473	2497	57059182
2019	老挝	26021126	14966864	5213085	2648	46203723
2020	老挝	25203271	8527135	639428	2605	34372439
2021	老挝	38887499	13425863	433293	4141	52750796
2022	老挝	43506798	11960539	2752449	6494	58226280
2005	缅甸	27352178	18041231	4152927	22052	49568388
2006	缅甸	56920604	18090386	5079382	14518	80104890
2007	缅甸	39391323	24070687	5791299	314192	69567501
2008	缅甸	35152059	22140969	7011600	17736	64322364
2009	缅甸	28944382	25402334	22755207	24523	77126446
2010	缅甸	42855658	32862838	27344261	25546	103088303
2011	缅甸	58490726	46008095	27832585	46898	132378304

年份	国家	分类别农产品出口额				出口总额
		0 类	1 类	2 类	4 类	
2012	缅甸	63465752	50899436	38812764	68250	153246202
2013	缅甸	121260711	57561447	56407596	56352	235286106
2014	缅甸	201000981	56580085	162270163	61405	419912634
2015	缅甸	237949191	53064930	37583571	117279	328714971
2016	缅甸	278084397	51004581	56927324	184847	386201149
2017	缅甸	351355712	44258824	98275234	175329	494065099
2018	缅甸	387769346	63329182	120727102	209025	572034655
2019	缅甸	477670317	93515719	116900187	81564	688167787
2020	缅甸	605368292	81008631	74968609	348067	761693599
2021	缅甸	382375801	72456708	59795102	184838	514812449
2022	缅甸	340204379	66499277	94863944	1753583	503321183
2005	马来西亚	619772356	21764916	38957483	26008792	706503547
2006	马来西亚	762931916	24656789	64268554	14560740	866417999
2007	马来西亚	949380428	26220697	69969679	15037703	1060608507
2008	马来西亚	1074082539	28989970	77883139	16635854	1197591502
2009	马来西亚	1128633091	28836201	73530142	9081997	1240081431
2010	马来西亚	1555562207	29729350	135884593	9605972	1730782122
2011	马来西亚	1978607276	35577288	193164185	12673688	2220022437
2012	马来西亚	1994528965	45716681	171590733	11428503	2223264882
2013	马来西亚	2432516632	48959668	186053887	9780411	2677310598
2014	马来西亚	2483996280	51162557	227119410	16648053	2778926300
2015	马来西亚	2243511433	94102681	189827043	16376896	2543818053
2016	马来西亚	2377275808	95239872	143724268	8625767	2624865715
2017	马来西亚	2231394307	67427892	116453697	22305279	2437581175
2018	马来西亚	2193034140	61286347	122958509	89474995	2466753991
2019	马来西亚	2701532575	55744935	150044910	92074673	2999397093
2020	马来西亚	3175638586	40421140	206658801	130918610	3553637137
2021	马来西亚	3955678297	44575776	405840893	110032875	4516127841
2022	马来西亚	4537347395	47426727	459512685	225789055	5270075862
2005	新西兰	40746170	1424187	4738243	816902	47725502
2006	新西兰	56563486	958754	5123424	1432914	64078578

续表

年份	国家	分类别农产品出口额				出口总额
		0 类	1 类	2 类	4 类	
2007	新西兰	71107011	4151220	7388162	2439252	85085645
2008	新西兰	85956030	2506383	8168697	2361218	98992328
2009	新西兰	69661402	4041829	6739946	1427577	81870754
2010	新西兰	89093804	8548509	7015774	2415855	107073942
2011	新西兰	111402780	10205419	13587124	3339514	138534837
2012	新西兰	116119866	13465373	13713678	3625936	146924853
2013	新西兰	125915862	3465931	13746890	3792753	146921436
2014	新西兰	141144785	5835377	13524761	5403673	165908596
2015	新西兰	147568481	8075112	18129276	9952939	183725808
2016	新西兰	154820303	9403838	18027651	5855553	188107345
2017	新西兰	172919304	7891573	12985033	3585452	197381362
2018	新西兰	191297126	7519929	14350631	4804614	217972300
2019	新西兰	195842247	3459578	15385111	4294128	218981064
2020	新西兰	202644895	2244623	13533860	3749263	222172641
2021	新西兰	210695966	1653770	20604962	6196211	239150909
2022	新西兰	222107842	2584224	25381957	9378054	259452077
2005	菲律宾	233553207	50326997	30877921	129884	314888009
2006	菲律宾	375908000	50311854	25411561	144468	451775883
2007	菲律宾	455145333	44477980	37671913	191098	537486324
2008	菲律宾	431055751	54309397	44802206	926292	531093646
2009	菲律宾	607581711	47823953	46395998	268418	702070080
2010	菲律宾	669938769	50421570	26170175	388943	746919457
2011	菲律宾	819020984	69882611	39913247	721450	929538292
2012	菲律宾	1077072464	71038186	44334340	1136493	1193581483
2013	菲律宾	1299737582	65366750	57631191	777246	1423512769
2014	菲律宾	1331077978	57819353	60162133	1863515	1450922979
2015	菲律宾	1540903186	41075123	66423516	1843547	1650245372
2016	菲律宾	1807988399	62986196	53820848	933421	1925728864
2017	菲律宾	1888740665	64129351	79960550	1350376	2034180942
2018	菲律宾	1905235866	54319313	99377291	2788191	2061720661
2019	菲律宾	1897757600	71000477	100545943	2081869	2071385889

年份	国家	分类别农产品出口额				出口总额
		0 类	1 类	2 类	4 类	
2020	菲律宾	2121802395	71810368	77805214	2831346	2274249323
2021	菲律宾	2578068486	37626384	121183157	4359620	2741237647
2022	菲律宾	2479894941	62923539	188522447	10132054	2741472981
2005	新加坡	237545089	31395404	23688275	9446926	302075694
2006	新加坡	228951367	31887098	20272050	9511219	290621734
2007	新加坡	256967392	36207439	43501958	11597506	348274295
2008	新加坡	316066615	37372619	53085677	26349204	432874115
2009	新加坡	334970453	35714680	44214613	17261905	432161651
2010	新加坡	421039618	40758029	59978222	19611749	541387618
2011	新加坡	497775027	52770821	59705270	27094723	637345841
2012	新加坡	509552270	58631695	63392306	26460062	658036333
2013	新加坡	656262179	85762918	77625229	22456731	842107057
2014	新加坡	723911534	150628195	136293832	19878767	1030712328
2015	新加坡	754629457	98244381	128276903	13430208	994580949
2016	新加坡	734061702	88522597	67368263	14070123	904022685
2017	新加坡	683761673	72521252	47718565	14872488	818873978
2018	新加坡	701297434	99289228	40749369	16201286	857537317
2019	新加坡	724710442	107534695	48264118	17885092	898394347
2020	新加坡	852173127	69107745	68437078	93375971	1083093921
2021	新加坡	800623925	97722081	67068034	249476531	1214890571
2022	新加坡	836700838	59936962	95763296	461408932	1453810028
2005	泰国	242702320	10176591	55389449	2162326	310430686
2006	泰国	306654455	6900207	55148306	1551562	370254530
2007	泰国	439082572	5184094	81129145	4695585	530091396
2008	泰国	614569561	7980821	125086703	7808806	755445891
2009	泰国	726614294	6396051	148652890	4939156	886602391
2010	泰国	1018798255	11963128	231832361	9238819	1271832563
2011	泰国	1547155521	10360018	305382978	14105888	1877004405
2012	泰国	1797977558	16035196	343012569	17919741	2174945064
2013	泰国	2325140825	13913912	314722888	12771544	2666549169
2014	泰国	2539313494	5761867	318965350	12514441	2876555152

续表

年份	国家	分类别农产品出口额				出口总额
		0 类	1 类	2 类	4 类	
2015	泰国	3431652854	14875821	335382875	9965078	3791876628
2016	泰国	3122376793	15419799	409683474	10069974	3557550040
2017	泰国	2762515309	18037288	367538185	12533418	3160624200
2018	泰国	2930512930	20210152	421775005	15711660	3388209747
2019	泰国	3371123244	20680492	344883752	14900347	3751587835
2020	泰国	3966385204	14919212	346815885	16615085	4344735386
2021	泰国	4334694849	23550859	479114368	21000000	4858360076
2022	泰国	4502999642	32505607	580570246	20739388	5136814883
2005	越南	222453112	10890825	83632612	1436126	318412675
2006	越南	281369861	7149934	93144030	194798	381858623
2007	越南	366105525	10289294	129305494	2416673	508116986
2008	越南	532978394	19571693	171246414	40540828	764337329
2009	越南	775906178	21748046	191568686	1010786	990233696
2010	越南	1152178494	18301878	295778800	9330430	1475589602
2011	越南	1796633739	33927145	419363655	9017343	2258941882
2012	越南	1604674548	36609341	429499644	9501991	2080285524
2013	越南	1934811798	29066547	494816533	5819408	2464514286
2014	越南	2527840910	36061256	530395965	5744334	3100042465
2015	越南	3003800583	45408346	470565373	6608271	3526382573
2016	越南	3432090247	56504918	506664112	12978674	4008237951
2017	越南	3987186889	45612517	762776531	10189548	4805765485
2018	越南	4505577503	63446159	915507280	14028776	5498559718
2019	越南	4702289535	51127154	941401804	8591076	5703409569
2020	越南	4990201877	50726222	758482719	9733735	5809144553
2021	越南	4895324678	98817401	929351198	14366929	5937860206
2022	越南	4738850100	77239291	1310144521	19012321	6145246233

注：因数据四舍五入的原因，出口总额可能与分类别数据加总合计数略有差异。
资料来源：联合国商品贸易统计数据库（UN Comtrade）；世界银行。

附表2

2005～2022年中国与RCEP成员国农产品进口总额及四类农产品进口额

单位：美元

年份	国家	分类别农产品进口额				进口总额
		0类	1类	2类	4类	
2005	澳大利亚	703619624	12438515	1760751015	91729697	2568538851
2006	澳大利亚	595832174	28461075	1768910157	103443416	2496646822
2007	澳大利亚	437768511	46661087	2180653554	175528433	2840611585
2008	澳大利亚	752213585	61432271	2186635888	266334327	3266616071
2009	澳大利亚	695194697	98376226	1822039689	148324274	2763934886
2010	澳大利亚	1259089031	150243585	2771319672	187305414	4367957702
2011	澳大利亚	1516978401	218193451	5115067915	236985879	7087225646
2012	澳大利亚	2392603521	229962350	5171952470	145400691	7939919032
2013	澳大利亚	3121420742	239915176	5841008067	94596638	9296940623
2014	澳大利亚	3971733938	262049675	4758136897	86299272	9078219782
2015	澳大利亚	4503630477	464886771	3988827932	92568432	9049913612
2016	澳大利亚	3421125952	583986893	3880962286	67297367	7953372498
2017	澳大利亚	4917631086	755406056	4676033224	133157948	10482228314
2018	澳大利亚	5761429104	825606768	5338717189	141056000	12066809061
2019	澳大利亚	6978374002	910300288	4460475239	208192148	12557341677
2020	澳大利亚	6517014374	745813850	2993559967	254122937	10510511128
2021	澳大利亚	6546598456	109286728	3044334274	274401979	9974621437
2022	澳大利亚	8670908236	45824242	3268196912	209768506	12194697896
2005	印度尼西亚	124301292	49922	1342237246	770624829	2237213289
2006	印度尼西亚	131182295	790177	1665998071	1088443545	2886414088
2007	印度尼西亚	233130888	963283	1635537258	1491665696	3361297125
2008	印度尼西亚	241365538	2999700	2028700028	2284575246	4557640512
2009	印度尼西亚	187588136	3737559	1470336146	1960949490	3622611331
2010	印度尼西亚	307748980	8690757	2603868412	2442400314	5362708463
2011	印度尼西亚	599141902	6606024	3955028932	3255121885	7815898743
2012	印度尼西亚	755003684	9057200	3167404709	3664548158	7596013751
2013	印度尼西亚	713937369	10157170	3118910353	2437698812	6280703704
2014	印度尼西亚	915844133	9806006	2785351069	2632158466	6343159674

续表

年份	国家	分类别农产品进口额				进口总额
		0 类	1 类	2 类	4 类	
2015	印度尼西亚	1002788654	4753329	2483683766	2829679529	6320905278
2016	印度尼西亚	1044911250	6790859	2256939382	2451480472	5760121963
2017	印度尼西亚	1323449716	26574010	3954266105	3073044041	8377333872
2018	印度尼西亚	1569582450	61710520	3540871698	3062217868	8234382536
2019	印度尼西亚	1817903381	83751793	3289531758	3529497902	8720684834
2020	印度尼西亚	2353343167	52983701	3297616632	3004561995	8708505495
2021	印度尼西亚	3157147154	54999217	4293314745	5425372846	12930833962
2022	印度尼西亚	3859833039	80293543	4675673880	5459793388	14075593850
2005	日本	292536497	6459746	1216056647	8749415	1523802305
2006	日本	344526625	6950313	1290176447	7534262	1649187647
2007	日本	324665914	9788433	1489130934	5431736	1829017017
2008	日本	307066361	13889681	1591600070	5808289	1918364401
2009	日本	352237779	14650976	1458498013	6274726	1831661494
2010	日本	483132854	20060124	2115962389	8803770	2627959137
2011	日本	250008321	12453038	2500073629	6852388	2769387376
2012	日本	284906803	27606825	2455215889	7649821	2775379338
2013	日本	309468978	20014990	2511865802	5241765	2846591535
2014	日本	363760003	55913987	2206640567	5021540	2631336097
2015	日本	434846717	76549507	1958562323	5007830	2474966377
2016	日本	508721972	90447439	1759914038	6081985	2365165434
2017	日本	516388613	114642455	2019775159	5568139	2656374366
2018	日本	800689998	168003732	2164770124	9140332	3142604186
2019	日本	874808830	229419899	1582477864	7125037	2693831630
2020	日本	875994365	227772365	1359117819	7123864	2470008413
2021	日本	1157803540	305286741	1408336993	8654575	2880081849
2022	日本	1310189343	312238654	1303240252	9301450	2934969699
2005	柬埔寨	1007949	40	11933559	105024	13046572
2006	柬埔寨	2554136	157	21594794	40013	24189100
2007	柬埔寨	2316298	2038	36456213	15244	38789793
2008	柬埔寨	3278362	3918	23358682	5808	26646770
2009	柬埔寨	6247212	54682	17576680	2213	23880787

年份	国家	分类别农产品进口额				进口总额
		0 类	1 类	2 类	4 类	
2010	柬埔寨	2756137	6085	61148985	843	63912050
2011	柬埔寨	10813156	35880	104129271	506	114978813
2012	柬埔寨	16640651	7973	63382350	168	80031142
2013	柬埔寨	35245478	1512	140253308	224	175500522
2014	柬埔寨	65067190	849934	179699799	280	245617203
2015	柬埔寨	100299838	863653	35548607	323	136712421
2016	柬埔寨	98612213	898295	36254255	373	135765136
2017	柬埔寨	113342771	2298336	37327085	430	152968622
2018	柬埔寨	166499720	2859228	51573504	497	220932949
2019	柬埔寨	236675079	4777643	54120476	573	295573771
2020	柬埔寨	349245465	10279662	31730631	661	391256419
2021	柬埔寨	463548127	3135598	59744188	763	526428676
2022	柬埔寨	512718127	1319815	56433350	881	570472173
2005	韩国	213958096	11424463	603895946	4716052	833994557
2006	韩国	193056788	14727932	639922414	5718392	853425526
2007	韩国	261688828	16519629	834459902	3136619	1115804978
2008	韩国	285011516	22908604	830470218	1822772	1140213110
2009	韩国	259118413	28870200	838416514	2540433	1128945560
2010	韩国	353670888	34111960	1118337910	3629281	1509750039
2011	韩国	511419625	43511633	1484793298	6247174	2045971730
2012	韩国	488564670	59068638	1330053671	2622939	1880309918
2013	韩国	565428790	80483899	1148231112	2206843	1796350644
2014	韩国	594726439	95924821	1048481197	2658655	1741791112
2015	韩国	659112429	125873307	880434849	2602537	1668023122
2016	韩国	811862937	138620330	755636141	2112794	1708232202
2017	韩国	702704717	149901846	955951449	1744575	1810302587
2018	韩国	739702382	225694869	1002409969	2137777	1969944997
2019	韩国	798847406	263108023	904749654	1346377	1968051460
2020	韩国	906836698	217896564	814754607	5760221	1945248090
2021	韩国	1071718035	260872268	1138537850	10532269	2481660422
2022	韩国	1012282314	233554848	872442484	11944336	2130223982

年份	国家	分类别农产品进口额				进口总额
		0 类	1 类	2 类	4 类	
2005	老挝	1391332	40399	15819666	312793	17564190
2006	老挝	4680352	62024	36048784	225008	41016168
2007	老挝	7810333	95225	47873526	161859	55940943
2008	老挝	12839283	146199	57809030	116434	70910946
2009	老挝	24245611	224460	50931096	83756	75484923
2010	老挝	23894362	107443	124801678	60250	148863733
2011	老挝	20742041	529080	266666575	43341	287981037
2012	老挝	32814500	702293	290664344	43319	324224456
2013	老挝	50484982	622191	516839939	31162	567978274
2014	老挝	71708760	846597	1128235150	22416	1200812923
2015	老挝	99255976	1667086	555132170	16125	656071357
2016	老挝	108741227	3609215	346566161	900	458917503
2017	老挝	112959064	6516526	413900842	2018	533378450
2018	老挝	160190230	17842878	511020340	4320	689057768
2019	老挝	176894203	14268773	696370969	3108	887537053
2020	老挝	261725095	4918925	661241223	2235	927887478
2021	老挝	164584769	3355730	635988502	1608	803930609
2022	老挝	266017892	4830118	974083083	1157	1244932250
2005	缅甸	16363335	53	214279843	2071	230645302
2006	缅甸	19903621	107	190903693	11147	210818568
2007	缅甸	51280430	217	241359346	60000	292699993
2008	缅甸	143871525	439	374466242	157	518338363
2009	缅甸	124152132	890	259131351	6098	383290471
2010	缅甸	212250120	1803	316377543	14	528629480
2011	缅甸	141898197	3651	405399941	2011	547303800
2012	缅甸	169729405	353250	444573959	34217	614690831
2013	缅甸	156750389	342132	763262734	373997	920729252
2014	缅甸	163042534	84152	774282120	267862	937676668
2015	缅甸	158417669	61426	310401482	116120	468996697
2016	缅甸	158297530	395558	371312805	50339	530056232
2017	缅甸	171925318	1998676	286855879	21822	460801695

年份	国家	分类别农产品进口额				进口总额
		0 类	1 类	2 类	4 类	
2018	缅甸	219980377	2153425	292487851	9460	514631113
2019	缅甸	452998896	8196467	381096956	44842	842337161
2020	缅甸	605479852	12945934	448537597	158683	1067122066
2021	缅甸	635324159	1375309	549905875	316828	1186922171
2022	缅甸	1339431854	462661	939877754	985028	2280757297
2005	马来西亚	63918381	1202861	974472126	1312498232	2352091600
2006	马来西亚	115029202	2214198	1230663726	1638630500	2986537626
2007	马来西亚	176513480	2440750	1345157578	2816946012	4341057820
2008	马来西亚	302678236	4573930	1309066609	3733586388	5349905163
2009	马来西亚	198839901	11730087	797762233	2754213366	3762545587
2010	马来西亚	319619316	12539846	1568458908	3067522691	4968140761
2011	马来西亚	408882783	13993237	2221023534	4575972358	7219871912
2012	马来西亚	413923187	27197116	1440625293	3793880701	5675626297
2013	马来西亚	558444029	15228053	1345035052	3166411786	5085118920
2014	马来西亚	580548799	30034643	1097755556	2633963967	4342302965
2015	马来西亚	630392822	37396168	1041402567	1743401744	3452593301
2016	马来西亚	662770955	37281774	1161597326	1400884349	3262534404
2017	马来西亚	635060171	38365675	1820720395	1572665888	4066812129
2018	马来西亚	813322026	21370425	1415647457	1356016276	3606356184
2019	马来西亚	1037712261	17557534	1239038656	1442532838	3736841289
2020	马来西亚	1099537867	11308399	1360186854	1950398418	4421431538
2021	马来西亚	1324850684	10508775	1613466132	1981177432	4930003023
2022	马来西亚	1487644683	9598890	1515628616	2314342866	5327215055
2005	新西兰	468274781	663071	424325309	40525619	933788780
2006	新西兰	499582348	1389434	425496363	45584975	972053120
2007	新西兰	548385691	1969753	564146003	71106343	1185607790
2008	新西兰	657055055	4696299	667175137	105358624	1434285115
2009	新西兰	1047079750	8367796	815772901	63730340	1934950787
2010	新西兰	1787568044	11633644	1327328747	76355103	3202885538
2011	新西兰	2338629836	19228891	1925795244	88942883	4372596854
2012	新西兰	3076714227	25179551	1902539010	96545164	5100977952

年份	国家	分类别农产品进口额				进口总额
		0 类	1 类	2 类	4 类	
2013	新西兰	4886947214	22289086	2502399067	41146768	7452782135
2014	新西兰	6100088418	29392829	2459496097	56986574	8645963918
2015	新西兰	3698924869	29954626	2017715955	58255778	5804851228
2016	新西兰	3959006748	31938662	2073596601	34176623	6098718634
2017	新西兰	5449980283	44266471	2599563884	43844197	8137654835
2018	新西兰	6491783303	45729894	3197617189	37733094	9772863480
2019	新西兰	8259263326	55533565	2955190882	42163644	11312151417
2020	新西兰	8379179163	32531867	2445728607	29017285	10886456922
2021	新西兰	10522987804	43467158	3997562284	39420424	14603437670
2022	新西兰	10959575960	43971316	3385333005	20725152	14409605433
2005	菲律宾	103479356	55269	34794880	3377362	141706867
2006	菲律宾	128198590	141144	41014093	15373830	184727657
2007	菲律宾	122496026	173576	40048409	13318692	176036703
2008	菲律宾	158794343	195583	56260348	45753185	261003459
2009	菲律宾	186834399	673568	64399391	19885462	271792820
2010	菲律宾	275970115	1288444	107654967	109433575	494347101
2011	菲律宾	476834922	1197822	146659411	91170649	715862804
2012	菲律宾	431275130	2037986	125486122	28225344	587024582
2013	菲律宾	435297455	2276393	169771767	45151425	652497040
2014	菲律宾	724284584	1812752	151083845	16238868	893420049
2015	菲律宾	668311328	2093626	102175242	8293807	780874003
2016	菲律宾	583954144	1770502	77148616	19574009	682447271
2017	菲律宾	679459337	5173512	92273886	72192686	849099421
2018	菲律宾	899185340	1336477	111540448	51174518	1063236783
2019	菲律宾	920530730	3125513	122338952	51494603	1097489798
2020	菲律宾	727321113	3501168	98228172	44798252	873848705
2021	菲律宾	883411804	2402059	164147401	78359784	1128321048
2022	菲律宾	883425805	1511125	192350510	164989808	1242277248
2005	新加坡	81154183	1228624	9289166	2656922	94328895
2006	新加坡	127376392	13283921	13810449	2178881	156649643
2007	新加坡	163713785	28838495	9960594	6561733	209074607

年份	国家	分类别农产品进口额				进口总额
		0 类	1 类	2 类	4 类	
2008	新加坡	212781748	37849720	13286344	7326587	271244399
2009	新加坡	372139519	45675278	15015992	5774445	438605234
2010	新加坡	446106558	41293363	19329172	11626392	518355485
2011	新加坡	417770293	41096636	14975696	10100565	483943190
2012	新加坡	350398124	27433087	16112049	7414246	401357506
2013	新加坡	382115067	44878031	53304836	6628442	486926376
2014	新加坡	333766532	79875455	209333823	5291461	628267271
2015	新加坡	362245194	77596702	245880488	4567736	690290120
2016	新加坡	334476011	72952120	233324858	6626473	647379462
2017	新加坡	243171408	64347965	352056016	6681061	666256450
2018	新加坡	224999180	59044232	333555901	11880660	629479973
2019	新加坡	254952141	60911519	259531803	11788107	587183570
2020	新加坡	259614172	58230177	176278812	11811853	505935014
2021	新加坡	277031740	69154784	181147007	11243252	538576783
2022	新加坡	323297618	77931715	180231731	6281472	587742536
2005	泰国	847105580	211394	1176135197	3706598	2027158769
2006	泰国	1122424094	2842870	1631425776	9780393	2766473133
2007	泰国	1159464032	751803	1921747346	9022344	3090985525
2008	泰国	947091880	759303	2529222539	34333016	3511406738
2009	泰国	1492525921	801381	2012944988	654068	3506926358
2010	泰国	2016929419	2955536	3542532611	8175890	5570593456
2011	泰国	2442736643	3364664	5866368062	5645943	8318115312
2012	泰国	3402209349	6405856	4898225273	4437039	8311277517
2013	泰国	3503788556	21805788	5135838790	8693947	8670127081
2014	泰国	4046574270	28829381	4632031091	11036332	8718471074
2015	泰国	4164984725	26806119	4392587177	11367681	8595745702
2016	泰国	3502519300	35241093	4948179192	8838231	8494777816
2017	泰国	3804851693	78175744	7103532701	14049308	11000609446
2018	泰国	4631078318	74939431	6300074600	18816767	11024909116
2019	泰国	5911817620	75758317	5054817967	26776163	11069170067
2020	泰国	6663545516	168336312	4982443245	11202844	11825527917

续表

年份	国家	分类别农产品进口额				进口总额
		0 类	1 类	2 类	4 类	
2021	泰国	10084814621	199016639	6033112856	22213445	16339157561
2022	泰国	10805188109	122230690	6683931570	19509406	17630859775
2005	越南	154265497	2050	153902319	266438	308436304
2006	越南	268140252	15368	288745008	776124	557676752
2007	越南	369970856	3344	416071070	13210530	799255800
2008	越南	407283578	24112	325571233	13840768	746719691
2009	越南	654687051	77309	302120672	1209064	958094096
2010	越南	657097938	182659	788320525	12848576	1458449698
2011	越南	1116147300	163540	1325296419	18386789	2459994048
2012	越南	1962567715	377992	1398528437	20200936	3381675080
2013	越南	1831859277	417811	1514076302	30110171	3376463561
2014	越南	2068808118	989142	1432665290	22099068	3524561618
2015	越南	2461382830	937176	1325719759	13380343	3801420108
2016	越南	2571926041	8234091	1911093389	14673341	4505926862
2017	越南	2592423373	23128903	2508789106	8934505	5133275887
2018	越南	2982404807	31461047	2528446698	8841847	5551154399
2019	越南	2805159646	47389047	2758516635	19311386	5630376714
2020	越南	3422579868	36679997	3103557131	22100126	6584917122
2021	越南	3500797559	33014878	3869133635	29227282	7432173354
2022	越南	4981050100	22622884	4691287531	19892655	9714853170

注：因数据四舍五入的原因，进口总额可能与分类别数据加总合计数略有差异。

资料来源：联合国商品贸易统计数据库（UN Comtrade）；世界银行。

附表 3

中国与 RCEP 成员国农产品贸易相关数据

年份	国家	农业用地面积（平方千米）	FTA（是：1，否：0）	英国布伦特原油价格（美元/桶）	距首都的距离（千米）	中国人均 GDP（美元/年）	RCEP 成员国人均 GDP（美元/年）
2005	澳大利亚	4102300	0	54.40	9018.31	1753.41	34460.54
2006	澳大利亚	4093020	0	65.40	9018.31	2099.22	36570.76
2007	澳大利亚	3983555	0	72.70	9018.31	2693.96	41023.75
2008	澳大利亚	3892880	0	97.60	9018.31	3468.33	49681.22
2009	澳大利亚	3842570	0	61.90	9018.31	3832.23	42810.47
2010	澳大利亚	3763720	0	79.60	9018.31	4550.47	52132.47
2011	澳大利亚	3961210	0	110.90	9018.31	5614.39	62598.69
2012	澳大利亚	3870760	0	112.00	9018.31	6300.58	68047.38
2013	澳大利亚	3717750	0	108.80	9018.31	7020.39	68156.39
2014	澳大利亚	3744230	0	98.90	9018.31	7636.07	62515.31
2015	澳大利亚	3481190	0	52.40	9018.31	8016.45	56708.96
2016	澳大利亚	3426020	1	44.00	9018.31	8094.39	49876.71
2017	澳大利亚	3718370	1	54.40	9018.31	8817.05	53934.15
2018	澳大利亚	3588950	1	71.10	9018.31	9905.41	57206.99
2019	澳大利亚	3624770	1	64.00	9018.31	10143.86	54941.07
2020	澳大利亚	3557750	1	42.30	9018.31	10408.72	51722.07
2021	澳大利亚	3635190	1	70.40	9018.31	12617.50	60444.50
2022	澳大利亚	3596470	1	99.80	9018.31	12720.22	64491.43
2005	印度尼西亚	521300	0	54.40	5220.88	1753.41	1249.40
2006	印度尼西亚	532600	0	65.40	5220.88	2099.22	1572.80
2007	印度尼西亚	542900	0	72.70	5220.88	2693.96	1840.33
2008	印度尼西亚	546200	0	97.60	5220.88	3468.33	2144.39
2009	印度尼西亚	553500	0	61.90	5220.88	3832.23	2239.10
2010	印度尼西亚	553800	1	79.60	5220.88	4550.47	3094.44
2011	印度尼西亚	564100	1	110.90	5220.88	5614.39	3613.80
2012	印度尼西亚	564400	1	112.00	5220.88	6300.58	3668.21
2013	印度尼西亚	569700	1	108.80	5220.88	7020.39	3602.89
2014	印度尼西亚	573000	1	98.90	5220.88	7636.07	3476.62

年份	国家	农业用地面积（平方千米）	FTA（是：1，否：0）	英国布伦特原油价格（美元/桶）	距首都的距离（千米）	中国人均 GDP（美元/年）	RCEP 成员国人均 GDP（美元/年）
2015	印度尼西亚	578000	1	52.40	5220.88	8016.45	3322.58
2016	印度尼西亚	597000	1	44.00	5220.88	8094.39	3558.82
2017	印度尼西亚	633000	1	54.40	5220.88	8817.05	3839.79
2018	印度尼西亚	639000	1	71.10	5220.88	9905.41	3902.66
2019	印度尼西亚	641000	1	64.00	5220.88	10143.86	4151.23
2020	印度尼西亚	643000	1	42.30	5220.88	10408.72	3895.62
2021	印度尼西亚	646000	1	70.40	5220.88	12617.50	4334.22
2022	印度尼西亚	644500	1	99.80	5220.88	12720.22	4788.00
2005	日本	50800	0	54.40	2098.11	1753.41	37812.89
2006	日本	50534	0	65.40	2098.11	2099.22	35991.54
2007	日本	50268	0	72.70	2098.11	2693.96	35779.02
2008	日本	49992	0	97.60	2098.11	3468.33	39876.31
2009	日本	49746	0	61.90	2098.11	3832.23	41309.00
2010	日本	49530	0	79.60	2098.11	4550.47	44968.16
2011	日本	49190	0	110.90	2098.11	5614.39	48760.08
2012	日本	49050	0	112.00	2098.11	6300.58	49145.28
2013	日本	48920	0	108.80	2098.11	7020.39	40898.65
2014	日本	48700	0	98.90	2098.11	7636.07	38475.40
2015	日本	48460	0	52.40	2098.11	8016.45	34960.64
2016	日本	48130	0	44.00	2098.11	8094.39	39375.47
2017	日本	47780	0	54.40	2098.11	8817.05	38834.05
2018	日本	47460	0	71.10	2098.11	9905.41	39751.13
2019	日本	47150	0	64.00	2098.11	10143.86	40415.96
2020	日本	46820	0	42.30	2098.11	10408.72	39986.93
2021	日本	46590	0	70.40	2098.11	12617.50	39827.13
2022	日本	46705	1	99.80	2098.11	12720.22	33815.32
2005	柬埔寨	53560	0	54.40	3351.09	1753.41	475.07
2006	柬埔寨	53550	0	65.40	3351.09	2099.22	539.75
2007	柬埔寨	53550	0	72.70	3351.09	2693.96	629.92
2008	柬埔寨	53550	0	97.60	3351.09	3468.33	742.40

续表

年份	国家	农业用地面积（平方千米）	FTA（是：1，否：0）	英国布伦特原油价格（美元/桶）	距首都的距离（千米）	中国人均 GDP（美元/年）	RCEP 成员国人均 GDP（美元/年）
2009	柬埔寨	53550	0	61.90	3351.09	3832.23	734.82
2010	柬埔寨	54030	1	79.60	3351.09	4550.47	782.70
2011	柬埔寨	54507	1	110.90	3351.09	5614.39	880.31
2012	柬埔寨	55324	1	112.00	3351.09	6300.58	950.48
2013	柬埔寨	55721	1	108.80	3351.09	7020.39	1015.22
2014	柬埔寨	56019	1	98.90	3351.09	7636.07	1098.07
2015	柬埔寨	56476	1	52.40	3351.09	8016.45	1170.74
2016	柬埔寨	57004	1	44.00	3351.09	8094.39	1281.11
2017	柬埔寨	57841	1	54.40	3351.09	8817.05	1400.90
2018	柬埔寨	58559	1	71.10	3351.09	9905.41	1533.32
2019	柬埔寨	59506	1	64.00	3351.09	10143.86	1671.39
2020	柬埔寨	60454	1	42.30	3351.09	10408.72	1577.91
2021	柬埔寨	60991	1	70.40	3351.09	12617.50	1625.24
2022	柬埔寨	60723	1	99.80	3351.09	12720.22	1786.56
2005	韩国	18810	0	54.40	955.65	1753.41	19402.50
2006	韩国	18580	0	65.40	955.65	2099.22	21743.48
2007	韩国	18400	0	72.70	955.65	2693.96	24086.41
2008	韩国	18170	0	97.60	955.65	3468.33	21350.43
2009	韩国	17950	0	61.90	955.65	3832.23	19143.85
2010	韩国	17730	0	79.60	955.65	4550.47	23087.23
2011	韩国	17561	0	110.90	955.65	5614.39	25096.26
2012	韩国	17880	0	112.00	955.65	6300.58	25466.76
2013	韩国	17687	0	108.80	955.65	7020.39	27182.73
2014	韩国	17483	0	98.90	955.65	7636.07	29249.58
2015	韩国	17360	0	52.40	955.65	8016.45	28732.23
2016	韩国	17008	1	44.00	955.65	8094.39	29288.87
2017	韩国	16767	1	54.40	955.65	8817.05	31616.84
2018	韩国	16520	1	71.10	955.65	9905.41	33436.92
2019	韩国	16370	1	64.00	955.65	10143.86	31902.42
2020	韩国	16210	1	42.30	955.65	10408.72	31721.30

续表

年份	国家	农业用地面积（平方千米）	FTA（是：1，否：0）	英国布伦特原油价格（美元/桶）	距首都的距离（千米）	中国人均 GDP（美元/年）	RCEP 成员国人均 GDP（美元/年）
2021	韩国	16030	1	70.40	955.65	12617.50	34997.78
2022	韩国	16120	1	99.80	955.65	12720.22	32254.62
2005	老挝	19850	0	54.40	2778.65	1753.41	467.38
2006	老挝	20250	0	65.40	2778.65	2099.22	581.01
2007	老挝	20630	0	72.70	2778.65	2693.96	699.04
2008	老挝	21040	0	97.60	2778.65	3468.33	887.64
2009	老挝	21680	0	61.90	2778.65	3832.23	936.79
2010	老挝	22200	1	79.60	2778.65	4550.47	1127.84
2011	老挝	22765	1	110.90	2778.65	5614.39	1363.73
2012	老挝	23073	1	112.00	2778.65	6300.58	1566.01
2013	老挝	23350	1	108.80	2778.65	7020.39	1815.44
2014	老挝	23350	1	98.90	2778.65	7636.07	1984.51
2015	老挝	23350	1	52.40	2778.65	8016.45	2125.46
2016	老挝	23350	1	44.00	2778.65	8094.39	2309.05
2017	老挝	22589	1	54.40	2778.65	8817.05	2439.46
2018	老挝	21828	1	71.10	2778.65	9905.41	2553.36
2019	老挝	21067	1	64.00	2778.65	10143.86	2598.51
2020	老挝	20310	1	42.30	2778.65	10408.72	2593.36
2021	老挝	20310	1	70.40	2778.65	12617.50	2535.62
2022	老挝	20310	1	99.80	2778.65	12720.22	2088.38
2005	缅甸	112630	0	54.40	3234.08	1753.41	221.87
2006	缅甸	115970	0	65.40	3234.08	2099.22	246.69
2007	缅甸	119840	0	72.70	3234.08	2693.96	321.83
2008	缅甸	122770	0	97.60	3234.08	3468.33	472.26
2009	缅甸	124410	0	61.90	3234.08	3832.23	600.93
2010	缅甸	125260	1	79.60	3234.08	4550.47	765.24
2011	缅甸	125580	1	110.90	3234.08	5614.39	1086.84
2012	缅甸	125490	1	112.00	3234.08	6300.58	1161.31
2013	缅甸	125870	1	108.80	3234.08	7020.39	1195.94
2014	缅甸	126320	1	98.90	3234.08	7636.07	1238.73

年份	国家	农业用地面积（平方千米）	FTA（是：1，否：0）	英国布伦特原油价格（美元/桶）	距首都的距离（千米）	中国人均GDP（美元/年）	RCEP成员国人均GDP（美元/年）
2015	缅甸	127490	1	52.40	3234.08	8016.45	1224.56
2016	缅甸	127600	1	44.00	3234.08	8094.39	1161.86
2017	缅甸	130536	1	54.40	3234.08	8817.05	1175.20
2018	缅甸	130713	1	71.10	3234.08	9905.41	1274.92
2019	缅甸	129794	1	64.00	3234.08	10143.86	1295.20
2020	缅甸	129800	1	42.30	3234.08	10408.72	1477.45
2021	缅甸	129800	1	70.40	3234.08	12617.50	1210.54
2022	缅甸	129800	1	99.80	3234.08	12720.22	1095.70
2005	马来西亚	71344	0	54.40	4355.05	1753.41	5536.84
2006	马来西亚	70752	0	65.40	4355.05	2099.22	6137.15
2007	马来西亚	71072	0	72.70	4355.05	2693.96	7144.00
2008	马来西亚	71504	0	97.60	4355.05	3468.33	8343.30
2009	马来西亚	72200	0	61.90	4355.05	3832.23	7167.88
2010	马来西亚	73893	1	79.60	4355.05	4550.47	8880.15
2011	马来西亚	75306	1	110.90	4355.05	5614.39	10209.37
2012	马来西亚	78292	1	112.00	4355.05	6300.58	10601.51
2013	马来西亚	80593	1	108.80	4355.05	7020.39	10727.67
2014	马来西亚	80890	1	98.90	4355.05	7636.07	11045.58
2015	马来西亚	85700	1	52.40	4355.05	8016.45	9699.58
2016	马来西亚	85710	1	44.00	4355.05	8094.39	9555.65
2017	马来西亚	85710	1	54.40	4355.05	8817.05	9979.70
2018	马来西亚	85710	1	71.10	4355.05	9905.41	11073.98
2019	马来西亚	85710	1	64.00	4355.05	10143.86	11132.10
2020	马来西亚	85710	1	42.30	4355.05	10408.72	10160.83
2021	马来西亚	85710	1	70.40	4355.05	12617.50	11109.27
2022	马来西亚	85710	1	99.80	4355.05	12720.22	11971.93
2005	新西兰	117120	0	54.40	11041.03	1753.41	27751.07
2006	新西兰	113750	0	65.40	11041.03	2099.22	26654.59
2007	新西兰	114870	0	72.70	11041.03	2693.96	32479.98
2008	新西兰	113740	0	97.60	11041.03	3468.33	31252.96

续表

年份	国家	农业用地面积（平方千米）	FTA（是：1，否：0）	英国布伦特原油价格（美元/桶）	距首都的距离（千米）	中国人均GDP（美元/年）	RCEP成员国人均GDP（美元/年）
2009	新西兰	114900	1	61.90	11041.03	3832.23	28209.36
2010	新西兰	114080	1	79.60	11041.03	4550.47	33676.77
2011	新西兰	113710	1	110.90	11041.03	5614.39	38387.63
2012	新西兰	112094	1	112.00	11041.03	6300.58	39973.38
2013	新西兰	111060	1	108.80	11041.03	7020.39	42976.65
2014	新西兰	111160	1	98.90	11041.03	7636.07	44572.90
2015	新西兰	107120	1	52.40	11041.03	8016.45	38630.73
2016	新西兰	106140	1	44.00	11041.03	8094.39	40058.20
2017	新西兰	106440	1	54.40	11041.03	8817.05	42910.97
2018	新西兰	104980	1	71.10	11041.03	9905.41	43236.89
2019	新西兰	103450	1	64.00	11041.03	10143.86	42796.43
2020	新西兰	101540	1	42.30	11041.03	10408.72	41760.59
2021	新西兰	101750	1	70.40	11041.03	12617.50	49996.42
2022	新西兰	101645	1	99.80	11041.03	12720.22	48249.26
2005	菲律宾	113550	0	54.40	2850.32	1753.41	1245.29
2006	菲律宾	115800	0	65.40	2850.32	2099.22	1452.22
2007	菲律宾	117900	0	72.70	2850.32	2693.96	1741.60
2008	菲律宾	120100	0	97.60	2850.32	3468.33	1990.36
2009	菲律宾	121000	0	61.90	2850.32	3832.23	1893.28
2010	菲律宾	121000	1	79.60	2850.32	4550.47	2201.78
2011	菲律宾	122600	1	110.90	2850.32	5614.39	2431.20
2012	菲律宾	124300	1	112.00	2850.32	6300.58	2671.78
2013	菲律宾	124690	1	108.80	2850.32	7020.39	2847.57
2014	菲律宾	124980	1	98.90	2850.32	7636.07	2935.93
2015	菲律宾	125270	FTA	52.40	2850.32	8016.45	2974.30
2016	菲律宾	125560	1	44.00	2850.32	8094.39	3038.15
2017	菲律宾	125900	1	54.40	2850.32	8817.05	3077.43
2018	菲律宾	126130	1	71.10	2850.32	9905.41	3194.67
2019	菲律宾	126360	1	64.00	2850.32	10143.86	3413.85
2020	菲律宾	126590	1	42.30	2850.32	10408.72	3224.42

续表

年份	国家	农业用地面积（平方千米）	FTA（是：1，否：0）	英国布伦特原油价格（美元/桶）	距首都的距离（千米）	中国人均GDP（美元/年）	RCEP成员国人均GDP（美元/年）
2021	菲律宾	126830	1	70.40	2850.32	12617.50	3460.54
2022	菲律宾	126710	1	99.80	2850.32	12720.22	3498.51
2005	新加坡	8	0	54.40	4484.66	1753.41	29961.31
2006	新加坡	8	0	65.40	4484.66	2099.22	33768.45
2007	新加坡	8	0	72.70	4484.66	2693.96	39432.89
2008	新加坡	7	0	97.60	4484.66	3468.33	40008.58
2009	新加坡	7	0	61.90	4484.66	3832.23	38926.81
2010	新加坡	7	1	79.60	4484.66	4550.47	47236.67
2011	新加坡	7	1	110.90	4484.66	5614.39	53891.46
2012	新加坡	7	1	112.00	4484.66	6300.58	55547.55
2013	新加坡	7	1	108.80	4484.66	7020.39	56967.43
2014	新加坡	7	1	98.90	4484.66	7636.07	57564.80
2015	新加坡	7	1	52.40	4484.66	8016.45	55645.61
2016	新加坡	7	1	44.00	4484.66	8094.39	56895.64
2017	新加坡	7	1	54.40	4484.66	8817.05	61164.90
2018	新加坡	7	1	71.10	4484.66	9905.41	66836.54
2019	新加坡	7	1	64.00	4484.66	10143.86	66070.47
2020	新加坡	7	1	42.30	4484.66	10408.72	61274.01
2021	新加坡	7	1	70.40	4484.66	12617.50	77710.07
2022	新加坡	7	1	99.80	4484.66	12720.22	82807.65
2005	泰国	223600	0	54.40	3303.89	1753.41	2876.25
2006	泰国	224530	0	65.40	3303.89	2099.22	3343.79
2007	泰国	225450	0	72.70	3303.89	2693.96	3934.69
2008	泰国	226380	0	97.60	3303.89	3468.33	4327.80
2009	泰国	227310	0	61.90	3303.89	3832.23	4154.19
2010	泰国	228240	1	79.60	3303.89	4550.47	4996.39
2011	泰国	228280	1	110.90	3303.89	5614.39	5396.64
2012	泰国	228320	1	112.00	3303.89	6300.58	5748.63
2013	泰国	228363	1	108.80	3303.89	7020.39	6041.13
2014	泰国	228420	1	98.90	3303.89	7636.07	5822.38

续表

年份	国家	农业用地面积（平方千米）	FTA（是：1，否：0）	英国布伦特原油价格（美元/桶）	距首都的距离（千米）	中国人均 GDP（美元/年）	RCEP 成员国人均 GDP（美元/年）
2015	泰国	228460	1	52.40	3303.89	8016.45	5708.79
2016	泰国	228420	1	44.00	3303.89	8094.39	5854.46
2017	泰国	228470	1	54.40	3303.89	8817.05	6436.79
2018	泰国	228457	1	71.10	3303.89	9905.41	7124.56
2019	泰国	230000	1	64.00	3303.89	10143.86	7628.58
2020	泰国	232719	1	42.30	3303.89	10408.72	7001.79
2021	泰国	235000	1	70.40	3303.89	12617.50	7060.90
2022	泰国	233859	1	99.80	3303.89	12720.22	6908.80
2005	越南	100541	0	54.40	2330.80	1753.41	693.19
2006	越南	100780	0	65.40	2330.80	2099.22	790.59
2007	越南	100626	0	72.70	2330.80	2693.96	913.31
2008	越南	102408	0	97.60	2330.80	3468.33	1158.10
2009	越南	102920	0	61.90	2330.80	3832.23	1225.85
2010	越南	107601	1	79.60	2330.80	4550.47	1684.01
2011	越南	107686	1	110.90	2330.80	5614.39	1953.56
2012	越南	107933	1	112.00	2330.80	6300.58	2190.23
2013	越南	108528	1	108.80	2330.80	7020.39	2367.50
2014	越南	108737	1	98.90	2330.80	7636.07	2558.78
2015	越南	121478	1	52.40	2330.80	8016.45	2595.23
2016	越南	121722	1	44.00	2330.80	8094.39	2760.72
2017	越南	121688	1	54.40	2330.80	8817.05	2992.07
2018	越南	121405	1	71.10	2330.80	9905.41	3267.23
2019	越南	123880	1	64.00	2330.80	10143.86	3491.09
2020	越南	123600	1	42.30	2330.80	10408.72	3586.35
2021	越南	123600	1	70.40	2330.80	12617.50	3756.49
2022	越南	123600	1	99.80	2330.80	12720.22	4163.51

资料来源：联合国商品贸易统计数据库（UN Comtrade）；世界银行。

参 考 文 献

[1] 陈果. 后危机时代的借鉴——2009—2011 年深度复盘 [EB/OL].
https：//wallstreetcn. com/articles/3623905.

[2] 陈继勇，李知睿."中巴经济走廊"周边国家贸易潜力及其影响因素
[J]. 经济与管理研究，2019 (1)：14 - 28.

[3] 陈容，许和连. 肯定列表制度对中国出口农产品质量的影响——基
于微观数据视角 [J]. 国际贸易问题，2018 (5)：68 - 77.

[4] 陈容，许和连. 中国出口农产品质量测算：2000—2013 年 [J]. 国
际贸易问题，2017 (12)：14 - 23.

[5] 程鸿慧. 安徽省与 RCEP 国家贸易潜力研究 [D]. 太原：山西财经
大学，2023.

[6] 程云洁，刘娴. 中国与 RCEP 国家农产品进口贸易效率及潜力研究
[J]. 中国农业资源与区划，2022 (9)：252 - 262.

[7] 崔日明，张玉兰，耿景珠. 知识产权保护对新兴经济体贸易的影
响——基于贸易引力模型的扩展 [J]. 经济与管理评论，2019 (3)：135 - 46.

[8] 崔鑫生，李芳. 贸易便利化对中国进口的影响——基于贸易引力模
型的实证分析 [J]. 经济问题，2020 (7)：123 - 129.

[9] 崔鑫妍. RCEP 对中国农产品贸易的机遇、挑战及对策 [J]. 对外经
贸实务，2022 (4)：41 - 44.

[10] 丁一兵，冯子璇. 中国同 RCEP 其他成员国农产品贸易演化趋势分
析及影响因素研究 [J]. 东北师大学报（哲学社会科学版），2022 (5)：
112 - 126.

[11] 董银果，黄俊闻. 中国出口农产品质量测度——基于嵌套 Logit 模型
[J]. 中国农村经济，2016 (11)：30 - 43.

［12］董银果，刘雪梅. SPS 措施、产品多样化与农产品质量升级：基于多产品出口企业理论［J］. 世界经济研究，2019（12）：62 – 76，132.

［13］杜航程. 中国与 RCEP 成员国农产品贸易潜力研究［D］. 重庆：重庆工商大学，2022.

［14］杜晓燕. 中国对 RCEP 国家农产品出口贸易潜力的实证研究［J］. 江西社会科学，2021（8）：50 – 59，254.

［15］樊晶慧. RCEP 背景下中日农产品贸易潜力研究［D］. 镇江：江苏大学，2022.

［16］方慧，赵甜. 文化差异影响农产品贸易吗——基于"一带一路"沿线国家的考察［J］. 国际经贸探索，2018，34（9）：64 – 78.

［17］房悦，李先德. 中国从中亚进口农产品的贸易边际及其影响因素研究［J］. 华中农业大学学报（社会科学版），2023（1）：71 – 81.

［18］葛明，高远东. 中国对 RCEP 农产品出口波动因素研究［J］. 统计与信息论坛，2021（7）：41 – 51.

［19］葛明，严世立，赵素萍. 中国与 CPTPP 国家农产品贸易竞争性与互补性研究［J］. 农业经济问题，2022（12）：121 – 135.

［20］耿献辉，江妮. 中国出口农产品质量及其影响因素［J］. 江苏农业科学，2017，45（10）：255 – 259.

［21］韩剑，杨凯，邹锐锐. 自由贸易区提升战略下 RCEP 原产地规则利用研究［J］. 国际贸易，2021（3）：66 – 73，89.

［22］何敏，张宁宁，黄泽群. 中国与"一带一路"国家农产品贸易竞争性和互补性分析［J］. 农业经济问题，2016（11）：51 – 60，111.

［23］加尔肯. 中国与哈萨克斯坦农产品贸易竞争性和互补性研究［D］. 乌鲁木齐：新疆财经大学，2021.

［24］康坤. 中国与老挝农产品贸易竞争性和互补性研究［D］. 福州：福建师范大学，2020.

［25］李博英. 显性比较优势视角下的中韩两国贸易竞争力研究［J］. 统计与信息论坛，2019（7）：44 – 53.

［26］李慧，祁春节. 中国与 TPP12 国农产品贸易竞争性与互补性研究［J］. 统计与决策，2016（1）：110 – 112.

[27] 李吉敏. 中国对俄罗斯农产品贸易潜力研究 [D]. 天津：天津外国语大学，2020.

[28] 李骥宇，司伟. 出口政策扶持有利于农产品质量升级吗——基于目的地特征及双边关系的研究 [J]. 现代经济探讨，2023 (8)：51 -64.

[29] 李坤望，蒋为，宋立刚. 中国出口产品品质变动之谜：基于市场进入的微观解释 [J]. 中国社会科学，2014 (3)：80 -103，206.

[30] 李丽玲，王曦. 卫生与植物检疫措施对中国农产品出口质量的影响 [J]. 国际经贸探索，2015，31 (9)：4 -19.

[31] 李旻晶，周桂林. 中国与金砖国家农产品贸易潜力分析 [J]. 农村经济与科技，2021 (24)：121 -123.

[32] 李娜. 中罗农产品贸易竞争性与互补性研究 [D]. 北京：对外经济贸易大学，2019.

[33] 李婷婷，陈珏颖，武舜臣等. 入世20周年中国向主要国家和地区出口农产品影响因素与贸易潜力分析 [J]. 农业经济与管理，2023 (3)：102 -114.

[34] 李月娥，张吉国. 中国对印度农产品出口波动及影响因素研究——基于 CMS 模型的实证分析 [J]. 世界农业，2018 (12)：134 -140.

[35] 林清泉，郑义，余建辉. 中国与 RCEP 其他成员国农产品贸易的竞争性和互补性研究 [J]. 亚太经济，2021 (1)：75 -81，151.

[36] 刘春鹏，肖海峰. "一带一路"背景下中国与北欧国家农产品贸易——互补性、竞争性与发展潜力 [J]. 大连理工大学学报（社会科学版），2019 (4)：48 -55.

[37] 刘文丽. 中国与中亚五国农产品贸易竞争性和互补性分析 [D]. 北京：北京工商大学，2020.

[38] 刘谊瑶. "一带一路"背景下我国与泰国农产品贸易互补性与竞争性研究 [D]. 武汉：武汉轻工大学，2021.

[39] 刘昭洁，蓝庆新，崔鑫生. 贸易便利化对中国出口贸易的影响——基于贸易引力模型的实证分析 [J]. 现代经济探讨，2018 (5)：54 -61.

[40] 卢中华. 乡村产业振兴的基本逻辑研究 [M]. 济南：山东人民出版社，2023.

[41] 陆梦秋，李恩康，陆玉麒等．距离成本重构与贸易引力模型的比较检验 [J]．经济地理，2021（7）：40 - 49.

[42] 吕纪正．中国与东北亚主要国家农产品贸易竞争性与互补性研究 [D]．长春：吉林财经大学，2020.

[43] 马文秀，李瑞媛．RCEP 生效对中日农产品贸易的影响研究 [J]．全国流通经济，2023（15）：56 - 60.

[44] 马遥．中国对蒙古国农产品出口影响因素研究 [D]．武汉：华中师范大学，2020.

[45] 马子红，常嘉佳．RCEP 背景下中国与东盟服务贸易竞争力的比较研究 [J]．湖北社会科学，2021（10）：76 - 85.

[46] 努娜木·吐尔逊买买提．中国西北地区农产品出口贸易影响因素研究 [D]．乌鲁木齐：新疆师范大学，2022.

[47] 潘子纯，李明，朱玉春．中国对非洲农产品出口贸易的空间格局及影响因素 [J]．中国农业大学学报，2022（10）：273 - 284.

[48] 庞磊．高新技术行业产业内贸易状况分析与指数测度 [J]．统计与决策，2018（19）：143 - 45.

[49] 强宁娟．中国与东盟农产品贸易潜力研究 [D]．哈尔滨：哈尔滨商业大学，2021.

[50] 乔翠霞，王潇成，宁静波．RCEP 框架下的农业规则：机遇与挑战 [J]．学习与探索，2021（9）：98 - 106.

[51] 乔礼先．山东省农产品出口质量升级及影响因素研究 [D]．淄博：山东理工大学，2019.

[52] 邵红岭．河北省农产品出口贸易影响因素研究 [D]．保定：河北农业大学，2018.

[53] 深耕农产服务推动中韩两国果蔬贸易，农伯汇与韩国 AT 代理公司达成战略合作 [EB/OL]．https：//news. sina. cn/sx/2024 - 04 - 28/detail-inatkepc3903534. d. html.

[54] 施炳展，邵文波．中国企业出口产品质量测算及其决定因素——培育出口竞争新优势的微观视角 [J]．管理世界，2014（9）：90 - 106.

[55] 施锦芳，赵雪婷．RCEP 关税减让对中日韩经贸关系的影响研究

[J]．财经问题研究，2022（1）：120 – 129．

[56] 宋伟良，王焱梅．进口国知识产权保护对中国高技术产品出口的影响——基于贸易引力模型的扩展 [J]．宏观经济研究，2016（9）：162 – 175．

[57] 孙林．中国与日本、韩国农产品贸易的竞争关系研究——基于出口相似性指数的实证分析 [J]．国际贸易问题，2008（10）：53 – 56．

[58] 王纪元，肖海峰．中国出口农产品质量及国际比较——基于嵌套Logit 模型 [J]．农业技术经济，2018（3）：133 – 142．

[59] 王黎萤，姬科迪，赵春苗等．技术性贸易措施对"一带一路"高新技术产业的影响研究 [J]．技术经济，2022（7）：62 – 72．

[60] 王绍媛，郑阳芷．中印双边贸易潜力与影响因素分析 [J]．经济纵横，2022（11）：98 – 105．

[61] 王晓旭．中国与 RCEP 成员国家间的农产品贸易影响因素与效率研究 [D]．济南：山东财经大学，2023．

[62] 魏方．中国出口质量的空间分布、阶梯动态与结构分解 [J]．国际贸易问题，2019（1）：54 – 66．

[63] 吴丹，吴野．贸易便利化对中国从"一带一路"国家进口的影响——基于贸易引力模型的实证分析 [J]．工业技术经济，2020（2）：73 – 81．

[64] 吴英力．经济走廊建设背景下中国与俄蒙农产品贸易效率及潜力研究 [D]．哈尔滨：东北林业大学，2022．

[65] 肖挺．全球制造业服务化对各国国际贸易的影响——基于贸易引力模型的经验研究 [J]．中国流通经济，2018（9）：98 – 107．

[66] 肖伟．RCEP 框架下中日农产品贸易潜力研究 [D]．济南：山东财经大学，2022．

[67] 谢逢洁，刘馨懋，孙剑等．"一带一路"沿线国家分类农产品贸易竞争与互补关系分析 [J]．统计与决策，2021（12）：112 – 116．

[68] 谢涛．中国与"一带一路"沿线国家农产品出口贸易影响因素研究 [J]．世界农业，2017（3）：132 – 138．

[69] 徐成龙．环境规制下产业结构调整及其生态效应研究——以山东省为例 [M]．北京：经济科学出版社，2021．

［70］徐佳慧. 基于 CMS 模型的中国对俄农产品出口影响因素研究［D］.
沈阳：沈阳工业大学，2017.

［71］徐洁. 我国与 RCEP 国家农产品贸易潜力研究［D］. 上海：上海海
洋大学，2022.

［72］许心鹏，宋立刚，吴桂英. 出口相似性与东亚发展模式［J］. 世界经
济文汇，2002（5）：3 - 15.

［73］杨逢珉，田洋洋. 中国与"21 世纪海上丝绸之路"沿线国家农产品
贸易研究——基于竞争性、互补性和贸易潜力的视角［J］. 现代经济探讨，
2018（8）：54 - 65.

［74］杨国华. 论 RCEP 与 WTO 规则的关系［J］. 国际商务研究，2021
（5）：3 - 10.

［75］杨建辉，杨伦. 农产品质量安全内部协调度和耦合度测算及影响因
素分析［J］. 自然资源学报，2022，37（2）：494 - 507.

［76］杨晴. 基于贸易引力模型的中美农产品贸易影响因素及贸易潜力研
究［D］. 济南：山东财经大学，2023.

［77］余妙志，梁银锋，高颖. 中国与南亚地区农产品贸易的竞争性与互
补性——以"一带一路"战略为背景［J］. 农业经济问题，2016（12）：83 -
94，112.

［78］喻珏. 中国与中亚五国农产品贸易竞争性和互补性研究［D］. 武
汉：武汉轻工大学，2021.

［79］曾华盛，徐金海. 自由贸易区战略实施对中国出口农产品质量的影
响：协定条款异质性视角［J］. 中国农村经济，2022（5）：127 - 144.

［80］詹淼华."一带一路"沿线国家农产品贸易的竞争性与互补性——
基于社会网络分析方法［J］. 农业经济问题，2018（2）：103 - 114.

［81］张建清，高奇正，刘大鹏. 进口关税减让与进出口农产品质量
［J］. 国际贸易问题，2022（5）：103 - 121.

［82］赵春江，付兆刚. RCEP 与深化中日韩贸易合作的机遇与挑战［J］.
东北亚论坛，2021（6）：46 - 58，125.

［83］赵亮. 中国与 RCEP 发达经济体农产品贸易影响因素研究——基于
细分产品的实证分析［J］. 价格月刊，2023（5）：87 - 94.

［84］赵雨霖，林光华. 中国与东盟10 国双边农产品贸易流量与贸易潜力的分析——基于贸易引力模型的研究 ［J］. 国际贸易问题，2008 （12）：69 - 77.

［85］中国—柬埔寨自由贸易协定正式生效 ［EB/OL］. http：//fta. mofcom. gov. cn/article/chinacambodia/chinacambodiaxwfb/202201/46938_1. html.

［86］中韩现代农业合作提速，为韩国农业在华发展注入新动能. ［EB/OL］. https：//baijiahao. baidu. com/s? id = 1789153987185172061&wfr = spider&for = pc.

［87］重庆与新加坡启动农业 "双百" 合作 助力西部农特产品 "出海" ［EB/OL］. https：//www. chinanews. com. cn/cj/2021/11 – 22/9614021. shtml.

［88］朱廷珺，刘子鹏. 中国内陆运输距离与进出口贸易：引力模型拓展与实证 ［J］. 世界经济研究，2019 （6）：58 - 70，135.

［89］Abdullahi, Nazir Muhammad, Qiangqiang Zhang, Saleh Shahriar et al. Examining the determinants and efficiency of China's agricultural exports using a stochastic frontier gravity model ［J］. Plos One, 2022 （9）：e0274187.

［90］Afesorgbor, Sylvanus Kwaku. Regional integration, bilateral diplomacy and African trade: Evidence from the gravity model ［J］. African Development Review, 2019 （4）：492 – 505.

［91］Anderson, James E, Eric Van Wincoop. Trade costs ［J］. Journal of Economic literature, 2004 （3）：691 – 751.

［92］Armstrong, Shiro Patrick. Measuring trade and trade potential: A survey ［J］. Crawford School Asia Pacific Economic Paper, 2007 （368）.

［93］Assoua, Joe Eyong, Ernest L Molua, Robert Nkendah et al. The effect of sanitary and phytosanitary measures on Cameroon's cocoa exports: An application of the gravity model ［J］. Heliyon, 2022 （1）.

［94］Balassa, Bela. Trade liberalization and revealed comparative advantage ［J］. Manchester School, 1965 （2）：99 – 123.

［95］Balogh, Jeremiás Máté, Attila Jámbor. The role of culture, language and trade agreements in global wine trade ［J］. AGRIS on-line Papers in Economics and Informatics, 2018 （665 – 2019 – 266）：17 – 29.

［96］Balogh, Jeremiás Máté, Giovanna Maria Borges Aguiar. Determinants of

Latin American and the Caribbean agricultural trade: A gravity model approach ［J］. Agricultural Economics, 2022 (4): 127 – 136.

［97］ Balogh, Jeremiás Máté, Nuno Carlos Leitão. A gravity approach of agricultural trade: The nexus of the EU and African, Caribbean and Pacific countries ［J］. Agricultural Economics, 2019 (11): 509 – 519.

［98］ Benton, James C. Fraying fabric: how trade policy and industrial decline transformed America ［M］. Illinois: University of Illinois Press, 2022.

［99］ Bergstrand, Jeffrey H. The generalized gravity equation, monopolistic competition, and the factor-proportions theory in international trade ［J］. The Review of Economics and Statistics, 1989: 143 – 153.

［100］ Dewitte, Ruben. The gravity equation in international trade: A note ［J］. Journal of Political Economy, 2022 (5): 1412 – 1418.

［101］ Drysdale, Peter, Ross Garnaut. Trade intensities and the analysis of bilateral trade flows in a many-country world: A survey ［J］. Hitotsubashi Journal of Economics, 1982: 62 – 84.

［102］ Edjah, Benjamin Kofi Tawiah, Jianping Wu, Jinjin Tian. Research on the comparative advantage and complementarity of China-Ghana agricultural product trade ［J］. Sustainability, 2022 (20): 13136.

［103］ Feng, Qiaozhi, Xinyue Li, Chongxian Liu. Analysis of current situation, problems and prospects of China-Australia agricultural trade ［J］. Frontiers in Economics and Management, 2022 (6): 634 – 648.

［104］ Frankel, Jeffrey, Ernesto Stein, Shang-Jin Wei. Trading blocs and the Americas: The natural, the unnatural, and the super-natural ［J］. Journal of Development Economics, 1995 (1): 61 – 95.

［105］ Glick, Reuven, Andrew K. Rose. Contagion and trade: Why are currency crises regional? ［J］. Journal of International Money and Finance, 1999 (4): 603 – 618.

［106］ Gould, David M. Immigrant links to the home country: empirical implications for US bilateral trade flows ［J］. The Review of Economics and Statistics, 1994: 302 – 316.

［107］ Grubel, Herbert G. , Peter J. Lloyd. Intra-industry trade: The theory and measurement of international trade in differential products ［M］. London: Macmillan. Economic Journal, 1975 (339).

［108］ Heckscher, Eli F, Bertil Gotthard Ohlin. Heckscher-Ohlin trade theory commercial trade ［M］. Beijing, China: The Commercial Press, 2020.

［109］ Hillman, Jimmye. Technical barriers to agricultural trade ［M］. Florida, United States: CRC Press, 2019.

［110］ Hoang, Viet. Assessing the agricultural trade complementarity of the Association of Southeast Asian Nations countries ［J］. Agricultural Economics, 2018 (10): 464 – 475.

［111］ Huang, Rongji, Tengfei Nie, Yangguang Zhu et al. Forecasting trade potential between China and the five central Asian countries: under the background of belt and road initiative ［J］. Computational Economics, 2020: 1233 – 1247.

［112］ Irshad, Muhammad Saqib, Qi Xin, Saleh Shahriar et al. A panel data analysis of China's trade pattern with OPEC members: Gravity model approach ［J］. Asian Economic and Financial Review, 2017 (1): 103 – 116.

［113］ Jing, Shuai, Leng Zhihui, Cheng Jinhua et al. China's renewable energy trade potential in the "Belt-and-Road" countries: A gravity model analysis ［J］. Renewable Energy, 2020: 1025 – 1035.

［114］ Khandelwal, A. K. , P. K. Schott, S. J. Wei. Trade liberalization and embedded institutional reform: Evidence from Chinese exporters ［M］. American Economic Review, 2013, 103 (6): 2169 – 2195.

［115］ Leng, Zhihui, Jing Shuai, Han Sun et al. Do China's wind energy products have potentials for trade with the "Belt and Road" countries? ——A gravity model approach ［J］. Energy Policy, 2020: 111172.

［116］ Linder, Staffan Burenstam. An essay on trade and transformation ［M］. Stockholm, Sweden: Almqvist & Wiksell Stockholm, 1961.

［117］ Liu, Chengliang, Jiaqi Xu, Hong Zhang. Competitiveness or complementarity? A dynamic network analysis of international agri-trade along the belt and road ［J］. Applied Spatial Analysis and Policy, 2020: 349 – 374.

［118］Menon, Jayant, Vathana Roth. Agricultural trade between China and the Greater Mekong subregion countries: A value chain analysis ［M］. Singapore: ISEAS-Yusof Ishak Institute, 2022.

［119］Niehans, Jürg. "Transaction costs. " in, Money ［M］. Berlin, Germany: Springer, 1989.

［120］Nurgazina, Zhanar, Qian Lu, Shuxia Zhang et al. Competitiveness of agricultural trade between Kazakhstan and China ［J］. Pakistan Journal of Agricultural Sciences, 2020 (5).

［121］Oberhofer, Harald, Michael Pfaffermayr, Richard Sellner. Revisiting time as a trade barrier: Evidence from a panel structural gravity model ［J］. Review of International Economics, 2021 (5): 1382 – 1417.

［122］Piratdin, Allayarov, Mehmed Bahtiyar, Arefin Sazzadul et al. The factors affecting kyrgyzstan's bilateral trade: A gravity-model approach ［J］. Journal of Asian Finance, Economics and Business, 2018 (4): 95 – 100.

［123］Pöyhönen, Pentti. A tentative model for the volume of trade between countries. ［J］. Weltwirtschaftliches archive, 1963: 93 – 100.

［124］Quan, Ngo Ngoc. 越南对东盟市场农产品出口影响因素研究 ［D］. 武汉: 湖北大学, 2020.

［125］Ricardo, David. On the principles of political economy and taxation ［M］. Yilin Publishing House: Nanjing, China, 2014.

［126］Sakyi, Daniel, Sylvanus Kwaku Afesorgbor. The effects of trade facilitation on trade performance in Africa ［J］. Journal of African Trade, 2019 (1/2): 1 – 15.

［127］Smith, Adam. The wealth ofnations ［M］. Liaoning People's Publishing House: Shenyang, China, 2014.

［128］Suwannee (张丽娟), Chiewnawin. 泰中农产品贸易竞争性与互补性分析 ［D］. 长春: 吉林大学, 2020.

［129］Thornsbury, Suzanne, Donna Roberts, Kate Deremer et al. A first step in understanding technical barriers to agricultural trade: Food security, diversification and resource management: Refocusing the role of agriculture? ［M］. London, British:

Routledge, 2018.

［130］Tinbergen, J. Shaping the worldeconomy: A suggestions for an international economic policy［J］. The twentieth Century Fund, New York, 1962.

［131］Umair, M. , M. R. Sheikh, A. Tufail. Determinants of Pakistan €S bilateral trade with major trading partners: An application of Heckscher-Ohlin model and Tinbergen gravity model［J］. Bulletin of Business and Economics（BBE）, 2022.

［132］Wang, H. , Shen, H. , Tang, X. , Wu, Z. , Ma, S. Trade policy uncertainty and firm risktaking［J］. Economic Analysis and Policy, 2021（70）: 351 –364.

［133］Wang, Xiao, Jinming Shi, Jia Li et al. Analysis on trade competition and complementarity of high-quality agricultural products in countries along the Belt and Road Initiative［J］. Sustainability, 2023（8）: 6671.

［134］Xiong, H. , Wu, Z. , Hou, F. , Zhang, J. Which firm – specific characteristics affect the market reaction of Chinese listed companies to the COVID – 19 pandemic?［M］. In Research on Pandemics, Routledge, 2021.

［135］Ya, Zhang, Kuangyuan Pei. Factors influencing agricultural products trade between China and Africa［J］. Sustainability, 2022（9）: 5589.

后　记

　　历经数月研究与撰写，《中国与 RCEP 成员国农产品贸易问题研究》一书终于迎来了出版的时刻。本书凝聚了作者的心血与智慧，是对 RCEP 框架下中国与 RCEP 成员国农产品贸易关系的一次全面、深入的探索。在本书的写作过程中，卢中华老师在选题、研究框架开发和写作方面给予了耐心指导，在此由衷地感谢卢老师的指导以及提出的宝贵建议。同时，感谢我的同事马继青老师、陈汝影老师、王艳老师、田艳敏老师，他们在本书写作过程中给予了大量帮助。

　　本书的研究始于对 RCEP 背景的深入分析。作为当前涵盖人口最多、成员结构最多元、发展潜力最大的自由贸易区，RCEP 的签署与实施不仅标志着区域经济合作迈上了新的台阶，也为其成员国之间的农产品贸易带来了前所未有的机遇与挑战。因此，对中国与 RCEP 成员国农产品贸易关系进行系统研究，不仅是学术上的需要，更是现实的迫切需求。

　　尽管本书在多个方面取得了创新性成果，但仍存在一些局限性。比如，由于数据的限制，本书未能对所有 RCEP 成员国进行详细的个案分析，未来的研究可以进一步细化对各个成员国的分析，以提供更具体、更具针对性的建议。此外，本书主要关注农产品贸易的经济层面，未来的研究可以进一步探讨农产品贸易对社会、环境等方面的影响，以实现农产品贸易的可持续发展。

　　本书的完成离不开多方的支持与帮助。感谢审稿专家和编辑团队，你们的宝贵意见和细致工作使本书更加完善。希望本书能够为从事农产品贸易研究的学者、政策制定者以及广大从业者提供有价值的参考，共同推动中国与 RCEP 成员国农产品贸易的繁荣发展。相信通过大家的共同努力，中国农产品贸易将迎来更加美好的未来。